आत्मरक्षा
की
सौ युक्तियाँ

SANAGE
PUBLISHING HOUSE

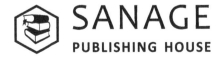

Copyright © 2020 Sanage Publishing House LLP

All rights reserved. No part of this publication may be reproduced, distributed, or transmitted in any form or by any means, including photocopying, recording, or other eletronic or mechanical methods, without the prior written permission of the publisher, except in the case of brief quotations embodied in critical reviews and certain other noncommercial uses permitted by copyright law. For permission requests, write to the publisher, addressed "Attention Permissions Coordinator," at the address below.

Paperback: 978-811937384-0

Any references to historical events, real people, or real places are used fictitiously. Names, characters, and places are products of the author's imagination.

Printed by:

Sanage Publishing House LLP
Mumbai, India

sanagepublishing@gmail.com

विषय वस्तु

पाठकों के लिए टिप्पणी	11
परिचय	13

टोनी ब्लेयर

001	शुरुआत	16
002	अपनी अहिंसक मुद्रा निर्धारित करें	19
003	किसी के चेहरे को हथेली से कैसे जकड़ें	22
004	हथेली के पिछले हिस्से से कैसे वार करें	25
005	शुरूआती मुद्रा को समझें	28
006	सुनियोजित शुरुआत कैसे करें	31

टोनी जेफरीज़

007	जैब से कैसे वार करें	36
008	क्रॉस कैसे मारें	39
009	शरीर के वार को समझें	42
010	हुक कैसे मारें	46
011	शैडोबॉक्स का अभ्यास कैसे करें	49
012	एक-दो के कोम्बिनेशन से परफॉर्म करें	52
013	ताकत कैसे पैदा करें	55
014	शरीर व पैरों को गति दें और फुर्ती बढ़ाएँ	58
015	अपने मुक्के की शक्ति को मजबूत करें	61

मार्कस टोरगर्सन

016	स्थितिजन्य जागरूकता को समझें	66
017	अपने विरोधी पर पाम हील से वार कैसे करें	69
018	कोहनी से वार कैसे करें	72
019	विरोधी के घुटने पर साइड किक कैसे करें	75
020	अंडकोषों पर फ्रंट किक कैसे मारें	78
021	पीछे से दबोचे जाने से कैसे बचें	81
022	चाकू से हमला रोकें	84
023	हमलावर की बंदूक छीन लें	87
024	चाकू से गले का बचाव	90

स्टीफन हेस

025	बॉक्सर के एक-दो कॉम्बिनेशन का मुकाबला कैसे करें	94
026	मुक्कों की बौछार का मुकाबला कैसे करें	97
027	पेट में धारदार हथियार के हमले से कैसे बचें	100
028	गले रखे चाकू के खतरे का मुकाबला कैसे करें	103
029	कनपटी पर तानी हुई बंदूक का मुकाबला कैसे करें	106
030	थ्रोइंग स्टार कैसे फेंके	109

ज़ोल्टन बाथोरी

031	संभावित लड़ाई कैसे टालें	112
032	वार को कैसे रोकें	115
033	विरोधी की पकड़ का मुकाबला कैसे करें	118
034	विरोधी को गिराने के लिए हुक का प्रयोग करें	121
035	लड़ाई रोकने के लिए जूडो थ्रो सीखें	124
036	अपनी रूकावट को वार में बदलें	127

6 |

जॉय रोबैना

037 छड़ी के शीर्ष को ब्रास नकल्स के रूप में प्रयोग करें 132
038 विंडशील्ड वाइपर युक्ति की मदद से ख़तरा दूर करें 135
039 अंडकोषों पर चोट करें और खोपड़ी को तोड़ दें 138
040 कलाई पर वार करके बंदूक छीन लें 141
041 धमकाने के लिए आठ की आकृति का उपयोग करें 144

ब्रायन हॉलिडे

042 अराजक तत्वों से जागरूकता, बार में लड़ाई की रणनीति 150
043 रोज़ साथ रखने वाले हथियार तैयार करना 153
044 कामचलाऊ और आसपास उपलब्ध हथियारों की पहचान 156

जेसन जॉनसन

045 चाकू फेंककर मारने के ड्रॉ स्ट्रोक्स को समझें 160
046 चाकू फेंकने वाले की तरह चाकू कैसे पकड़े 163
047 चाकू पकड़ने की दूरी से उसकी ग्रिप निर्धारित होती है 166
048 चाकू फेंकने की सही तकनीक 169

रिच ग्राहम

049 रिच की हर रोज साथ रखने वाली सामग्री 174
050 बुनियादी चाकू की पकड़ को समझें 176
051 स्टैब कैसे करें 179
052 ब्रेकर का उपयोग कैसे करें 182
053 कट वार कैसे करें 185
054 हैक कैसे करें 187

| 7

ट्रेवर रो

055　ट्रेवर के रोज़ाना साथ रखने वाले उपकरण　192
056　छुपी हुई हैंडगन कैसे निकालें　194
057　सही मुद्रा, संतुलन और पकड़　198
058　ट्रिगर पर नियंत्रण और साइट संरेखण　201
059　टैप, रैक, बैंग　205
060　लक्ष्य से जुड़ाव　209

पैट्रिक मैकनामारा

061　पैट के रोज़ाना साथ रखने वाले उपकरण　214
062　रणनीतिक धोखा　216
063　पार्श्व चाल के साथ एक-दो का कॉम्बो　219
064　शरीर पर हुक मारना　222
065　उरोस्थि हड्डी के लिए शुरूआती वार　225
066　छाती पर टीप से वार　228
067　दुरी बनाए और हथियार निकालने में दक्ष बनें　231

जॉन लवेल

068　जीटीएफ कॉम्बो　236
069　डबल-लेग टेकडाउन　239
070　अपने विरोधी को पीठ के बल गिराना　242
071　केवल एक हाथ से गला चोक करें　245
072　खतरे से बचने के लिए समर्पण का दिखावा　248
073　घात लगाकर किए गए हमले से जीवित बचें　251

डोम रासो

074	डोम का रोज़ाना साथ रखने वाला सामान	256
075	ठोड़ी पर जैब मारना	258
076	चाकू निकालना और फ्लैंक करना	261
077	छुपाकर पिस्टल निकालें	264

ग्रेग थॉम्पसन

078	ग्रेग का रोजाना साथ रखने वाला सामान	268
079	राइनो ब्लॉक	271
080	गिलोटिन और गारमेंट चोक के लिए राइनो ब्लॉक का उपयोग	274
081	राइनो ब्लॉक से गारमेंट चोक करें	277
082	एक साथ कई बाहरी हमलावरों का सामना करें	280
083	डोरी से चोक करें	283
084	खंजर निकालना और छिपाना	286

बिल रेपियर

085	प्रतिक्रियात्मक अन्तराल को समझें	290
086	कोहनी से क्रॉस वार करें	293
087	कोहनी से अपरकट मारना व ढाल बनाना	296
088	सिर से टक्कर कैसे गारें	299
089	अपना चाकू कैसे निकालें	302
090	चाकू छोड़कर पिस्टल निकालना	305
091	हथियार दोबारा लेना	308
092	एक ही समय पर कोहनी से वार और हैंडगन निकालना	311
093	राइफल तैयार रखने के लिए जागरूकता का उपयोग करें	314
094	राइफल की पकड़ और नियंत्रण	317
095	राइफल समेत लड़ाई की सही मुद्रा	320

096	राइफल की नाल से वार कैसे करें	322
097	असॉल्ट राइफल को कैसे शूट करें	325

मोंटी लेक्लेयर

098	राइफल स्कोप में साइट-इन कैसे करें	330
099	पीछा करके कैसे मारें	333
100	शहर में छिपने की जगह कैसे बनाएं	336
	एक टिप्पणी लेखक की ओर से	339
	लेखकों के बारे में	340
	इलस्ट्रेटर (चित्रकार) के बारे में	341

पाठकों के लिए एक टिप्पणी

'आत्मरक्षा की सौ युक्तियाँ' श्रृंखला की तीसरी कड़ी में आपका स्वागत है, यह खास वीडियो सामग्री के साथ एक विशेष मुकाबला संस्करण है। इसके पृष्ठों में चित्रित 'कौशल' विशेष संचालन कर्मियों जैसे-पेशेवर लड़ाकों, वर्जित मोटरसाइकिल क्लब के सदस्यों और विश्वस्तरीय मार्शल आर्टिस्टस द्वारा प्रदान किए गए है जो ऐसे विशेषज्ञों का एक कैडर है जिन्होंने जीवन के लिए खतरनाक कही जाने वाली परिस्थितियों में अपने धीरज, सूक्ष्मता और दक्षता की सीमाओं का परीक्षण किया है तथा सार्वजनिक सुरक्षा बढ़ाने को लेकर उन्होंने सबसे घातक प्रोटोकॉल की आजमाइश की है। उन्होंने सहायता के लिए किये गये उन प्रयासों के रहस्य हमसे साझा किए हैं जब उन्हे किसी खतरनाक स्थिति का सामना करना पड़ा।

इसकी परिणामी पुस्तिका का उद्देश्य नागरिकों के सामने विभिन्न प्रकार के फाइटिंग सिस्टम, मार्शल आर्ट, हथियारों, और युद्ध में इस्तेमाल किए जाने वाले अस्त्रों का सड़कों पर और रिंग में इस्तेमाल हम सबके सामने लाना है। इस पुस्तक में दिए गए कौशल लोगो के उपयोग के लिए उपयुक्त है तथा कई घातक स्थितियों जैसे जंगल में सशस्त्र लुटेरों द्वारा पकड़े जाने, एक सक्रिय शूटर के घात लगाए जाने से लेकर किसी मनोरोगी द्वारा छुरा घोंपें जाने जैसी परस्थितियों पर काबू पाने में आपकी मदद करने के लिए सहायक है। इस किताब का उद्देश्य आपकी और आपके आस-पास के लोगों की ज़िन्दगी को बचाना है।

फिर भी, जैसा कि पुस्तक के शीर्षक से पता चलता है, कुछ कौशल अत्यंत खतरनाक है, और कईयों को केवल गंभीर परिस्थितियों में ही आजमाया जाना चाहिए। सभी को सलाह है कि ऐसे कौशल का इस्तेमाल अपने व्यक्तिगत निर्णय तथा किसी भी स्थिति में उनकी अत्यधिक आवश्यकता के संदर्भ में ही लागू किया जाना चाहिए। किसी भी चोट के लिए जो इस पुस्तक में निहित जानकारी का उचित या अनुचित उपयोग के परिणामस्वरूप हो सकती है, उसके लिए लेखक,

विषय-वस्तु विशेषज्ञ योगदानकर्ता, चित्रकार, और प्रकाशक का कोई दायित्व नहीं होगा।

इस पुस्तक का एक मात्र लक्ष्य घातक कार्यों को पूरा करना नहीं है बल्कि मनोरंजन के साथ-साथ एक ऐसी ज्ञानवर्धक सामग्री पेश करना है जो आपात स्थिति का पूर्ण निर्देशन करने में काम आ सकती है।

भावनात्मक रूप से और जोश से घातक बनें लेकिन कार्रवाई (एक्शन) में नहीं (जब तक कि आपके खिलाफ एक्शन घातक न हो)। दूसरों के अधिकारों और देश के कानूनों का सम्मान करें। आशा है कि आप दुनिया के सबसे मजबूत इंसान बनेंगे।

परिचय

आपकी जेब का स्मार्टफोन आपको एक ऐसे अप्रत्याशित नज़दीकी हमले या हथियार से नहीं बचा सकता जिसकी भनक आपको नहीं थी तो, ऐसे अस्थिर समय में, आत्मनिर्भरता और शिक्षा ही आधारभूत घटक होते हैं।

पहले जहाँ, आत्मरक्षा की सौ युक्तियाँ सीरीज के दो खंडों ने स्थितिजन्य खतरों की एक रेंज के लिए पाठकों को तैयार किया, वहीं अब यह मुकाबला संस्करण ऐसी क्लोज-रेंज की मुठभेड़ों पर केंद्रित है जिसमें आत्मरक्षा के हथियारों के आमने-सामने प्रयोग की आवश्यकता होती है।

विभिन्न प्रकार के अजीबोगरीब खतरों से सामना करने के लिए आपको तैयार करने हेतु, आप जिन सौ घातक कौशल को सीखने वाले हैं, आप पहले ही उनके अलग-अलग स्रोतों से वाकिफ हो चुके है जैसे-दुनिया के विशेष ऑपरेशन्स में शामिल और लंबी दूरी के निशानेबाज, अंधेरी गलियों में रहने वाले बदमाश, मार्शल आर्ट्स की निन्जा तकनीक के माहिर और ऑउटलॉ बाइकर्स आदि। इस किताब में वर्णित शस्त्रागार के हथियार समान रूप से विविध हैं, जिसमें हैंडगन से लेकर हथौड़ा, रिंच या बेंत का कामचलाऊ उपयोग शामिल है। आप सीखेंगे कि अपने लाभ और अपने प्रतिद्वंद्वी को हानि पँहुचाने के लिए दरवाजे की चौखट और कर्ब जैसी सुविधाजनक चीजों का उपयोग कैसे किया जा सकता है।

यह लेखक की सैन्य पृष्ठभूमि से लिया गया संचार प्रोटोकॉल है और इसके प्रत्येक कौशल को उसके सबसे महत्वपूर्ण भागों में विभाजित किया गया है जो "चेतावनी आदेश" या वार्नो के रूप में जाना जाता है। इसमें शामिल घटक इस प्रकार हैं :

1. स्थिति : परिदृश्य और आपके लक्ष्य की संक्षिप्त जानकारी– जैसे- "कौन, क्या, कहाँ, कब और क्यों"।
2. मिशन : आप जिस कौशल को सीखने जा रहे हैं उसके ऊपर एक नजर डालना।

3. निष्पादन या लागू करना : आपको कौशल को पूरा करने और जिन चरणों पर अमल करने की आवश्यकता होगी उनका विश्लेषण करना।
4. काम और सहयोग : वह सब सामान (औजारों) और प्रशिक्षण, जिसके बारे में आपको जानना ज़रूरी है।
5. आदेश और नियंत्रण : स्थिति पर नियंत्रण हासिल करने के लिए शेष कदम। (एक सैन्य संदर्भ में, (WARNO) का यह हिस्सा चेतावनी आवश्यक श्रृंखलाबद्ध जानकारी (चेन-ऑफ़-कमांड जानकारी) प्रदान करता है।

कई कौशल वीडियो सामग्री से सुसज्जित है जो क्यूआर कोड के माध्यम से सुलभ हैं। निर्देशों के लिए नीचे बॉक्स देखें।

वीडियो सामग्री तक कैसे पहुँचे।

इस पुस्तक में शामिल वीडियो सामग्री को देखने के लिए आपको एक स्मार्टफोन की आवश्यकता होगी। अपना फोन कैमरा मोड पर डालें और इसे नीचे दिये गये क्यूआर कोड पर केन्द्रित करें। डिफ़ॉल्ट फोटो मोड का उपयोग करें-पोर्ट्रेट मोड काम नहीं करेगा और सुनिश्चित करें कि बारकोड के सभी किनारे दिखाई दे रहे हों। जब आपका फ़ोन कोड को "पढ़ता है " तो आप या तो स्वचालित रूप से वीडियो पर चले जाएंगे या क्लिक करने के लिए एक ड्रॉप-डाउन लिंक दिखेगा।

काफी बात हो गई है। आइए कुछ घातक युद्ध रणनीतियाँ और तकनीकों का अभ्यास करने के लिए तैयार हो जाएं- "अभ्यास" प्रमुख शब्द है। धोऐ, निचोड़ें और दोहराएं मतलब किसी एक्शन को सीखकर बार-बार दोहराते रहें। जीवित बचने की स्थिति में, फास्ट-ट्विच मसल मेमोरी आपकी सबसे अच्छी दोस्त होती है। इस पुस्तक में दिए गए कौशल का अभ्यास तब तक करें जब तक कि वे आपके स्वभाव में शामिल न हो जाएं। क्या पता? एक दिन आप माहिर होकर मुझसे ही टकरा जाए।

बदमाश

ब्लेयर टोनी

कोड नाम : कोच
प्राइमरी स्किलसेट : व्यवहार-आधारित प्रतिस्पर्धा
सेकेंडरी स्किलसेट : स्पीयर सिस्टम के संस्थापक

पृष्ठभूमि : टोनी ब्लेयर 'ब्लेयर टैक्टिकल सिस्टम्स' के संस्थापक और सीईओ हैं। टोनी उन अनुसंधान और प्रशिक्षण- तकनीकों के अग्रदूत रहे है जिन्होने लगभग 1987 से दुनिया में रक्षात्मक रणनीति, प्रतिस्पर्धा और मार्शल आर्ट प्रशिक्षकों को प्रभावित और प्रेरित किया।

चालीस से अधिक वर्षों के पेशेवर प्रशिक्षण के अनुभव की वजह से उन प्रगतिशील प्रशिक्षकों, विभागों और संगठनों में टोनी की अत्यधिक मांग है जो टोनी की मानसिकता और टकराव प्रबंधन मनोविज्ञान वाले अद्वितीय दृष्टिकोण के माध्यम से अपने कर्मियों की सुरक्षा और जीवित रहने की संभावना को बढ़ाने में रुचि रखते है। वह परिदृश्य प्रशिक्षण और हथियार सहित अत्यन्त करीबी भिड़ंत के लिए ब्रेन-बेस्ड और वैज्ञानिक दृष्टिकोण वाली रणनीति में भी माहिर हैं

टोनी की कंपनी, ब्लेयर टैक्टिकल सिस्टम्स (बीटीएस) अनुसंधान और प्रतिस्पर्धात्मक प्रशिक्षण के विकास, सेना के लिए उपकरणों, कानून प्रवर्तन और आत्मरक्षा समुदायों में विशेषज्ञता प्राप्त दुनिया की अग्रणी परामर्श फर्मों में से एक है।

दुश्मन

चार्ल्स मैनसन

पृष्ठभूमि : एक अमेरिकी अपराधी और पंथ नेता, 1967 के मध्य में मैनसन ने वह किया जिसके कारण मैनसन परिवार को जाना जाने लगा जो कि कैलिफोर्निया का एक अर्ध-समुदाय आधारित परिवार है। जुलाई और अगस्त 1969 में, उसके समर्थकों ने श्रृंखला बद्ध नौ हत्याएं की, जिसने देश को झकझोर कर रख दिया। मैनसन को भी गैरी हिनमैन और डोनाल्ड शीया की मौत के लिए प्रथम-डिग्री हत्या का भी दोषी ठहराया गया। इन हत्याओं से पहले, मैनसन ने अपना आधे से ज्यादा जीवन सुधारक संस्थानों में व्यतीत किया था।

001 शुरुआत

स्वतः सुरक्षा
(डर या दर्द के कारण एकाएक पीछे हटना)
त्वरित सक्षम प्रतिक्रिया (खतरे की ओर दबाव)

परिस्थिति : सामना करो या भागो, यह किसी कथित धमकी या खतरे के प्रति शरीर की बचने के लिए की गई पहली प्रतिक्रिया है। इस प्रतिक्रिया के दौरान, एड्रेनालाईन और कोर्टिसोल जैसे हार्मोन स्रावित होते है, हृदय गति बढ़ जाती है, पाचन धीमा हो जाता है, प्रमुख मांसपेशियों के समूहों तक रक्त का प्रवाह सीधा हो जाता है, और विभिन्न तंत्रिका तंत्र के कार्य बदल जाते हैं इससे शरीर में ऊर्जा और ताकत का विस्फोट होता है। हॉर्मोन रिलीज होने से पहले दो पलों में मस्तिष्क और शरीर की रक्षा के लिए त्वरित सक्षम प्रतिक्रिया होती हैं। जब हम चौंक कर सावधान होते है तो हम सब शारीरिक रूप से कुछ न कुछ समान प्रतिक्रिया करते हैं। जैसे- हमारे हाथ हमारे सिर की रक्षा के लिए उठ जाते हैं, हम चौड़ी और तनी हुई मुद्रा में खड़े होते हैं, हम टक्कर से बचने के लिए घुटनों के बल झुकते हैं, आवाज तेज हो जाती हैं और हमारी दृष्टि संकुचित हो जाती है। इन शारीरिक प्रतिक्रियाओं की विशेषताओं को अपनाना और उन्हें खतरे की ओर निर्देशित करना ही हमें किसी भी बात की परवाह किए बिना जीवित रहने के लिए तैयार करता है।

मिशन : खतरे से लड़ने के लिए चौंक कर सावधान होने वाली इस शारीरिक प्रतिक्रिया को एक पुल के रूप में उपयोग करें।

क्रियान्वयन : टक्कर या सामना होने पर और विशेष रूप से अचानक मुसीबत में पड़ने पर, आपकी अहिंसक या सहज मुद्रा खतरे के प्रति थोड़ी अनुकूलित होनी चाहिए। एक हल्का सा कदम बढ़ाकर अपनी मजबूत साइड को आगे करते हुए अपना पिछला हिस्सा मोड़ें और थोड़ी ठोस या मजबूत खेल मुद्रा को अपना लें। आपकी अंगुलियाँ थोडी मुड़ी हुई और व्यापक रूप से फैली हुई हों और भाले या ढाल यानि हमला और बचाव दोनों के रूप में कार्य करने के लिए आपकी कोहनियां

No. 001 : शुरुआत

नब्बे डिग्री के कोण से थोड़ी बाहर होनी चाहिए। आपका वजन दोनों पैरों पर समान रूप से होना चाहिए।

अपने पैरों के तलवों को जमीन पर टिका कर वहीं दृढ़ हो जायें। तीन प्रकार की एकाएक प्रतिक्रियाएँ होती है : आपके सिर की प्रारंभिक सुरक्षा, खतरे को दूर धकेलना और तिरछा होना, फिर जैसे ही आप एक तरफ मुड़ते है, अपनी ठोड़ी को अंदर की ओर करके, अपना हाथ आगे कर अपना सिर ढक लें। अब, आप लड़ने के लिए एक आदर्श स्थिति में हैं, अपनी अँगुलियों को फैला कर रखें और अंगूठे से तर्जनी को छूकर स्पीयर फिंगर टेक्नीक का इस्तेमाल करते हुए स्पीयर (भाले) का आकार दें। उसके बाद अपनी ऊंचाई और अपने पलटवार का कोण बदलते समय अपने हाथों को खतरे (दुश्मन) की ओर ले जाएँ।

काम और सहयोग : अपने सरवाइवल रिस्पॉन्स को प्रोत्साहित करने के लिए अपने हाथों को ऊपर और सही स्थिति में लाने का अभ्यास करें, उसके बाद अपने प्रतिद्वंद्वी का सामना करने के लिए अपनी स्थिति को एक मजबूत खेल मुद्रा में बदल दें।

आदेश और नियंत्रण : दोनों के बीच फ़ासला बनाएं रखें। अपनी बाहें नब्बे डिग्री के कोण से बाहर रखते हुए आप अपने और अपने विरोधी के बीच जगह बनाए रख पायेंगे लेकिन, अगर आपकी कोहनी नब्बे डिग्री के कोण से कम पर है तो यह आप दोनों के बीच फ़ासले को कम करेगा और आपके विरोधी के लिए आपको खींचना आसान होगा, इससे संभावित रूप से उसे अवांछित लाभ मिलेगा।

002 अपनी अहिंसक मुद्रा निर्धारित करें

स्थिति : बिना कुछ कहे, हमारी बॉडी लैंग्वेज साठ प्रतिशत तक दर्शा देती है कि हम कैसे बातचीत करते हैं। चाहे आपका विरोधी बॉडी लैंग्वेज पढ़ने में माहिर हो या नहीं, सहज रूप से उसे महसूस होगा या नहीं कि आप एक प्रशिक्षित या अप्रशिक्षित व्यक्ति हैं क्योंकि आपकी बॉडी लैंग्वेज बहुत कुछ बयान करती है। आपका लक्ष्य अपनी लड़ने की क्षमता छिपाने के लिए अपनी बॉडी लैंग्वेज का एक मुखौटे की तरह उपयोग करना है। जब इसका आदर्श रूप से और सही ढंग से उपयोग किया जाता है, तो आपकी सहज अहिंसक मुद्रा भी तनाव या लड़ाई को कम करने (टालने) वाले औजार के रूप में काम कर सकती है। साथ ही यह आपका सबसे कीमती हथियार भी हो सकती है।

मिशन : अपनी सहज अहिंसक मुद्रा को हथियार बनाएं।

निष्पादन : लड़ाई के अधिकांश भाग में कोई सही या गलत मुद्रा नहीं है। विशेष सहज अहिंसक मुद्रा में हाथ ऊपर, पैरों को हल्का सा चौड़ा करके खड़े होना, इसके अलावा, डर का नाटक करना और अपने विरोधी को धोखा देना शामिल हैं। यह सब तरीके आपके हाथों की पोज़िशन लक्ष्य (विरोधी) के सिर के बहुत करीब रखते है और आपको अपने सिर को हमले से बचाने की सुविधा देते है। बोनस रूप में, यह एक सहज और सीखने में बेहद आसान चाल है।

अपनी पैंट की जेब में अंगूठे फंसा कर खड़े होना भी विरोधी के साथ लड़ाई के लिए तैयार होने का एक और पोज़ हो सकता है। आपकी सहज आसन अहिंसक मुद्रा देखने में एक अंजान मुद्रा है जो कि लड़ाई टालने या तनाव कम करने का काम कर रही है लेकिन वास्तव में आप लड़ाई के लिए तैयार हैं। आपकी चुनी हुई मुद्रा आपके विरोधी, तीसरे पक्ष और विवाद के संभावित गवाहों को हानिरहित दिखना और महसूस होनी चाहिए।

No. 002 : अपनी अहिंसक मुद्रा निर्धारित करें

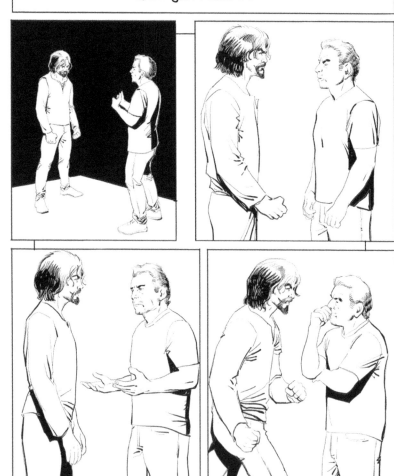

काम और सहयोग : अपनी अहिंसक मुद्रा (एनवीपी) को अपने हर काम के लिए तैयार या अपनी शुरुआती स्थिति बनाकर प्रशिक्षित करें। यदि आप अहिंसक मुद्रा के लिए स्टैंडर्ड हैंड्स-अप चुनते हैं तो मुक्का मारने, नाइफ स्ट्रोक, पिस्टल ड्रॉ जैसी मुद्राओं और अन्य आक्रामक प्रतिक्रियाओं का प्रशिक्षण उस स्थिति से ले सकते है। रक्षात्मक प्रतिक्रियाओं के लिए भी ऐसा ही करें।

अपने घर से निकलने से पहले, हर दिन दर्पण के सामने दस बार इन मुद्रओं का अभ्यास करें। समय के साथ, आपकी अहिंसक मुद्रा आश्चर्यजनक रूप से तेज और सहज होती जाएगी।

आदेश और नियंत्रण : ध्यान रखें कि आपके चेहरे के हाव-भाव, इशारे, आंखों की गति, स्पर्श, बीच के फ़ासले का उपयोग आप कैसे करते हैं और आपका समग्र व्यवहार, यह सब आपकी बॉडी लैंग्वेज में शामिल हैं। आपकी अधिकांश बॉडी लैंग्वेज सचेत जागरूकता के बिना होती है। बॉडी लैंग्वेज और व्यवहार की यह विवेचना लोगों के बीच बातचीत को नियंत्रित करती है। आपकी अहिंसक मुद्रा आपके विरोधी और देखने वालों को एक कहानी बताएगी। अपने विरोधियों को धोखा देने के लिए अपनी बॉडी लैंग्वेज के अन्य तत्वों को जितना संभव हो सके उतना तटस्थ रखें।

003 किसी के चेहरे को हथेली से कैसे जकड़ें

स्थिति : एक अच्छी तरह से प्रशिक्षित अहिंसक मुद्रा में भी प्रहार करने के बहुत से विकल्प होंगे। यदि आपको लगता है कि विवाद या झगड़ा बढ़ने के नजदीक है तो आप अपने हाथों को ऊपर करके हवा में लहराते हुए,थोड़ा ब्लेड स्टेंस (मार्शल आर्ट की एक मुद्रा जिसमें एक पैर दूसरे के सामने होता है और शरीर सामने वाले व्यक्ति के कोण पर होता है) में खड़े होकर अपने विरोधी से बात करें कि आप कोई परेशानी नहीं चाहते हैं। यह बातचीत पहले ही विवाद को समाप्त करने के लिए एक अवसर तैयार करेगी लेकिन, लड़ाई शुरु होने के बाद कुछ मामलों में, एक वार के बाद लगातार कई वारों की बौछार से आपका काम बनेगा लेकिन कभी-कभार कुछ अन्य मामलों में, आपके लिए यह अधिक फायदेमंद हो सकता है कि आप वार करने की बजाय सामने वाले का चेहरा जकड़ लें जिससे आप अपने विरोधी के सिर और गति को नियंत्रित कर पाएंगे और झगड़े को अधिक प्रभावी ढंग से समाप्त कर सकेंगे।

मिशन : किसी के शरीर को नियंत्रित करने के लिए उसके सिर को नियंत्रित करें।

निष्पादन : आपका आगे वाला हाथ एक मुक्के की तरह आपके विरोधी के चेहरे की ओर हों। जब आप हथेली से वार करें तो आपकी अंगुलियाँ पूरी तरह से खुली हुई और थोड़ी मुड़ी हुई होनी चाहिए। हथेली से चेहरा जकड़ने और हथेली से वार करने के बीच अंतर यह है कि वार करने के बाद आप हथेली को पीछे नहीं हटा रहे हैं; इसकी बजाय, आप इससे अपने विरोधी के चेहरे को नियंत्रित कर रहे हैं।

काम और सहयोग : किसी भी चाल की तरह, आपको इस दांव को भी प्रभावी बनाने के लिए खुद को प्रशिक्षित करना होगा। बीमारी का उपचार लेना अच्छी बात है लेकिन पहले से ही बचाव रखना कहीं ज्यादा बेहतर है। टोनी के पास स्थितियों

No. 003 : किसी के चेहरे को हथेली से कैसे जकड़ें

का वर्गीकरण है जो आपके कौशल का प्रभावी ढंग से परीक्षण करने के लिए यथार्थवादी प्रशिक्षण परिदृश्य को सपोर्ट करता है। सुरक्षात्मक उपकरणों सहित एक साथी, आपकी तकनीक में सुधार लाता है तथा आपकी प्रतिक्रियाओं और पुनः-प्रतिक्रियाओं को निर्धारित करने में मददगार होता है।

आदेश और नियंत्रण : आप और आपके विरोधी के बीच की दूरी से संबंधित क्षेत्र के प्रति सचेत होना एक महत्वपूर्ण कौशल है जिसे हर समय उपयोग में लिया जाना चाहिए। फ़ासले को लेकर जागरूकता की वजह से आप स्थिति के प्रति अधिक सचेत बनते है, चाहे आप सीमित (संकरी) जगह में हो या एक साथ कई खतरों का सामना कर रहे हो। क्षेत्र को सही तरह से मैनेज करना समय को आपके पक्ष में लाता है और समय के साथ आपको बहुत विकल्प मिलते है।

004 हथेली के पिछले हिस्से से कैसे वार करें

स्थिति : हाथ से हाथ का मुकाबला करने से संबंधित सभी कौशल के लिए पंच या प्रहार जैसी शब्दावली को समझना महत्वपूर्ण है। बॉक्सिंग की दुनिया में एक मुक्का (jab) है, और एक दूसरा मुक्का क्रॉस (a hand punch) है। इन एक और दूसरे का सम्मिश्रण (कॉम्बो) आगे वाले हाथ और पीछे वाले हाथ के साथ परस्पर तालमेल बिठाना है।

लीड हैंड वह हाथ है जो लक्ष्य के सबसे करीब है और पिछला हाथ वह है जो लीड हैंडके पीछे है। जब आप थोड़े ब्लेड स्टेंस में खड़े होते हैं तो आमतौर पर, आपका आगे वाला हाथ आपका कमजोर पक्ष होता है और आपका पिछला हाथ आपका मजबूत पक्ष होता है। घूंसे से वार की तरह हथेली से भी वार हो सकता है लेकिन हथेली से वार में संभावनाएं है कि इसमें हड्डियाँ नहीं टूटेगी। आखिरी चीज जो आप लड़ाई के बीच में नहीं चाहते, वह है- अपनी क्षमता और प्रभावशीलता को कम करना और अपने विरोधी को आप पर हावी होने देना।

मिशन : गति के साथ नेतृत्व करें और शक्ति से लड़ाई को समाप्त कर दें।

निष्पादन : सभी तरह के वारों को अलग-अलग प्रकार से किया जा सकता हैं लेकिन अगर लक्ष्य को प्रभावित करने की सम्भावनाएं बढ़ानी है तो अन्य तरीके के वारों को एक साथ मिलाकर या श्रृंखलाबद्ध तरीके से एक साथ जोड़कर प्रयोग करना बेहतर रहता हैं। अपने आगे वाले हाथ की हथेली को अपने विरोधी के चेहरे की ओर बढायें और इससे उसका चेहरा पकड़ कर रखें, फिर पीछे वाले हाथ की हथेली से वार करे क्योंकि यह हथेली झपट कर पकड़ने के लिए है – वार करने के लिए नहीं है – इस हथेली से आखिरी क्षण तक चेहरे को पकड़े रखना है। आपको अपनी इसी हथेली के ज़रिए विरोधी के सिर को पीछे की ओर घुमाकर उसकी

No. 004 : हथेली के पिछले हिस्से से कैसे वार करें

गर्दन को अपने सामने लाना है, इसके तुरंत बाद पीछे वाले हाथ से धीरे धीरे वार करते रहे। आपका लक्ष्य गर्दन के आधार और उरोस्थि हड्डी के शीर्ष पर वार करना है। यदि आप अपनी हथेली से हमलावर की छाती के ऊपरी भाग पर वार करते है तो इससे विरोधी के खुले जबड़े के निचले हिस्से को भी जोर से मारकर बंद कर पाने की संभावना बढ़ जाती है।

काम और सहयोग : आपके हाथ की हरकतें इस समीकरण का केवल एक हिस्सा हैं और आमतौर पर अंतिम चाल भी इन्ही से चली जाती है। गति और शक्ति दोनों संपूर्ण शरीर के व्यायाम हैं। आगे वाली हथेली के साथ यह जो कदम आप उठाते है, इससे आपके पिछले पैर के जॉइंट से शुरु होकर आपके कूल्हे से लगने वाला बल आपकी गति को शानदार तरह से बढ़ा देगा। जब आपके पिछले हाथ की हथेली के वार को यह बल मिलेगा तो यह आपके विरोधी को एक शक्तिशाली झटका देकर उसकी हालत खराब कर देगा।

आदेश और नियंत्रण : जानिए कि आप इस द्वन्द में कहां हैं। आप या तो लड़ाई के अन्दर है या बाहर है। अगर आप अन्दर है तो शरीर के किसी भी हिस्से पर किसी भी मुक्के के वार की सीमा के भीतर हैं और अगर लड़ाई से बाहर है तो आप अधिकांश हमलों की सीमा से बाहर हैं और आमतौर पर सुरक्षित स्थिति में हैं। आपकी और आपके विरोधी की ऊंचाई (हाइट) और वार करने की सीमा यह निर्धारित करने में महत्वपूर्ण भूमिका निभाएगी कि यह लड़ाई कहाँ तक जा सकती है। जब अगले और पीछले हाथ की हथेली से एक साथ संयुक्त रूप से वार किया जाता है तो आप लड़ाई में अंदर जा रहे होते हैं। आप जागरूकता बनाए रखें और जबावी हमले का अनुमान लगाएं।

005 शुरूआती मुद्रा को समझें

स्थिति : मार्शल आर्ट में, आपकी स्थिति या मुद्राओं को "तैयार" पोजिशन की तरह प्रशिक्षित किया जाता है। अधिकांश मुद्राएं ऐसे सिखाई जाती हैं मानो आपको हमेशा इस बात की अग्रिम जानकारी हो कि आप कब लड़ाई झगड़ा करने वाले हैं। वैसे, यह अवास्तविक धारणा प्रतियोगिता के लिए या एक रिंग के अंदर बहुत अच्छी है लेकिन सड़क पर किसी अचानक हमले से अपना बचाव करने के लिए अव्यवहारिक है। इसमें अलग-अलग मुद्राएं सिखाई जा सकती है फिर चाहे आक्रामक हों या रक्षात्मक यह तकनीकें भिन्न हो सकती है। आपकी मुद्राएं ये हो सकती है:

1. खुला या बंद स्टेंस, जो आपके दोनों पैरों के बीच की दूरी को या आपके अगले और पिछले पैर के बीच की दूरी और आपके पैरों के कोण को दर्शाता है।
2. उच्च या नीचा स्टेंस, जो घुटनों को मोड़ने की स्थिति और सामान्य खड़े होने की स्थिति के सापेक्ष ऊंचाई को दर्शाता है
3. भार समेत या बिना भार के, जो शरीर का वजन एक या दोनों पैरों पर वितरित किये जाने के संदर्भ में है।

हालाँकि ये सभी कारक विचार करने योग्य हैं लेकिन जब हम अचानक मुसीबत में पड़ जाते हैं तो उनमें से कोई भी क्रिया, सुरक्षा के लिए निर्मित हमारे शरीर की प्राकृतिक क्रिया नहीं मानी जाती लेकिन, स्पीयर स्टेंस (भाला मुद्रा) विशेष गतिविधियों के लिए प्रशिक्षित मुद्राओं के बजाय, प्राकृतिक मानवीय प्रतिक्रियाओं पर आधारित मुद्रा है।

मिशन : प्राकृतिक प्रवृत्ति को अपना रुख अपनाने दें।

No. 005 : शुरूआती मुद्रा को समझें

निष्पादन : आपका मुख्य हाथ ऊपर है, आपकी कोहनी का कोण नब्बे डिग्री से ज़्यादा है। अंगुलियाँ पूरी तरह से फैली हुई और दुश्मन की ओर मुड़ी हुई है। आपका पिछला हाथ आपके चेहरे की सुरक्षा के लिए उठ खड़ा हुआ है, जिसकी अंगुलियाँ भी फैली हुई है और इस हाथ की हथेली का पिछला हिस्सा आपकी नाक और मुंह के बीच में सटा हुआ है। आपके शरीर का मुख्य हिस्सा (कोर) स्टेगर्ड स्टेंस (स्टेगर्ड स्टेंस- वह मुद्रा जिसमें पैर कूल्हों की चौड़ाई तक फैले होते हैं और एक पैर का अंगूठा दूसरे पैर की एड़ी के पीछे एक रेखा में होता है।) में है और आपका वजन समान रूप से दोनों पैरों पर है। दुश्मन की हरकतों के आधार पर इस पोजीशन में आप अपना वजन किसी भी पैर पर शिफ्ट कर सकते है।

काम और सहयोग :

1. अपने हाथों को पहले प्रतिक्रिया करने के लिए प्रशिक्षित करें और दूसरी मुद्रा अपनाएं।
2. प्रशिक्षण के दौरान, एक साथी के साथ, खतरे को महसूस करने, दूरी और प्रतिक्रियात्मक अंतराल को बेहतर ढंग से समझने के लिए बिना कोई प्रतिक्रिया के एक दूसरे की ओर चलें।
3. जब आपको आपका डेंजर जोन समझ आ जाये तो खुद को शुरूआती मुद्रा में शिफ्ट कर लें।

आपके हाथों की हरकत हमेशा आपके पैरों का नेतृत्व करती है।

आदेश और नियंत्रण : शुरूआती मुद्रा आपके अगले दांव के लिए सेतु का काम करती है।

006 सुनियोजित शुरुआत कैसे करें

स्थिति : स्पार्टा के निवासी हाथ में ढाल और भाला लेकर लड़ते थे। हॉलीवुड में स्पार्टन लड़ाइयों के भव्य वीर चित्रण और छोटी तलवारों के साथ आमने-सामने की लड़ाई के बावजूद, अधिकांश लड़ाइयाँ जोर के धक्के और ढालों से धकेल कर ही जीती गई थी। स्पार्टन्स की पंक्तियाँ और ढाल से ढाल बिल्कुल आमने-सामने होती थीं। इसी तरह की रणनीति का उपयोग करते हुए दुश्मन की रेखा पर हमला किया जाता था। स्पार्टन धैर्य से इंतजार करके मुश्किल स्थिति को संभालते और अपने शत्रुओं पर विनाशकारी प्रहार करते थे – उन्हें पीछे धकेलने या मार गिराने के लिए अपनी ढाल के केवल एक हल्के से झटके का उपयोग करना होता था। ब्रूस ली का 'वन इंच पंच' भी लगभग वैसा ही है। वह अपने पैरों से शक्ति को अपने पुरे शरीर के माध्यम से अपनी मुट्ठी में स्थानांतरित कर सकते थे – अपने लक्ष्य से एक इंच – बोर्ड तोड़ने के लिए और लोगों को वापस भेजने के लिए। इस तरह की शक्ति के पैदा करने और उसका प्रदर्शन करने के कई पेशीय कौशल के समन्वित प्रयास की आवश्यकता होती है, पाशविक बल की नहीं। सुनियोजित शुरुआत भी बस ऐसी ही है, जो पेशीय कौशल के साथ संयुक्त रूप से हल्का लेकिन विनाशकारी झटका देने के लिए बनी है।

मिशन : अपने नज़दीकी लक्ष्य के विरुद्ध अपने सबसे निकटतम हथियार का उपयोग करें।

निष्पादन : प्रारंभिक मुक़ाबले या सामना करने के बाद, उसी ऊर्जा के साथ पुनः संघर्ष करें। अपनी चौड़ी, फैली हुई अँगुलियों और नब्बे डिग्री के पार कोहनी के कोण के साथ अपनाई गई शुरूआती मुद्रा, आपके विरोधी को उसके दायरे में ही रोकने में मददगार होगी। इसके तुरंत बाद, सतर्क होकर पूरी ताकत के साथ

No. 006 : सुनियोजित शुरुआत कैसे करें

आपको फिर से अपने लक्ष्य को शक्तिशाली, चौंकाने वाला डबल-फोरआर्म धक्का देते हुए वापस मुकाबले में उतरना है।

काम और सहयोग : एक ट्रेनिंग पार्टनर के साथ, सुनियोजित और रणनीतिक मुद्रा का परीक्षण करें। ढाल और भाले दोनों यानि आक्रमण और बचाव दोनों के रूप में अपने अगले हिस्से का उपयोग करते हुए अलग-अलग वार करने और नीचे गिराने के साथ एक दूसरे को व्यस्त रखें।

आदेश और नियंत्रण : स्थान या समय की कमी आपको शक्ति या गति से कार्य करने से रोक पाये, ये जरूरी नहीं है। ताकत पैदा करने और उसे प्रदर्शित करने के लिए आवश्यक चीजों को समझ लेंगे तो आपको अचानक महसूस होगा कि आप दुश्मन के इतने करीब नहीं हैं। दोनों के बीच अंतराल को लेकर जागरूकता, अन्तराल को बनाने और अपने लाभ के लिए इसका उपयोग करने की कुंजी है।

जेफरीज़, टोनी

बदमाश

कोड नाम : कूप डी ग्रेस
प्राइमरी स्किलसेट : पेशेवर मुक्केबाज
सेकेंडरी स्किलसेट : बॉक्सिंग कोच

पृष्ठभूमि: टोनी का जन्म इंग्लैंड के सुंदरलैंड में हुआ। वह शहर के पूर्वी क्षेत्र हेरिंगटन में पला बढ़ा और फरिंगडन कम्युनिटी स्पोर्ट्स कॉलेज में दाखिला लिया। अपने अंकल विलियम यंग "बिली" ब्रायस से प्रेरित होकर उसने दस वर्ष की उम्र में बॉक्सिंग करना शुरू किया था। उसके अंकल पूर्व में पेशेवर मुक्केबाज और सुंदरलैंड एमेच्योर बॉक्सिंग क्लब के सदस्य थे। टोनी ने 1999 में, स्कूल में बॉयज चैंपियनशिप जीती। 2001 में यूरोपीय कैडेट (U17) में स्वर्ण जीता और 2003 में नई दिल्ली में आयोजित YMCA अंतर्राष्ट्रीय जूनियर कप जीता। वह 2003 के जूनियर ब्रांडेनबर्ग कप और 2003 में ही वारसॉ में आयोजित यूरोपीय जूनियर चैंपियनशिप में सेमीफ़ाइनलिस्ट भी रहा है। टोनी ने नौ इंग्लिश नेशनल खिताब और कई पदक जीते हैं। उसने 56 फाइट्स (मुकाबले) इंग्लैंड / ग्रेट ब्रिटेन की तरफ से किये है और 106 में से 96 एमेच्योर और 10 पेशेवर फाइट्स की हैं।

टोनी ने 2008 के ओलंपिक के लिए क्वालीफाई किया और आयरिश मुक्केबाज केनी ईगन से सेमीफाइनल में हारने के बाद कांस्य पदक जीता। 23 सितंबर, 2012 को, टोनी ने फेसबुक पर अपनी सन्यास लेने की घोषणा की। उसके हाथों से जुड़ी कई समस्याएं, असफल सर्जरी और उपचार के बाद उसके पास सन्यास लेने के अलावा कोई विकल्प नहीं बचा था। टोनी अब सांता मोनिका, कैलिफोर्निया में बॉक्स 'एन बर्न बॉक्सिंग जिम' का मालिक है और उसमें ही काम करता है।

रिचर्ड रीड

दुश्मन

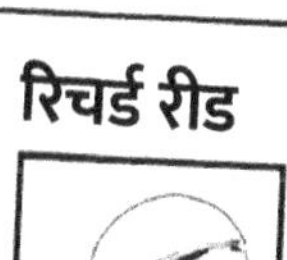

पृष्ठभूमि : रिचर्ड कॉल्विन रीड को "शू बॉम्बर" के रूप में भी जाना जाता है, वह एक ब्रिटिश आतंकवादी है जिसने 2001 में जूता के बम से विस्फोट करने का प्रयास किया जब अमेरिकन एयरलाइंस 63, पेरिस से मियामी के लिए उड़ान भर रहा था। एक पेशेवर अपराधी पिता की संतान रीड ने छोटे-मोटे अपराधों की सजा काटते हुए जेल में ही अपना धर्म परिवर्तित करके इस्लाम अपना लिया। बाद में वह कट्टरपंथी बन गया और पाकिस्तान तथा अफगानिस्तान चला गया, जहां उसने प्रशिक्षण लिया और अल-कायदा का सदस्य बन गया।

007 जैब से कैसे वार करें

स्थिति : जैब यानि मुक्का एक सैकेंड से भी कम समय में अपने विरोधी को अचंभित करने में आपका साथ देगा। खासकर, यदि आप पहले से ही अहिंसक मुद्रा में हैं और अपने हाथ ऊपर किये हुए है तो इससे पहले कि विरोधी आपकी माँ को गाली दे, उससे पहले ही आपका आगे वाला हाथ उसे एक घूंसा (जैब) जड़ सकता है। एक अच्छा जैब एक बहुआयामी उपकरण के रूप में कार्य करता है। आप इसका उपयोग किसी व्यक्ति की सुरक्षा पता करने, ध्यान भटकाने के लिए, आपके प्रतिद्वंद्वी के लगातार और कई चालों को मिलाकर किये गए कॉम्बो हमले को असफल करने और हमले के लिए दूरी पता लगाने के लिए कर सकते हैं। जैब एक सर्वमान्य वार है जिसका उपयोग स्वतंत्र रूप आक्रामक और बचाव दोनों उद्देश्यों के लिए किया जा सकता है, लेकिन ज्यादातर, यह एक बड़े और विनाशकारी झटके के रूप में कार्य करता है।

मिशन : आपकी स्थिति ऐसी हो कि आप उन्हे मार सके।

क्रियान्वयन : अपने हाथों को ऊपर उठाकर अपने सिर की सुरक्षा करें। आपका प्रमुख हाथ ही आपका पहला जैब बन जाता है। आपके खड़े होने की मुद्रा ही आपके अगले हाथ और पिछले हाथ के काम को तय करती है। अपने बाँये पैर को थोड़ा आगे करें, अब आपका बाँया हाथ आपके विरोधी के करीब होगा और आपका नेतृत्व करने वाला हाथ बन जाएगा। इसके विपरीत, आपके दाँये पक्ष के लिए भी ऐसा ही है। अपनी भुजाओं को पूरी तरह से और एक साथ फैला कर, अपनी अग्र-भुजाओं और पोरों को अंदर की ओर करने से एक सही जैब बनेगा। लक्ष्य यह है कि इसे तुरंत जड़ दिया जाए और जितना मुमकिन हो, जल्दी से जल्दी वापस सुरक्षा की स्थिति में आया जाए। आपके जैब को आपके पैरों के साथ तालमेल बिठाने की जरूरत है। जैसे ही आप अपना मुक्का मारते हैं, वैसे ही पैरों को भी एक कदम आगे बढ़ना चाहिए और जैब मार चुकने के बाद जब आप अपने

No. 007 : जैब से कैसे वार करें

जैब को वापस बचाव की स्थिति में ले जाएं, तो इसके साथ ही आपके पैरों को भी पीछे हटना चाहिए।

काम और सहयोग : अपने मुक्के (जैब) को प्रशिक्षित करें। इससे आप किसी अन्य वार की बजाय अपने विरोधी पर ज्यादा मुक्के बरसा पायेंगे। पूरा प्रशिक्षण और अभ्यास करने के बाद जैब को बहुत प्रभावशाली तरीके से प्रयोग में लाया जा सकता है। उचित फुटवर्क के साथ तालमेल होने पर जैब बहुत शक्तिशाली होता है। जब आप विरोधी को नियंत्रित रखने और लड़ाई को अंतिम पड़ाव पर ले जाने के लिए अपनी रेंज नापते हुए उसके चारों ओर चक्कर काटते हैं तो अपने प्रतिद्वंद्वी को विचलित करने के लिए जैब बहुत ज़्यादा उपयोगी होते हैं। एक बार, जब वह एक पल के लिए भी रूकता है और अपनी सुरक्षा में ढील बरतता है तो आप मुक्कों के साथ उसे नॉकआउट झटके देना शुरू कर सकते हैं।

आदेश और नियंत्रण : जैब के साथ अपने विरोधी को चकित करते हुए जितनी जल्दी हो सके उसे हैरानी में डालना होगा और उसका संतुलन बिगाड़ना होगा। उससे आपको एक बड़ा वार करने या उसे नीचे गिराते हुए आगे बढ़ने का लाभ मिलेगा। उसे विचलित करने के लिए या जो वह ताबड़तोड़ हमले कर रहा है, उस सिलसिले को तोड़ने के लिए जैब का उपयोग करें। अपने शक्तिशाली जैब का प्रयोग करके उसे ऐसा मारें कि वह फिर कभी आपके रास्ते से गुजरने के बारे में दो बार सोचें।

008 क्रॉस कैसे मारें

स्थिति : क्रॉस पावर पंच को दूसरे पावर पंच 'हे मेकर' के साथ भ्रमित न करें जो आपके विरोधियों को धीरे-धीरे अलर्ट करता है कि आप उन्हें मारने वाले हैं। एक सही पावर पंच, जिसे आमतौर पर क्रॉस के नाम से जाना जाता है, वह आपके प्रतिद्वंद्वी को कभी पता नहीं चलने देगा कि उसका जबड़ा टूटने वाला है यानि उसे अहसास भी नहीं होगा कि आप उसे एक पंच जड़ने वाले है। आदर्श रूप से, आपके द्वारा किये जाने वाला हर वार चुपचाप, गतिशील हो और सबसे महत्वपूर्ण है कि यह आपके विरोधी को हैरान कर उस पल का लाभ उठाने वाला घात होना चाहिए। क्रॉस को किसी दूसरे मुक्के जैसे जैब के साथ प्रयोग किया जा सकता है या टकराव को शीघ्रता से समाप्त करने के लिए अकेले भी मारा जा सकता है। क्रॉस सबसे सुरक्षित वारों में से एक है क्योंकि इसका प्रयोग आप हमले के क्षेत्र की सीमा से बाहर रहकर कर सकते है।

मिशन : विरोधी का मुँह तोड़ें, अपना हाथ नहीं।

क्रियान्वयन : लड़ाई की इस मुद्रा से आप जमीन से शक्ति उत्पन्न करते हुए अपने पुरे शरीर के माध्यम से अपनी मुट्ठी तक ला सकते हैं। ठीक से प्रयोग किया गया क्रॉस बेहद शक्तिशाली हो सकता है, जो एक सुंदर नॉकआउट बनाने यानि दुश्मन को ढेर करने के लिए काफी है।

काम और सहयोग : दोनों हाथों को हमेशा ऊपर उठा कर रखें जिससे आपका वह हाथ जो विरोधी पर वार नहीं कर रहा, वह विरोधी के वार से आपके सिर की रक्षा कर पाये। पलटवार को और अधिक कठिन बनाने के लिए आपके कंधे के साथ-साथ आपके पैर और सिर हमेशा गतिमान रहने चाहिए। गति में रहने से आप विरोधी के सामने छल कर पायेंगे और अपनी अगली चाल को बड़ी आसानी से छिपा सकेंगे।

No. 008 : क्रॉस कैसे मारें

आदेश और नियंत्रण :

1. अपनी चाल के बारे में बहुत सावधान रहें और ऐसा कभी न सोचें कि आप अपने लक्ष्य को हिट करने जा रहे हैं।
2. लक्ष्य को भेदने का प्रयास करें, लेकिन लक्ष्य चूक जाने के लिए भी हमेशा तैयार रहें।
3. क्रॉस के लिए आवश्यक शक्ति उत्पन्न करके अपने आप को हमले के लिए ढीला न पड़ने दें।

यह नॉकआउट क्रॉस (मुक्के) का परिणाम है जिसे आपके विरोधी ने अपनी तरफ आते हुए नहीं देखा।

009 शरीर के वार को समझें

स्थिति : एक फाइटर के हथियारों में शरीर से वार सबसे प्रभावशाली हथियारों में से एक है। हालांकि, इतने प्रभावशाली होने के बावजूद भी, सड़कों पर होने वाली मुठभेड़ों और यहां तक कि पेशेवर विरोधियों द्वारा भी इसका सबसे कम इस्तेमाल किया गया है। दरअसल, इन्हे इस्तेमाल करने के लिए सटीक समय की आवश्यकता होती है। शायद यही कारण है कि इन्हें इस्तेमाल करना बहुत मुश्किल होता है। इसमें विरोधी के सामने अपने हाथ खड़े करने और अपने सिर को खुला छोड़ने के लिए थोड़े से प्रशिक्षण और अपने ऊपर विश्वास की जरूरत होती है। बॉडीशॉट्स आजमाने की बजाय, कई फाइटर्स इनके "सुरक्षित प्रयोग" का चुनाव करते हैं और हेडशॉट्स को प्राथमिकता देते हैं। हेडशॉट् यानि सिर से जोरदार नॉकआउट झटका लगाना काफी आकर्षक है जो आप ज्यादातर फिल्मों में और टेलीविजन पर देखते हैं। इसके विपरीत, तथापि, शरीर के वार आमतौर पर केवल तब नोटिस किये जाते है जब हार के साथ लड़ाई का अंत होने वाला होता है तभी उसी बीच में लड़ाई तेज़ हो जाती है। तब, पहले वाले सारे सेटअप और प्रहारों की तैयारी अंतिम परिणामों की तुलना में कम दिखाई देती है। अंत मे, जब आपका प्रतिद्वंदी बीच में ही अपनी सुरक्षा को लेकर लापरवाह हो जाता है तो वह आपके विजयी नॉकआउट पंच के लिए अपना सिर खुला छोड़ देता है।

मिशन : तभी उसके शरीर पर वार करों, उसका सिर अपने आप काम करना बंद कर देगा।

क्रियान्वयन :

1. सामने के पैर पर अपने शरीर का ज्यादा वजन डालें और अपने प्रतिद्वंद्वी के सामने थोड़ा सा झुकें। अपने सिर को उसके करीब रखने से आपकी ताकत उसकी मुट्ठी में सिमट जाएंगी।

No. 009 : शरीर के वार को समझें

2. अपनी कोहनी को अपनी पसलियों और अपने शरीर के मध्य भाग की रक्षा के लिए रखें और अपने हाथों को अपने चेहरे के पास रखें।

3. विरोधी के चेहरे पर वार करके उसे सेट कर दें। हालांकि, आपके वार चाहे बहुत उल्लेखनीय नहीं हों, पर वे उसे अपने हाथ ऊपर रखने के लिए मजबूर कर देंगे।

4. जैसे ही आपको लगे कि अब सही समय हैं, तभी अपना बाँया हाथ नीचे करें और अपने बाँये कंधे को थोड़ा नीचे करते हुए वापस उसी अवस्था में जाएं।

5. अपने बल का लाभ उठाने के लिए अपने कूल्हों को आगे की ओर करते हुए, अपने बायें हाथ के मुक्के को विरोधी के मध्य भाग में जड़ दें।

6. इसी तरह दाहिने हाथ से दोहराएं और तब तक अपने शरीर से वार जारी रखें, जब तक वह अपनी सुरक्षा को लेकर लापरवाह न हो जाए, फिर आप उसे एक हैडशॉट मारकर लड़ाई नॉकआउट के साथ समाप्त कर सकते हैं।

काम और सहयोग : शरीर से वार के लिए शक्ति और समय दोनों का विकास करने की आवश्यकता है जो अभ्यास और प्रशिक्षण से आएगी। जब तक आप अपने मध्य भाग को इतनी जोर से मार खाने के काबिल नहीं बना लेते कि आप सांस नहीं ले सकते, तब तक आप शरीर के वार के विनाशकारी प्रभाव और लड़ाई जीतने के लिए इससे होने वाले लाभों की सराहना नहीं करेंगे।

आदेश और नियंत्रण : शरीर के वार से जोरदार होने वाला दर्द प्रायः आपके मस्तिष्क तक एक या दो सेकंड की देरी से पहुँचता है। हालांकि यह आपकी पसलियों, डायफ्राम और गुर्दों से एक चीख और दया की भीख मांगने के रूप में उभरकर सामने आता है। यदि आपके मन में पहले कभी अपनी जीत की संभावनाओं के बारे में संदेह नहीं था, तो अब शरीर के वार के माध्यम से अनिश्चितता के बीज बो दिए गए हैं क्योंकि शरीर के मध्य भाग पर वार का प्रभाव अधिकाधिक होता है। जैसे ही, लड़ाई के बीच में आपका विरोधी अपनी सुरक्षा को लेकर लापरवाह होता है और आप शरीर के वार का प्रयोग करते है तो इनके प्रयोग के बाद वह जल्द ही आप पर हमला करने के अपने फैसले पर पुनर्विचार करेगा। आपके वार को रोकने के लिए उसे अपने लड़ाई के ठंग में फेरबदल करना

पड़ता है, इससे अंततः उसे अपना सिर सामने लाना पड़ता है और फिर उसके खुले सिर पर आपके हैडशॉट के वार के साथ ही लड़ाई आपके पक्ष में समाप्त हो जाती है।

010 हुक कैसे मारें

स्थिति : हो सकता है कि लड़ाई के दौरान पूरे समय स्वयं को अपने विरोधी से गुत्थम गुत्था करते हुए उलझा हुआ पायें । कभी-कभी संकरी जगह, भीड़भाड़ युक्त माहौल या ऊर्जा के घटते स्तर के कारण बस एक दूसरे पर झूलते रहने के कारण ऐसा होता है। ऐसे में, आप अपने आप को लड़ाई के "अंदर" या करीब पाते है और यह अवस्था आपके वार के विकल्पो को कम कर सकता है तो उस "अंदर" की अवस्था से कोहनी, घुटने और मुक्के हुक के साथ पारंपरिक शरीरिक वार एक बढ़िया विकल्प हैं। शरीर पर हुक का वार सबसे दर्दनाक प्रहारों में से एक और अपने दुश्मन के साथ आगे-पीछे घूमकर लड़ते समय एक बढिया विकल्प हो सकता है।

मिशन : विरोधियों को खूनी पेशाब करवाना है।

क्रियान्वयन : हुक (मुक्के) को मारने के लिए पूरे हाथ का प्रयोग हुक (फंसाने वाले हुक) की तरह ही एक फिक्स पोजीशन में किया जाता है। आपका हाथ, एक पाइप की तरह होना चाहिए जिसमें आपके कंधे से लेकर मुट्ठी के बीच, कोहनी पर नब्बे डिग्री का मोड़ होना चाहिए। अधिकांश वारों में प्रयुक्त ताकत की तरह, इसमें भी जबरदस्त बल आपके कोर से उत्पन्न होता है, जो आपके विरोधी के पेट से कमर पर जाकर समाप्त होता है। आपका लक्ष्य निचली पसलियों और गुर्दों पर चोट पंहुचाने का होना चाहिए, दोनों को झटका देने के बाद एक या दो सेकंड के भीतर आपका विरोधी भयानक और कष्टदायी दर्द का अनुभव करेंगा।

काम और सहयोग : हमेशा याद रखें कि कमजोर हाथ को अपने सिर की रक्षा के लिए ऊपर रखें। अन्यथा, एक अच्छा शारीरिक वार आपके सिर को कमजोर स्थिति में छोड़ सकता है। वार की सीमा के "अंदर" रहकर लड़ाई करते हुए भी लगातार हो रहें वारों से सावधान रहें। कुल मिलाकर हुक को लेकर आपकी मोटर

No. 010 : हुक कैसे मारें

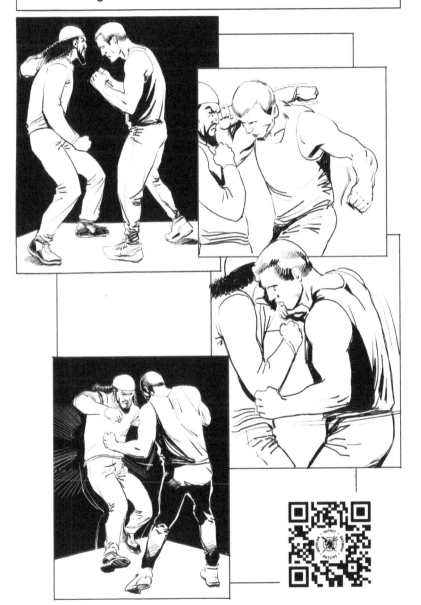

स्किल्स आपके विरोधी को सहज रूप से बता देंगी कि वह आपको थाम ले और दर्द को रोकने के लिए जमीन पर जा गिरे।

आदेश और नियंत्रण : जब एक हमला सफल हो जाये, तो इसे फिर से करें। अपने बारे में अपनी बुद्धि को सकारात्मक बनाए रखें और हमेशा अपने प्रतिद्वंदी के हाथों को देखें। लड़ाई के बीच में अधिक निकटता होने पर विवेकशून्य होना आसान है। एक बार वार के लिए विरोधी के शरीर की एक साइड सामने मिलने के बाद, आपको इस पर तब तक लगातार वार करने चाहिए, जब तक उसका शरीर निढाल होकर नीचे न गिर जाए। निरंतर शक्ति के लिए अपनी वही मुद्रा बनाए रखें लेकिन आगे बढ़ने और दूरी बनाने के लिए भी तैयार रहें। हुक मारते समय अपने विरोधी को अपने नीचले हिस्से का फायदा न उठाने दें।

011 शैडोबॉक्स का अभ्यास कैसे करें

स्थिति : कसरत के लिए अपने शरीर को तैयार करना चोट से बचने के लिए एक पूर्व आवश्यक अभ्यास है जो आप कर सकते हैं। आईने के सामने खड़े होकर खुद का सामना करना, ऐसा करना आपको हर दिन लड़ाई के लिए एक विरोधी उपलब्ध करवाता है। यह सिर्फ वार्म-अप एक्सरसाइज से कहीं ज्यादा है और आपके पूरे शरीर का बेहतरीन व्यायाम प्रदान करती है। इन सभी राउंड्स के दौरान आप एक तेज़ प्रतिद्वंद्वी के खिलाफ अपनी छाती, कंधे, हाथ और पैर की मांसपेशियों पर काम कर रहे हैं और वह प्रतिद्वंदी आपकी अपनी परछाई है जो आपके खिलाफ बॉक्सिंग कर रही है जिससे आपको अपनी फाइटिंग की लय बनाए रखने और उसे प्रखर करने में मदद मिलती है। आपको इस बात का बहुत अच्छी तरह से पता चल जाता है कि क्या काम हो रहा है, क्या काम नहीं हो रहा है और क्या सुधार करने की अभी जरूरत है।

शैडोबॉक्सिंग सिर्फ बॉक्सिंग तक ही सीमित नहीं है। एमएमए और अन्य खेलों की गतिविधियों के दौरान इस तरह के अवलोकन की शक्ति समझ में आती है। इसमें कम जगह की आवश्यकता होती है और इसे कहीं भी किया जा सकता है। आप सूरज के प्रकाश से बनी परछाई का उपयोग कर सकते है या कृत्रिम प्रकाश से भी एक छाया बना सकते है लेकिन आईने के सामने मुक्केबाज़ी करना अधिक अर्थपूर्ण है। एक साधारण पूरा लंबा आईना जिसमें आप अपने पुरे शरीर को देख सकें, आपको पूरे शरीर का व्यायाम करने के लिए सभी जरूरी ट्रेनिंग उपकरण प्रदान कर सकता है।

मिशन : आईने में दिखने वाले व्यक्ति से आपको अधिक घातक बनना है। अपनी छवि को कभी जीतने न दें।

क्रियान्वयन : आईने के सामने अभ्यास करते हुए, धीरे-धीरे एक-दो जैब्स से शुरुआत करें और फिर इसमें क्रॉस को भी शामिल करें। अपने कंधों को वार्मअप करने के लिए इन दोनों के एक-दो कॉम्बो का अभ्यास शुरू करें। आपका लक्ष्य

No. 011 : शैडोबॉक्स का अभ्यास कैसे करें

अपनी परछाई को पंच करना है और उसी समय पंच से बचना भी है। शैडोबॉक्सिंग में अपने मुक्कों से बचने के लिए आपको अपने पैरों का इस्तेमाल बॉब और वीव करते हुए शुरु करना होगा। मुक्केबाज़ी के समयबद्ध राउंड्स के साथ स्वयं को गति दें। एक मिनट के राउंड से शुरू करें और राउंड दोहराने से पहले पूरा एक मिनट आराम करें। समय के साथ, आप अपने राउंड्स लंबे कर सकते है और बीच का अंतराल कम कर सकते हैं। अनुभव ने सिखाया है कि तेज,कठिन और छोटे राउंड से ज़्यादा गहन कसरत होती है और इस चक्र को दोहराने से पहले ठीक होने का पर्याप्त समय मिलता है। राउंड तेजी से पूरे करने का एक और फायदा यह है कि इस तरह के "अंतराल" के साथ ट्रेनिंग आपको अच्छी फॉर्म और फुटवर्क बनाए रखने में मददगार साबित होती है। कई राउंड जिनमें गिनती अधिक तीव्र हो और वे ठीक ढंग से किये जाये तो वे बहुत अधिक लम्बे राउंड्स से ज़्यादा फायदेमंद साबित होते है क्योंकि लम्बे राउंड्स में आप थक जाते हैं और अपनी फॉर्म खो देते है। सही ढंग से और सही अंतराल के साथ किया गया शैडोबॉक्सिंग एक विजेता बनाने में आपकी मदद करेगा जो समय के साथ आपको एक अपराजेय फाइटर में बदल देता है।

काम और सहयोग : हमेशा अपनी फॉर्म पर ध्यान दें। आपको अपनी परछाई में जो सुधार की जरूरत नज़र आती हैं, उसके आधार पर आवश्यकतानुसार सुधार और समायोजन करें। शीशा एक प्रशिक्षक के रूप में काम करता है और वह आपकी कमियों की पहचान भी करेगा। अपना सुरक्षा-स्तर खोने या अपने मुक्कों को बहुत धीरे-धीरे मारने को लेकर सतर्क रहें। यदि आप कहीं बाहर हैं और अपनी छाया का उपयोग कर रहे हैं तो भी वही नियम लागू होते हैं। दस्ताने पहनकर शैडोबॉक्सिंग करने से आपकी रूटीन कसरत की तीव्रता भी बढ़ जाएगी। शुरुआत में बॉक्सिंग गलव्स (दस्ताने) हमेशा हल्का महसूस होते हैं लेकिन बहुत जल्दी ही वे दुनिया का सबसे भारी वजन लगने लगते है।

आदेश और नियंत्रण : आईने पर ध्यान केंद्रित करते समय एक ही जगह बारीकी से नजर न डालें। हमेशा अपनी व्यापक दृष्टि पर ध्यान दें और यह सुनिश्चित करें कि आप आईने में अपनी पूरी तस्वीर देखें। आप अपने लिविंग रूम, ऑफिस या बेडरूम में फर्नीचर के चारों ओर शैडोबॉक्सिंग करके अपने हाथ-पैर के तालमेल को और आगे बढ़ा सकते हैं। फर्नीचर के आसपास काम करना आपको उन बाधाओं पर विचार करने पर मजबूर करता है जो वार करते वक्त आपकी टाइमिंग और फुटवर्क के बीच में आती है।

012 एक-दो के कोम्बिनेशन से परफॉर्म करें

स्थिति : अलग-अलग मुक्कों को एक साथ मिलाना ही कोम्बिनेशन कहलाता है। इसी मुक्कों के कॉम्बिनेशन से बरसात करने से अपने विरोधियों को खदेड़ने की संभावना बढ़ जाती है। एक अच्छा लडाका बनने की शुरुआत बॉक्सिंग के मुक्को से होती है। बॉक्सिंग में चार अलग-अलग तरह के वार होते हैं और प्रत्येक मुक्का सर्वत्र गिना और दुनिया भर में जाना जाता है।

- एक- जैब
- दो- क्रॉस
- तीन- हुक
- चार-अपरकट

एक और दो का कॉम्बो मुक्कों का एक छोटा क्रम है जिसमें पहले जैब, उसके बाद दूसरा क्रॉस होता है। जैब, दो काम करता है और दोनों का उपयोग रेंज पता करने और अपने प्रतिद्वंद्वी के सिर को नॉकआउट के लिए सेट करने के लिए किया जाता है। हालांकि यह मामले में सबसे सरल कोम्बिनेशन है तो भी, यह सबसे अधिक विनाशकारी वारों में से एक है।

मिशन : दुश्मन को खदेड़ दें!

क्रियान्वयन : क्रॉस को सेट करने के लिए जैब का प्रयोग करें। जैब आपके विरोधी को परेशान करने का काम करेगा। यह एक सेकंड के लिए उसकी आँखें बंद कर देगा और वह उस एक पल के लिए अपनी सुरक्षा से समझौता करेगा। जैब आपके वार करने से पहले दूरी निर्धारित करने का कार्य भी करता है। आपका लक्ष्य निश्चित रूप से प्रतिद्वंद्वी की ठोड़ी ही है। आपके जैब मारने तक क्रॉस भी तैयार हो

No. 012 : एक-दो के कोम्बिनेशन से परफॉर्म करें

गया है और तुरंत हमला करने के लिए यह भी अब तैयार है। दूसरी तरफ से होने वाले हमलों से बचाव के लिए अपने हाथों को ऊपर रखना है। जब भी आप मुक्कों के कॉम्बिनेशन से वार कर रहे हों तो यह सुनिश्चित करें कि आपका कमजोर हाथ हाथ हमेशा अपने विरोधी के मुक्के के खिलाफ आपकी रक्षा कर रहा हो।

काम और सहयोग : यदि आप मुक्कों का प्रभावी कॉम्बिनेशन मारने की उम्मीद करते हैं तो प्रभावी फुटवर्क भी बहुत आवश्यक है। मुक्कों के साथ-साथ अपने पैरों को भी गतिमान रखें और हाथ-पैर दोनों की हरकतों का तालमेल बनाए रखें। जैसे ही आप पैरों को आगे बढ़ाते हैं तो आपकी मुद्रा आपके प्रत्येक वार को शक्ति देती है।

आदेश और नियंत्रण : कुल मिलाकर एक-दो कॉम्बो यानि जैब और क्रॉस का कोम्बिनेशन रेंज के भीतर रहने और पावर पंच मारने के बारे में है। अंतराल की जागरूकता से प्रत्येक मुक्का लक्ष्य पर मारने की संभावना बढ़ती है। सबसे महत्वपूर्ण बात यह है कि आप बस अपनी निकटता और आक्रमण के कोण पर ध्यान दें। केवल मुक्के मारने से कहीं अधिक महत्वपूर्ण उनका सही जगह पर लगना है। नि:संदेह आप बेतहाशा हमला कर सकते हैं और सर्वश्रेष्ठ की उम्मीद भी कर सकते हैं, लेकिन आपकी व्यर्थ हो चुकी ऊर्जा इसे आप के खिलाफ जीत की लहर में बदल सकती है। कुछ अच्छे की उम्मीद करने की बजाय वार के लिए सही मौके की तलाश करना ही एक तरीका है जो जीत दिला सकता है।

013 ताकत कैसे पैदा करें

स्थिति : जहाँ आप खड़े हैं, वहीं आपके पैरों के नीचे से शक्ति उत्पन्न होती है। आपके पैरों से बल आपके कोर में स्थानांतरित होता है, फिर आपकी छाती में, आपकी छाती से कंधों और आपकी भुजाओं में और आखिरकार यह संचित बल आपके मुक्के में जाकर इकट्ठा हो जाता है। सबसे शक्तिशाली मुक्केबाज अपने पूरे शरीर की ताकत को जोड़ लेते हैं और शरीर के प्रत्येक भाग की ताकत को एक-एक वार के दौरान प्रयोग में लेते है।

मिशन : महारथी की तरह मुक्का मारना।

क्रियान्वयन : पंचिंग पावर के लिए पांच ऐसे घटक प्रस्तुत हैं जिन्हे अवश्य ही, वास्तव में शक्तिशाली माना जाता है।

1. अपने पूरे शरीर के बल से मुक्का मारें, सिर्फ अपनी बाहों की ताकत से नहीं।
2. अपने शरीर के वजन का सही स्थानान्तरण करना
3. मुक्का मारने के दौरान कदम बढ़ाकर पास आना
4. मुक्के के साथ शरीर को भी घुमाना
5. पैरों को गतिशील रखना

काम और सहयोग : एकदम सही मुक्का तैयार करने के लिए मजबूत कोर की आवश्यकता होती है। शक्तिशाली पंच के लिए कोर ही सबसे महत्वपूर्ण तत्व है क्योंकि यह पैरों के पावरहाउस को हाथों के सिस्टम की डिलीवरी से जोड़ता है।

आदेश और नियंत्रण : एक शक्तिशाली मुक्का मारने के लिए, भौतिकी की मूल बातें मददगार होती है, इसलिय उनका फ़ायदा उठाएं:

No. 013 : ताकत कैसे पैदा करें

1. गति शक्ति नहीं है। शक्ति द्रव्यमान गुणा त्वरण के बराबर होती है। आप तेज मुक्का मार सकते है, लेकिन ऐसा करने के लिए उसके पीछे वजन प्रभावशाली होना चाहिए।
2. अपने पूरे शरीर को गतिमान रखें। अगर मुक्के केवल आपके हाथ की ताकत से मारे जाते हैं तो कम शक्तिशाली होगें। अपने पूरे शरीर का प्रयोग करें और हाथ पैर सब एक ही समय में एक साथ चलाने की कोशिश करें।
3. अपने पैरों को हिलाएं। ये आपके शरीर की सबसे मजबूत मांसपेशियां हैं और यहीं से सर्वाधिक शक्ति उत्पन्न होती है।
4. अपनी सीमा के भीतर रहें। दूर से मारे जाने वाले मुक्के में पर्याप्त शक्ति का अभाव रहता है। अधिकतम प्रभाव के लिए, करीब रहें और अपने प्रतिद्वंद्वी को मुक्का मारें।
5. कोण अवसर पैदा करते हैं। अपने मुक्कों को अधिक शक्ति देने और अपने विरोधी को अधिक नुकसान पहुंचाने के लिए अलग-अलग कोण इस्तेमाल करें।

014 शरीर व पैरों को गति दें और फुर्ती बढ़ाएँ

स्थिति : बहुत कम लोग तर्क देंगे कि टकराव या झगड़े से पहले और उस दौरान, गतिशीलता नंबर एक जीवन बचाने वाला बिन्दु है। आपके पैर जीत, हार और जीवन का नुकसान होने से बचाने के बीच एक बहुत बड़ा अंतर ला सकते हैं। दुर्भाग्य से, आम आदमी पैरों की गति के महत्व को नजरअंदाज कर देता है और वह नहीं जानता कि पैरों के काम में बेहतरी, तीव्रता और अधिक स्थिरता लाने के लिए शुरूआत कहाँ से करें। इसमें कोई आश्चर्य की बात नहीं है कि जब आपको किसी झगडे से बाहर निकलने की आवश्यकता होती है, तब आपके पैर आपका सबसे महत्वपूर्ण उपकरण बन जाते हैं। हालाँकि, कुछ स्थितियों से बचे रहने में भागना आपके पैरों का उपयोग है लेकिन यह एकमात्र उपयोग नहीं है। आपको यह जानना जरूरी है कि अपने विरोधी के चारों ओर घूमने के लिए अपने पैरों का उपयोग कैसे करें, वार के लिए शक्ति कैसे उत्पन्न करें और दूरी कैसे बढ़ाएँ ताकि आप स्वयं चोटिल न हो जायें। किसी लक्ष्य को भेदने के लिए आपके पैर अगल-बगल और आगे-पीछे चलाने के लिए काफी फुर्तीले तो होने ही चाहिए, लेकिन साथ ही पल भर के लिए एक जगह दृढ़ करने और विनाशकारी वार करने के लिए भी पर्याप्त मजबूत होने चाहिए।

मिशन : बस वहीं खड़े न रहें।

क्रियान्वयन : जब भी आप पैरों की गति का अभ्यास कर रहे हों, तो आपका लक्ष्य दोनों पैरों को गति देना होना चाहिए। जैसे, आप अपने अभ्यास के दौरान टैप डांस सीखना चाहते हैं। एक बार आपका अभ्यास पूरा हो जाए तो आपके पैर तेजी से चलने लगेंगे। पैरों की ड्रिल में आंखें, हाथ, पैर, पूरा शरीर ही शामिल होता है जो एक साथ मिलकर एक अच्छा आक्रमण या रक्षा तंत्र स्थापित करने के लिए काम करते हैं। पैरों की गति का अभ्यास आपके संरचनात्मक, मांसल और तंत्रिका संबंधी प्रदर्शन को बढ़ाता है।

No. 014 : शरीर व पैरों को गति दें और फुर्ती बढाएँ

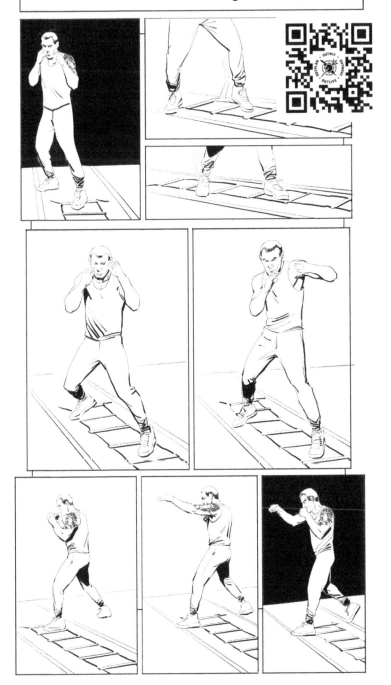

काम और सहयोग : टोनी जेफ़रीज की वेबसाइट और सोशल मीडिया पर जाकर अपने पैरों के अभ्यास को देख सकते है। उसके पास एक अविश्वसनीय अभ्यास की सूची और यहाँ तक की पूरी की पूरी एक बॉक्सिंग अकादमी तक है, बेहतर होने के लिए आप उसमें साइन अप कर सकते हैं।

आदेश और नियंत्रण : आपका खुद को अपने पैरों पर बहुत हल्के दर्शाना आपके विरोधी को डरा सकता है। आप कितनी तेजी से आगे बढ़ते हैं, यह बात भी आपके प्रतिद्वंद्वी का मनोबल गिरा सकती है, उसके विश्वास को तोड़ सकती है और लड़ाई शुरू होने से पहले आपको इसका लाभ मिल सकता है। आप जितने अधिक फुर्तीले होते हैं, आपके मुक्के खाने की संभावना उतनी ही कम होगी, लेकिन मुक्का मारने की संभावना उतनी ही अधिक होगी। आपकी मार खाने की सीमा के भीतर जाने और वापस बाहर आने की क्षमता विरोधी को मानसिक रूप से तोड़ सकती हैं और वह निराश होने पर गलतियाँ कर सकता हैं। एक बार इसमें थोड़ा निपुण हो जाने पर आप लड़ाई को जल्दी खत्म कर सकते हैं।

015 अपने मुक्के की शक्ति को मजबूत करें

स्थिति : इसमें कोई हैरानी की बात नहीं है कि आपके हमलों की बढ़ती ताकत के कारण दुश्मन को खदेड़ने की संभावना भी बढ़ जाती है। आप कोई गलती नहीं करें क्योंकि ताकत अपने आप काम नहीं करेगी। आदर्श रूप में, आपकी पंचिंग पावर गति और सटीकता के साथ जुड़ी हुई है और इनके साथ संयुक्त होकर आश्चर्यजनक रूप से अधिकतम परिणाम देती है। अपनी ताकत बढ़ाने पर काम करने का खूबसूरत पहलू यह है कि इससे ताकत के साथ-साथ अनजाने में ही आपकी गति और सटीकता भी बढ़ जाएगी। एम एम ए फाइटर्स के विपरीत, मुक्केबाज़ यह सीखते हैं कि जब वे मुक्का मारते हैं तो अपने पूरे शरीर का लाभ कैसे उठाये और उतना ही महत्वपूर्ण, वे यह भी सीखते हैं कि मुक्के की मार से बचा कैसे जाये। दोनों ही कौशल मुक्केबाजी को शक्तिशाली बनाते हैं और महारथी बनने के लिए यह जरूरी है।

मिशन : दुश्मनों को अपना नाम तक भूला दें।

क्रियान्वयन : मुक्केबाज़ जब मुक्का मारता है तो हर बार अपने पूरे शरीर को मुक्के मारने की इस प्रक्रिया में शामिल करता है। मुक्केबाजी के पुरे तीन मिनट में, जब पहले तीस सेकंड में आप अपने भीतर शक्ति और हवा जुटाते है तो ने आपको अनंत काल की तरह लग सकते हैं। शक्तिशाली मुक्के जड़ने के लिए आवश्यक है कि आप अपने दोनों हाथों और पैरों की मांसपेशियों को शामिल करें। शक्ति के साथ मुक्के मारने के लिए, आपको अपने पैरों को जमींन पर दृढ़ता के साथ जमाना पड़ेगा। यह जरूरी है कि मुक्का मारने वाले उस सेकंड में आप अपने पैरों के पंजों पर इधर-उधर न घूम रहे हों। आप जैसे ही अपने पुरे शरीर को जोड़ना शुरू करते हैं, आपके पैरों के माध्यम से शक्ति उत्पन्न होती है और वह परिणामी ताकत आपके पंचिंग आर्म के माध्यम से बाहर आती है।

No. 015 : अपने मुक्के की शक्ति को मजबूत करें

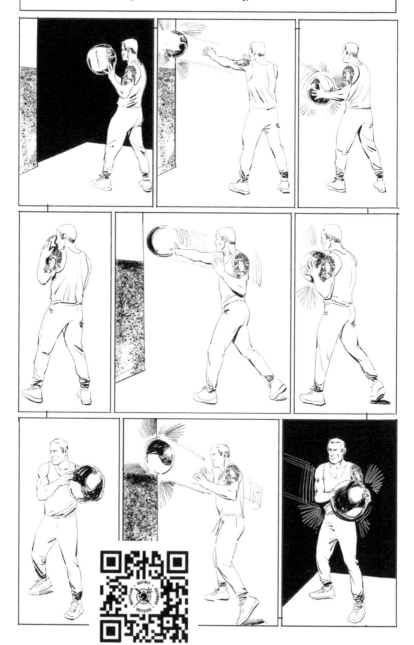

काम और सहयोग :

1. दवाई की बड़ी गोलियाँ गटकने की बजाय हल्की मेडिसिन से शुरुआत करें।
2. जहां आप खड़े हैं वहां से दीवार तक की दूरी देखें कि आपके पलटवार के लिए पर्याप्त जगह है या नहीं।
3. पूरी एक्सरसाइज के दौरान अपनी लड़ाई की स्थिति बनाए रखने की पूरी कोशिश करें।
4. अनुशासित रहें, बस मुक्का मारने के लिए तैयार न रहें।

प्रशिक्षण में बुरी आदतें शामिल हो जाती हैं और जिनकी वजह से आपके असली मुक्के का तारतम्य समाप्त हो जाता है। अपने जिस हाथ से आप वार नहीं कर रहे, उस हाथ को ऊपर अपने सिर की सुरक्षा के लिए, सिर के पास रखें।

आदेश और नियंत्रण : पंचिंग पावर आपकी मानसिकता से शुरू होता है। पहले-पहल आप - शुरुआत का मौका तलाशना, रुकना और मुक्का मारने का निर्णय लेना, सिर्फ यह सब सीखते रहते हैं। जैसे-जैसे आप आगे बढ़ते हैं, पावर पंच मारना स्वाभाविक रूप से होने लगता है। समय के साथ, आप अपने प्रतिद्वंदी से बचाव की उम्मीद में, उसके पंच मारने से पहले ही एक शुरुआत कर देंगे और आपका परिणामी पंच अधिक शक्तिशाली होगा।

टोरगर्सन मार्कस — बदमाश

कोड नाम : ताज़
प्राथमिक स्किलसेट : 3 क्राव मागा विशेषज्ञ
सेकेंडरी स्किलसेट : उएची-रयू कराटे में सेकंड-डिग्री ब्लैक बेल्ट

पृष्ठभूमि : नज़दीकी टकराव रक्षात्मक रणनीति में विषय-विशेषज्ञ, मार्कस के पास मार्शल आर्ट का चालीस से अधिक वर्षों का अनुभव है। यदि किसी नागरिक को जल्दी और आसानी से प्रशिक्षित और सशक्त बनाने की आवश्यकता है तो मार्कस आपके काम आ सकता है। वह उचित कार्रवाई का आकलन कर और चुन कर जल्दी से किसी छात्र को (मानसिक और शारीरिक रूप से) इस तरह तैयार कर सकता है कि वह एक बुरे आदमी का सबसे बुरा सपना बन जाए। मार्कस एक चिंतनशील व्यक्ति "होने" में गहराई से विश्वास करता है जो सताये हुए कमज़ोर लोगों और पियक्कड़ों के प्रति दयावान हो। करीब दो दशक से नाइट क्लबों में सुरक्षा के लिए उसे धन्यवाद।

जिस एक चीज़ के बारे में वह अत्यधिक संवेदनशील और विशेष सहानुभूति रखता है, वह है विशेष ज़रूरतों वाले लोग और उनकी शारीरिक और मानसिक परेशानियाँ।

एडॉल्फ हिटलर — दुश्मन

पृष्ठभूमि : एक जर्मन राजनीतिज्ञ और नाजी दल के नेता हिटलर का सत्ता में उदय 1933 में जर्मनी के चांसलर के रूप में हुआ और फिर 1934 में वह फ्यूहरर (अग्रणी नेता) बन गया। अपनी तानाशाही के दौरान, उसने 1939 में पोलैंड पर आक्रमण करके यूरोप में 1933 से 1945 तक द्वितीय विश्व युद्ध की शुरुआत की और युद्ध के दौरान सैन्य अभियानों में पूरी तरह से शामिल रहा। हिटलर के नेतृत्व और नस्लीय रूप से प्रेरित विचारधारा के तहत लगभग साठ लाख यहूदियों के नरसंहार और लाखों अन्य पीड़ित जिन्हें वह और उनके अनुयायी सामाजिक रूप से अवांछनीय मानते थे, सबके लिए नाजी शासन जिम्मेदार था। हिटलर व नाजी शासन ने अनुमानित 19.3 मिलियन नागरिकों और युद्ध-कैदियों को मार डाला। इसके अलावा यूरोपीय युद्ध क्षेत्र में सैन्य कार्रवाई के परिणामस्वरूप 28.7 लाख सैनिकों और नागरिकों की मृत्यु हो गई।

016 स्थितिजन्य जागरूकता को समझें

स्थिति : हम स्थितिजन्य जागरूकता या सिचुएशनल अवेयरनेस के बारे में बहुत कुछ सुनते हैं लेकिन दृष्टिगोचरता के तीन प्रमुख क्षेत्रों के बारे में हम इतना नहीं जानते इसकी कमी खतरनाक साबित हो सकती है। आमतौर पर स्थितिजन्य जागरूकता प्रणाली में खतरे का पता लगाने की प्रक्रिया को थोड़ा आसान बनाने के लिए विभिन्न प्रकार की मानसिक अवलोकन तकनीकों का प्रयोग किया जाता हैं। इस सिस्टम का उपयोग आपकी सुरक्षा बढ़ाने के लिए, आपके आसपास के वातावरण से सूचना इकट्ठा करने और उनका विश्लेषण करने के लिए किया जाता है जिसका इरादा आपातकालीन स्थिति में आपकी प्रतिक्रिया के समय को कम करना है। अधिकांश स्थितिजन्य जागरूकता प्रणालियों में शायद ही कभी सामने, आस-पास, पीछे या न दिखने वाली चीज़ें उजागर होती हैं, इसके अलावा यही कहना है कि ऐसी प्रणालियों पर विश्वास करना "अपना सिर ओखली पर रखने" जैसा है। कभी-कभी, सबसे सीधी और बहुत कम जटिल प्रणालियाँ लाल, पीली और हरी बत्ती (ट्रैफिक लाइट) की तरह सरल होती हैं।

मिशन : हमेशा लाल यानी पीछे के खतरे को खत्म करने की कोशिश करें।

क्रियान्वयन : बस अपनी पीठ को एक दीवार पर रखें और लाल क्षेत्र को हटा दें, इससे तेजी से आपकी सुरक्षा बढ़ती है। केवल पीले और हरे रंग के क्षेत्र या दृश्य क्षेत्र ही सुरक्षा की दृष्टि से बचते हैं। अब, आपकी सीधी दृष्टि में जो कुछ भी है, उसे व्याख्या के अनुसार, हरा क्षेत्र मान सकते है। आपके सामने जो भी दृश्य है, उसे पीला। लाल वह है जो कुछ भी आपके पीछे है, जहां आपकी दृश्यता शून्य है। अपनी पीठ को एक दीवार से लगाकर और अपने माहौल को लगातार बायें से दायें और दायें से बायें स्कैन करके, आप हरे रंग में अपना समय बढ़ा रहे हैं, पीले रंग में समय सीमित कर रहे है और लाल को खत्म कर रहे है। जब आपके जोखिम को कम करने के लिए उपयोग में लेने हेतु कोई दीवार नहीं हो तो हरे और लाल

No. 016 : स्थितिजन्य जागरूकता को समझें

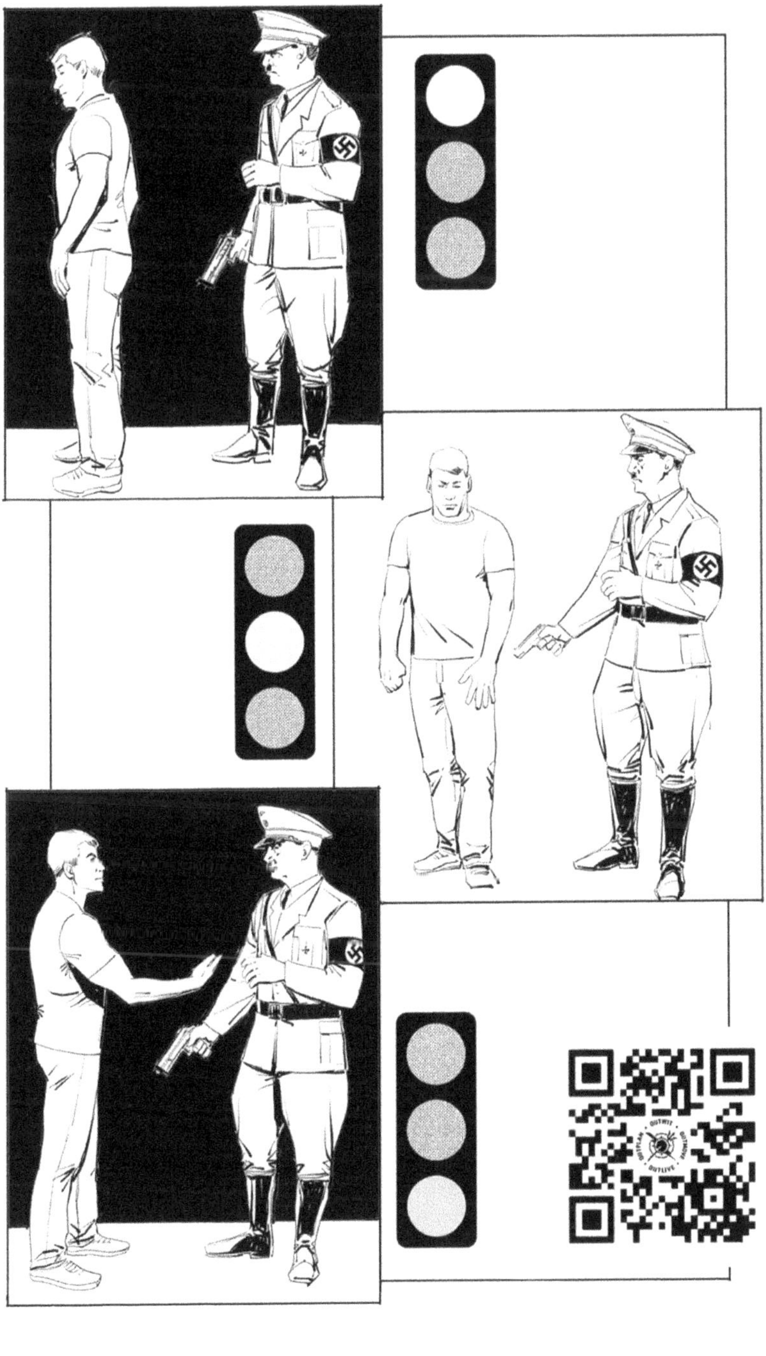

बराबर हो जाते हैं। केवल अपने दृष्टिकोण पर ध्यान देकर ही आप अपने माहौल पर ध्यान दे रहे हैं जो अधिक विस्तृत स्थितिजन्य जागरूकता प्रणाली का उपयोग करने की तुलना में बेहतर है।

काम और सहयोग : दीवार का उपयोग करते हुए लाल रंग को खत्म करना अपनी सुरक्षा बढाने के कई तरीकों में से एक है। कोई भी वस्तु जिसे आप अपने पीछे रख सकते हैं, वह पीछे से हमलों को रोकने में मदद करेगी। आपका समय-समय पर अपने पीछे देखना अस्थायी रूप से लाल को हरे रंग में बदल देगा और आपकी जागरूकता बढ़ेगी।

आदेश और नियंत्रण : अगली बार, चलते-चलते जब आप मैसेजज के लिए अपना फ़ोन चैक करने का निर्णय लें तो पहले रुकें और अपनी पीठ को एक दीवार पर टिका दें। आपको हमेशा अपने सिर को सीधा करके और अपने चारों और स्कैन करते हुए चलना चाहिए। अगली बार, जब कभी आप अपना वाहन पार्क कर रहे हों, तो इसे दीवारों, बैरिकेड्स या अन्य बाधाओं के नजदीक स्थानों पर बैक करें जो आपको पीछे से टक्कर मारने से बचाते हैं। यदि आप हमेशा लाल रंग को खत्म करने की कोशिश करते हैं, तो आपके हरे रंग में रहने की संभावना बढ़ती है।

017 अपने विरोधी पर पाम हील से वार कैसे करें

स्थिति : क्राव मागा वार के अंतर्गत स्ट्रेट पंच, हैमर फिस्ट, पाम हील से वार, आई गॉग्स, थ्रोट से वार आते है। पाम हील के वार को हाथ की हथेली से सीधे पंच के रूप में मारा जाता है। पाम हील से वार करने के लिए शारीरिक प्रक्रिया स्ट्रेट पंच और हैमर फिस्ट के समान ही रहती है।वार करने का चुनाव आमतौर आपके द्वारा निर्धारित किये गये लक्ष्य के आधार पर तय होता है। यदि आप एक ईंट की दीवार के सामने खड़े हैं और एक मुक्के (फिस्ट) या हथेली (पाम) से इसे पंच करने का विकल्प हो तो अपनी हथेली का उपयोग एक सही चुनाव होगा। क्योंकि सहज रूप से, आप जानते हैं कि ईंट की दीवार पर मुक्का मारने से हाथ की सब हड्डियाँ टूट जाने और ढेर सारे दर्द की संभावना है, दीवार का कुछ बिगड़ेगा नहीं।

मिशन : दुश्मन के जबड़े पर नीचे से ऊपर की ओर वार करें ।

क्रियान्वयन : क्राव मागा और हील पाम में आपके वार करने वाले हाथ की उंगुलियों को पीछे खींचकर, हथेली को तानकर और आगे बढ़ा कर तैयार किया जाता है। मारते समय पुरे शरीर का उपयोग करते हुए इस तरह वार करें कि वार के लिए जरूरी ताकत पैदा हो सके। आपको चेहरे की नाजुक जगह को स्ट्रेट पंच या हैमर फिस्ट से निशाना बनाना है क्योंकि पाम स्ट्राइक में ऊपर के दो पोरों के बजाय पाम यानी हथेली का उपयोग किया जाता है। इसे अलग-अलग कोणों पर इस्तेमाल किया जा सकता है। उंगलियाँ फैली और ऊपर की ओर सीधी तनी हुई या पैंतालीस डिग्री पर अंदर की ओर झुकी हुई हो सकती है। इससे सारी शक्ति आपकी हथेली के मध्य से लेकर आपकी हथेली के अंत तक यानि ब्लेड तक शिफ़्ट हो जाती है।

काम और सहयोग : अपने अंगूठों को अंदर की तरफ अपनी तर्जनी से सटाकर और थोड़ा सा झुकाकर रखें। इससे, आपका अंगूठा उन अनचाही चोटो से सुरक्षित

No. 017 : अपने विरोधी पर पाम हिल से कैसे वार करें

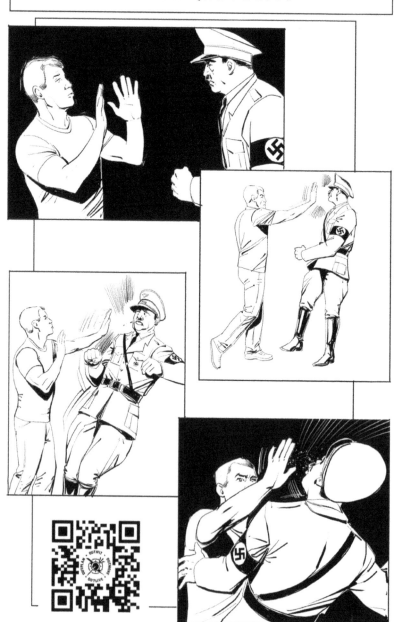

रहेगा, जो वार करते समय या चूकते समय लग जाती है। प्रशिक्षण सत्रों के दौरान, अपने फिस्ट और पाम के वार को साथ मिलाकर कॉम्बिनेशन के साथ वार करें। याद रखें, अपनी फिस्ट को कोमल सतहों और अपनी पाम (हथेली) कठोर सतहों पर वार करने लिए बचा कर रखें।

आदेश और नियंत्रण : अपने विरोधी को पूरी तरह से पराजित करने के लिए, पाम से वार की तेजी से और ताबड़तोड़ प्रहारों की श्रृंखला आपको अजेय बना सकती है, खासकर जब आपका विरोधी मुसीबत में फंस गया हो।

018 कोहनी से वार कैसे करें

स्थिति : कोहनी से वार आमतौर पर करीबी लड़ाई वाली स्थितियों के लिए अच्छे होते हैं। क्राव मागा में, कोहनी के सात अलग-अलग वार होते हैं। उसी के अनुसार कोहनी के प्रत्येक वार गिने जाते है। कोहनी से वार नम्बर एक आड़ी (horizontal) उच्च कोहनी से वार है। कोहनी से वार नंबर दो बग़ल में कोहनी से वार है। कोहनी से वार नंबर तीन एक आड़ी बैकवर्ड कोहनी से वार है और इसी तरह, कोहनी से वार नंबर सात लंबवत यानि वर्टिकल कोहनी से वार है। यह सीखना बहुत आसान तो नहीं है लेकिन जब आप अपने विरोधी के करीब हो तो यह निश्चित रूप से सबसे उपयोगी तरीकों में से एक है। इसके आड़े यानि होरीज़ोन्टल समकक्ष के विपरीत, एक लंबवत या वर्टिकल कोहनी को किसी भी समय दूसरे वारों के साथ बिना तारतम्य बैठाए भी मारा जा सकता है।

मिशन : अपनी बगल को सूंघें?

क्रियान्वयन : यदि आपके हाथ बातचीत की एक मानक मुद्रा में हैं तो आप लम्बवत कोहनी से वार मारने के लिए पहले से ही तैयार हैं। आपके हाथ खुले है और आपके विरोधी का जबड़ा आपकी नजर में है तो बस जल्दी से अपनी कोहनी को सीधा ऊपर की करें साथ ही साथ अपने हाथ के पिछले भाग को आपके सिर और कान तक खींच ले, जिस वक्त आपकी कोहनी ऊपर की ओर बढ़ रही है, तो उस वक्त आपको भी इस तरह आगे बढ़ना है मानो कोई जैब मारना हो। आगे और ऊपर की ओर बढनेकी शक्ति आपको अविश्वसनीय रूप से नॉकआउट प्रभाव देती है।

काम और सहयोग : जैसे किसी भी वार के साथ होता है, आपके पैरों की गति ताकत उत्पन्न करती है जिसे आप अपने विरोधी पर इस्तेमाल कर सकते है। सफल आड़ी कोहनी से वार के लिए आपके पैर और कोर दोनों की ताकत की आवश्यकता होती हैं।

No. 018 : कोहनी से वार कैसे करें

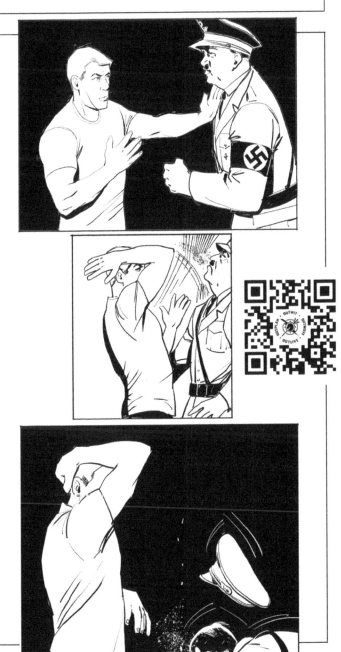

आदेश और नियंत्रण : अपने दूसरे हाथ के बारे में न भूलें। यह हमेशा सतर्क और पलटवार के लिए तैयार रहना चाहिए। आपके दूसरे हाथ का उपयोग अपने विरोधी का सिर जकड़ने और उसे अपनी कोहनी से वार करते हुए सही जगह पकड़े रखने के लिए भी किया जा सकता है। परिणामी प्रभाव काफी अधिक हानिकारक होगा लेकिन आपके पक्ष में होगा।

019 विरोधी के घुटने पर साइड किक कैसे करें

स्थिति : घुटना लड़ाई में एक कमजोर स्थान होता है। इसमें कोई हैरानी की बात नहीं, कि यह शरीर के अन्य जोड़ों(जॉइंट्स) की तुलना में शरीर के सबसे बडा जोड़ है। घुटना मानव शरीर की दो सबसे मजबूत हड्डियों, फीमर से निचले पैर की हड्डियाँ, टिबिया और फिबुला को जोड़ता है। क्षतिग्रस्त घुटने से गतिशीलता कम हो जाती है और लड़ाई तुरंत समाप्त हो सकती है। घातक चोट के कारण आवश्यक ऊर्जा की मात्रा न्यूनतम हो जाती है। घुटने चाहे सही हो या चोटिल, यह हमला करने के लिए हमेशा कमजोर ही रहता है।

मिशन : पैर तोड़ना है, पर अपना नहीं।

क्रियान्वयन : अगर आप दुश्मनों से घिर गये हैं और आपकी पसलियों आदि पर हमला हुआ है तो भी सिर की सुरक्षा के लिए आपके हाथ हमेशा ऊपर की ओर होने चाहिए। साथ ही साथ, अपने दुश्मन के सबसे करीबी घुटने को निशाना बनाते हुए अपने पैर को ऊपर की ओर ले जायें और हमलावर के निकटतम पैर पर दें मारें। अपने पैर की उंगलियां अपनी पिंडली की ओर खींच कर इस तरह वार करें कि आपके पैर के निचले हिस्से का संपर्क आपके विरोधी के घुटने के ठीक नीचे होना चाहिए। अपना वजन नीचे की ओर ले जायें और अब, अपने लात मारने वाले पैर से अपने विरोधी के लक्षित पैर को मारें, जो बदले में आपके विरोधी के घुटने के जोड़ को अपनी जगह से हिला देगा और उसे लड़ाई से बाहर कर देगा।

काम और सहयोग : एक बार के लिए, एक झाड़ू के साथ दीवार के सहारे झुकना शुरू करें और अपनी साइड किक का अभ्यास करें। शुरुआत का एक झटका बहुत ही आसान लगेगा। उसके बाद दो और फिर एक साथ तीन यह सीखने के लिए करके देखें कि शरीर की सबसे बड़ी हड्डियों को तोड़ने में कितनी ताकत लगती है।

No. 019 : विरोधी के घुटने पर साइड किक कैसे करें

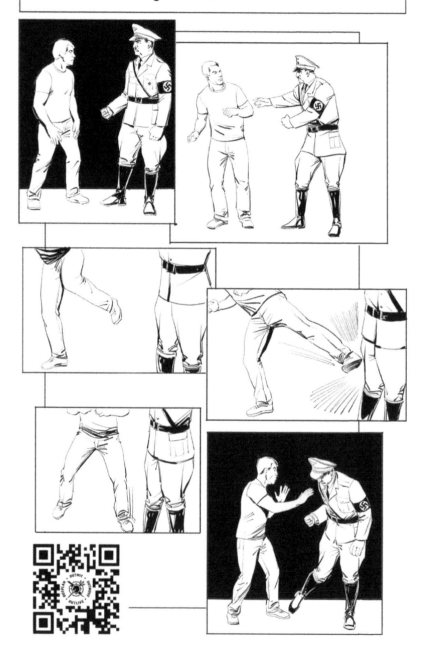

आदेश और नियंत्रण : आपकी प्रतिक्रिया कभी भी एक वार के साथ समाप्त नहीं होनी चाहिए। तब तक प्रहार करना जारी रखें जब तक कि आपका विरोधी आपके या आपके आसपास के अन्य लोगों के लिए कोई खतरा न रह जाए। फिर आप सुरक्षित स्थान पर वापस जा सकते हैं और जिम्मेदार अधिकारियों से संपर्क कर सकते है।

020 अंडकोषों पर फ्रंट किक कैसे मारें

स्थिति : अंडकोष आपके गुर्दे के पास से विकसित होना शुरू होते हैं, इनसे एक प्रमुख तंत्रिका निकलती है जो आपके पेट से नीचे आपके अंडकोष की थैली तक पहुंचती है। यही कारण है कि ग्रोइन (पेट और जांघ के बीच का भाग) पर किक इतनी प्रभावी होती है। लिंग और अंडकोष अनिवार्य रूप से नसों का गुच्छा हैं जो हल्के दबाव से प्यार का अनुभव करते हैं लेकिन चोट या बहुत अधिक दबाव धरती का सबसे असह्य दर्द महसूस करवा देते है। इसलिए ग्रोइन पर वार मुख्य बिंदु पर गंभीर दर्द का कारण बनेगा जिसकी तीव्रता उदर से उठती महसूस होगी। यह दर्द पंद्रह मिनट तक बना रह सकता है, इतना समय आपके लिए यथासंभव दूर जाने के लिए काफ़ी है।

मिशन : अंडकोष पर लात मारना।

क्रियान्वयन : अपनी सहज अहिंसक मुद्रा से, आप अपने पीछे की ओर किये हुए पैर के घुटने को ऊपर की ओर चलाएंगे। एक बार जब आपकी फीमर यानि जांघ की हड्डी जमीन के समानांतर हो जाये तो आप अपने पैर को जल्दी से अपने लक्ष्य तक बढ़ा दें। एक आदर्श परिदृश्य में, आपके पैर का शीर्ष भाग (ठोकर) सीधे ऊपर की ओर जाएगा और बिल्कुल ठीक आपके विरोधी के अंडकोष चोटिल कर देगा। एक बार पूरी लात मारने के बाद, अपने पैर को प्रारंभिक स्थिति में पीछे की ओर वापस ले जायें।

काम और सहयोग : ध्यान रखें कि लात मारना एक बड़ा नाजुक मामला हो सकता है। कुछ समय के लिए आपको एक पैर पर संतुलन बनाना पड़ेगा। यदि आप लात मार रहे हों और आपका पैर विरोधी द्वारा पकड़ा जाये या आप चूक जायें तो आपका संतुलन बिगड़ सकता है। इसलिए आपको अपनी लात के प्रहार को प्रशिक्षित करना होगा और बिना अभ्यास किये आपकी लातों की गति धीमी और टेढ़े-मेढ़े ही जायेंगी।

No. 020 : अंडकोषों पर फ्रंट किक कैसे मारें

आदेश और नियंत्रण : पाम से वार या झूठमूठ के जैब (मुक्के) से अपने विरोधी को विचलित करें। इससे जब आप उसके पैरों के बीच किक मार रहे हों तो वह अपने हाथ उठा लेगा और ऊपर की ओर देखने लगेगा। अब, अगर उनके हाथ ऊपर हैं तो उनके द्वारा आपकी लात पकड़ने की संभावना भी कम होती है।

021 पीछे से दबोचे जाने से कैसे बचें

स्थिति : क्राव मागा बेहद सरल है : कारण यह है कि इसमें जितना हो सकता है, उतना अपने हमलावर को नुकसान पंहुचा दें और जितनी जल्दी हो सके उससे दूर चले जाओ। क्राव मागा तनाव या झगड़ा टालने और अपनी रक्षा की बजाय आक्रामकता और आपके हमले पर ज्यादा फोकस करता है। यह पारंपरिक मार्शल आर्ट, मिश्रित मार्शल आर्ट और प्रतिस्पर्धी लड़ाईयों में एक प्रमुख निर्धारक है, जहां "आत्मरक्षा" का अभ्यास किया जाता है। इसकी पृष्ठभूमि बताती है कि यह इज़राइल रक्षा बलों, इज़राइली विशेष बलों और नियमित पैदल सेना की इकाइयों द्वारा क्यों विकसित किया गया था। यह जितना मामूली है उतना ही निर्दयी और प्रभावी भी है। उदाहरण के लिए, यदि भालू की तरह पीछे से आश्चर्यपूर्ण हमला किया जाए तो आपका बचाव आक्रामक, निर्णायक और नुकसानदेह होना चाहिए।

मिशन : नुकसान पहुंचाना, दर्द देना और वापस सुरक्षित स्थिति में पहुँच जाना।

क्रियान्वयन : यदि आप बीअर हग में यानि पीछे से दबोच लिए गये हैं तो:

1. अपने हमलावर के जकड़े हुए हाथों पर नियंत्रण रखें।
2. अपनी छाती को आगे की ओर और कूल्हों को पीछे की ओर धकेलें ताकि आपके हमलावर के लिए आपको उठाकर जमीन पर फेंकना मुश्किल हो जाये।
3. अपने वजन को आगे की ओर ले जाते समय, एक तरफ या दूसरी तरफ कदम बढ़ाएँ और साथ ही एक हैमर फिस्ट से उसके ग्रोइन पोरशन पर वार करें।
4. अपने वार करने वाले हाथ को वापस ऊपर उठाएं और उसके जकड़े हुए हाथों पर अपना नियंत्रण बनाए रखें।

No. 021 : पीछे से दबोचे जाने से कैसे बचें

5. जकड़न से निकलने के लिए आप पीछे की ओर बढ़ते जाए और उसके हाथों को खींच लें।
6. अपने विरोधी को धक्का दें और धक्का देने की गति का उपयोग करते हुए आप खुद को बचाने के लिए विपरीत दिशा में भाग जायें।

काम और सहयोग : कॉम्बिनेशन की किसी भी दूसरी श्रृंखला की तरह, इसमें भी आपको अपने सभी दावों को एक साथ आजमाने से पहले प्रत्येक दांव को प्रशिक्षित करना है। यह भी याद रखें कि अपनी छाती के चारों ओर लिपटे हुए हाथों को भी नियंत्रित करने का भी अभ्यास करना है। अपने विकल्पों के बारे में बेहतर जानने के लिए आपके साथी द्वारा अपने आपको इधर-उधर फेंकने दें। आपके साथी द्वारा लागू किए गये प्रतिरोध के साथ बाएं या दाहिनी ओर कदम बढ़ाकर अपने पैरों की गति को प्रशिक्षित करें। बचाव के प्रत्येक चरण के माध्यम से आगे बढ़ें, और एक बार जब आप प्रत्येक चाल को लेकर आश्वस्त हो जायें तो उन सभी का एक साथ अभ्यास करें।

आदेश और नियंत्रण : दुर्भाग्य से, अचानक हमले के अवसर हमेशा मौजूद रहते है लेकिन नियमित रूप से अपने लाल क्षेत्र की जाँच करके इसे सीमित किया जा सकता है। आदर्श रूप से, जब आपको पीछे से पकड़ा जाता है तो आपके हमलावर के पास अपने हाथों को एक साथ जोड़ने और आपको पीछे से दबोचने का समय नहीं होगा क्योंकि आप नियमित रूप से अपने लाल क्षेत्र और इच्छा शक्ति की जांच कर रहे होंगे जिससे हमले का जल्द पता लग पाए।

022 चाकू से हमला रोकें

स्थिति : 2019 में, केवल संयुक्त राज्य अमेरिका में, हथियारों (रिवाल्वर, बंदूक आदि) से 180,000 से अधिक गंभीर हमले हुए। उसकी तुलना में केवल चाकुओं या अन्य काटने वाले औज़ारों से 110,000 से अधिक गंभीर हमले किये गये। सांख्यिकीय रूप से, अगर सोचा जाए तो गोली मारने बनाम छुरा घोंपने की संभावनाएं अधिक हैं। तो चाकू से हमला रोकने का सरल समाधान यह लगता है कि आप भी एक बंदूक ले लें। दुर्भाग्य से, एक घात लगाकर किये गये चाकू के हमले के लिए आपको पहले चाकू से निपटने की आवश्यकता होगी जब तक कि आपको अपने पास मौजूद गन निकालने का मौका न मिल जाए।

मिशन : चाकू मत मारने दो।

क्रियान्वयन : अपने विरोधी के चाकू के छोर पर नियंत्रण रखना और अपने प्रमुख अंगों को हमले की रेखा से दूर करना ही आपकी प्राथमिकता होनी चाहिए। अपनी भुजाओं के आगे वाले भाग से अपने हमलावर की कोहनी के जोड़ पर वार चाकू को आपके धड़ तक पहुँचने से रोकने में मदद करेगा। अपने शरीर को मोड़ते हुए तिरछे कदम रखते हुए खुद को हमलावर से दूर हटाना भी एक छोटा लक्ष्य होगा। हमलावर को नियंत्रण में रखने और संतुलन बिगाड़ने के लिए अपने दूसरे हाथ का उपयोग करें। मौका मिलते ही हमलावर के चाकू थामने वाले हाथ पर टूट पड़ें और उस हथियारबंद हाथ पर सकारात्मक नियंत्रण हासिल करने के लिए अपनी बाहों का हुक की तरह उपयोग करें। इस स्थिति से, आप अपने विरोधी के जोड़ों को निशाना बना सकते हैं, उसे दूर धकेलें और भागने या अपना हथियार निकालने के लिए जगह बनाएं।

काम और सहयोग : अभी तय करें कि आप चाकू का वार कहाँ करवाना होना चाहते हैं, दूसरे शब्दों में कहें तो अपने शरीर के उन हिस्सों को समझें जिन पर एक दो बार वार करने पर कम से कम जान को खतरा होने की संभावना है।

No. 022 : चाकू से हमला रोकें

आदेश और नियंत्रण : जोर से बोलें। अपने हमलावर पर इस तरह चिल्लाएं कि दूसरों द्वारा सुना जा सके। जब आप अपने हमलों, अवरोधों और पकड़ में अधिक शक्ति का इस्तेमाल करते हैं तो चिल्लाना भी ध्यान केंद्रित करने और आंतरिक ऊर्जा प्रवाह करने में सहायता करता है। युद्ध के नारों की तरह, चिल्लाना भी लड़ाके के आत्मविश्वास बढ़ाने का कार्य करता है और इसका उद्देश्य अपने प्रतिद्वंद्वी को डराना या धमकाना है। उचित मुद्रा के साथ कि आई या किहाप (कराटे में चीखने के लिए प्रयुक्त शब्द) को बाहर करने से संकेत मिलता है कि आप पीछे नहीं हटेंगे। अंत में, एक ज़ोरदार - चिल्लाहट आपकी मुख्य मांसपेशियों को मजबूत करती है और आपके महत्वपूर्ण अंगों को घायल होने से बचाने में मदद करती है।

023 हमलावर की बंदूक छीन लें

स्थिति : पिस्टल सभी ब्रांड और मॉडलस में बनी होती हैं। आपके चेहरे पर तानी गई रिवॉल्वर और सेमीऑटोमैटिक हैंडगन के बीच का अंतर जानना आपकी सामरिक निर्णय लेने की क्षमता के समय को कम करती है। मतलब यह है कि, आपकी तकनीकें आपके हमलावर को निहत्था करके आपके जीतने के लिए डिज़ाइन की गई है, इस बात की परवाह किए बिना कि आप पर तानी गई पिस्तौल किस तरह की है। हालांकि जीवन को खतरे में डालने वाली स्थिति को बेहतर ढंग से ख़त्म करने के लिए विभिन्न प्रकार के हथियारों की विशेषताएं पता होना आवश्यक है। एक रिवाल्वर और एक सेमीऑटोमैटिक पिस्तौल के बीच मुख्य अंतर यह है कि फायर करने के लिए गोली की पोज़ीशन कैसी होती है। रिवॉल्वर में जब हर बार ट्रिगर को खींचा जाता है तो सिलेंडर घूमता है और एक नया राउंड फायरिंग की पोज़ीशन में चला जाता है। एक सेमीऑटोमैटिक गन गोली को एक अलग मैग्ज़ीन में रखती है। मैग्ज़ीन एक पेज़ डिस्पेंसर (कैंडी) की तरह होते है और एक स्प्रिंग के शीर्ष पर गोली-बारूद का ढेर होता है। हर बार जब ट्रिगर खींचा जाता है तो गोला बारूद के फैलाव से उसका सुरक्षा आवरण अलग होकर गोली बाहर निकाल दी जाती है और मैग्ज़ीन के शीर्ष से एक नया कारतूस खींचकर गन के चैम्बर में आ जाता है। बस इतना पता है कि रिवाल्वर को पकड़ते ही एक से अधिक राउंड तक दागे जा सकते हैं, जब तक आपको इस हैंडगन का पूरा नियंत्रण मिलता है। जबकि एक सेमीऑटोमैटिक में बैरल को स्लाइड समेत कसकर पकड़ना होता है, यह आपको एक सिंगल शॉट तक सीमित कर देगा।

मिशन : सावधान रहें; बेकाबू बनें।

क्रियान्वयन : अपने हाथों को एक एनवीपी (सहज अहिंसक मुद्रा) में उठाएं और परिस्थिति से तनाव या विवाद टालने का प्रयास करें। बात करते समय, हमलावर को अपने हाथ की पहुंच के भीतर खींचने की कोशिश करें और अपने लिए अवसर

No. 023 : हमलावर की बंदूक छीन लें

की तलाश करें। एक बार जब आपको मौका मिल जाए तो अपना हाथ बाहर निकालें और सी-क्लैंप पकड़ बनाते हुए पिस्टल के अगले हिस्से को पकड़ लें। साथ ही, अपने दूसरे हाथ से हैंडगन के पिछले हिस्से को पकड़ लें। दोनों हाथों से बंदूक पकड़ कर, बैरल को ऊपर की तरफ और हैंडगन के पिछले हिस्से को नीचे की ओर ले जाएं। जैसे ही आप इसे अपने हमलावर से छीन लेते हैं वैसे ही उसे विचलित करने की उम्मीद से उसके अंडकोषों पर एक दर्दनाक लात मारें।

काम और सहयोग : इस चाल या दांव के कॉम्बिनेशन की ट्रेनिंग करते समय यह सुनिश्चित कर लें कि हैंडगन सुरक्षित और गोला-बारूद से खाली हो। आदर्श रूप में, सुरक्षा बढ़ाने और किसी आकस्मिक चोट या मृत्यु को रोकने के लिए रबर के ट्रेनिंग उपकरण या खिलौने की पिस्तौल का प्रयोग करें।

आदेश और नियंत्रण : हमलावर को नियंत्रित करने से ज्यादा महत्वपूर्ण बंदूक पर सकारात्मक नियंत्रण बनाए रखना हो जाता है। आपका लक्ष्य हथियार है और यह कभी भी आपकी पकड़ या दृष्टि से बाहर नहीं होना चाहिए जब तक कि इस पर आपका सौ प्रतिशत सकारात्मक नियंत्रण न हो जाए। एक बार जब आपका इस पर नियंत्रण हो जाए तो आप या तो अपने विरोधी के खिलाफ इसका इस्तेमाल कर सकते हैं या इसका प्रयोग—स्थिति, वातावरण, हमलावरों की संख्या और आपकी खुद की चिकित्सा स्थिति और क्षमता के आधार पर छोड़ दें— तुरंत उस इलाके से बच निकलें।

024 चाकू से गले का बचाव

स्थिति : अपने गले पर चाकू के दबाव से सबसे खराब तरह के डर और घबराहट का संचार होता है। यह सिद्ध तथ्य है कि : यह एक बहुत ही खतरनाक स्थिति है जिसमें आप मर सकते हैं, या कम से कम लहूलुहान किये जा सकते हैं और जानलेवा घावों से भी पीड़ित हो सकते है। जानलेवा चोटों के लिए गर्दन आपके शरीर का कमजोर हिस्सा है क्योंकि इसमें सर्वाइकल स्पाइन, मुख्य धमनियां व नसें और निश्चित रूप से, आपका श्वसन मार्ग शामिल है। यदि विरोधी की मंशा केवल आपको लूटने की है तो खुशी से अपना पैसा दे दें लेकिन अगर किसी का इरादा आपको गंभीर शारीरिक नुकसान पहुँचाने या आपको बंधक बनाने का है तो आपको कार्रवाई करनी चाहिए।

मिशन : जो चाकू को नियंत्रित कर लेता है वह जीवन को नियंत्रित कर लेता है। चाहे कुछ भी हो, चाकू पर नियंत्रण करें।

क्रियान्वयन : यदि आप मुसीबत में पड़ गए हैं और चाकू से आपका गला दबाया जाता है तो तुरंत अपने दोनों हाथों से विरोधी के छुरी वाले हाथ को पकड़ लें। एक बार जब आप चाकू वाले हाथ पर सकारात्मक नियंत्रण प्राप्त कर लेते हैं तो उसी समय अपनी कोहनी को जोर से पीछे धकेलें और अपने सिर से एक जोरदार टक्कर मारें। चाकू वाले हाथ पर अपनी पकड़ बनाते हुए अपनी कुहनियों को जितनी सख्ती से हो सके, उतनी सख्ती से पीछे की ओर ले जाने से, जब आप अपने विरोधी के चेहरे पर सिर से वार करते हैं तो यह वार आपको शक्ति प्रदान करेगा। अपनी छाती आगे की निकालकर और कूल्हों पर टिकते हुए अपने विरोधी की पकड़ से बाहर आयें और ऐसा करते हुए उसके चाकू वाले हाथ को अपने साथ खींच लें। एक बार उसके चंगुल से छूटने के बाद, बंधक बनाने वाले को आप बचने की विपरीत दिशा में धकेल दें।

No. 024 : चाकू से गले का बचाव

काम और सहयोग : प्रशिक्षण के दौरान, सुनिश्चित करें कि आप एक सुरक्षित प्लास्टिक का प्रशिक्षण चाकू उपयोग कर रहे हैं। नकली खिलौने का चाकू भी बहुत अच्छा विकल्प है।

आदेश और नियंत्रण : हाथापाई या हाथ से मुठभेड़ में एक फिलॉसफी है, जिसे कभी-कभी "दो-से-एक नियम" के रूप में जाना जाता है। आप कभी भी, अपने विरोधी के किसी एक हाथ-पैर को नियंत्रित करने के लिए, अपने दोनों हाथों का उपयोग कर सकते हैं, विशेष रूप से जब वे हथियार दिखा रहे हों, तो आपको यह नियम लागू करना चाहिए। आपके दो हाथ बनाम आपके हमलावर के एक हाथ का प्रयोग आपके लड़ाई जीतने और जीवित रहने के अवसरों को बढ़ा देगा।

बदमाश

हेस, स्टीफन

कोड नाम : निन्जा

प्राथमिक स्किलसेट : निन्जुत्सू मास्टर

सेकेंडरी स्किलसेट : टू-शिन डू मास्टर

पृष्ठभूमि : स्टीफन के. हेस ने अपनी पूरी जवानी एशियाई मार्शल आर्ट के अध्ययन और आध्यात्मिक परंपराओं के माध्यम से दक्षता हासिल करने में लगा दी है। वह पूरे उत्तरी अमेरिका, जापान, यूरोप, आर्कटिक, चीन, तिब्बत, नेपाल और भारत में रहे है और इनकी यात्राएं करते रहते है। वह मार्शल आर्ट के माध्यम से जीवन में हासिल निपुणता के लाभों को बढ़ावा देते हुए एक शिक्षक, संगोष्ठी के नेता और व्याख्याता के रूप में दुनिया की यात्रा करते है। स्टीफ़न जीवन के दबावों और अनिश्चितताओं से निपटने के लिए अपनी मार्शल आर्ट और ध्यान की विस्तृत पृष्ठभूमि को व्यावहारिक पाठ में बदलकर दूसरों को प्रेरित करते हैं। छात्रों, पाठकों और संगोष्ठी प्रतिभागियों ने बताया है कि उनकी शिक्षाओं ने गहरा प्रोत्साहन देकर उनका सशक्तिकरण किया है और उन्हें अपने व्यक्तिगत और पेशेवर जीवन में सफलता के नए स्तर हासिल करने के लिए प्रेरित किया है। वह हिमालयी ध्यानपूर्ण मन विज्ञान से समृद्ध और अद्वितीय अंतर्दृष्टि से भरपूर अपनी सच्ची, ईमानदार निन्जा कॉम्बेट के रहस्य साझा करने की क्षमता में बेजोड़ है। उनमें प्राचीन संस्कृतियों की गूढ़ अवधारणाओं को व्यावहारिक रूप में विदेशी अनुवाद करने की प्रतिभा है जो पश्चिमी साधकों को समझने के लिए उपयोगी है। व्यक्तिगत सुरक्षा और व्यक्तिगत शक्ति के लिए एक पूर्ण और सर्व-समावेशी दृष्टिकोण देने की क्षमता हमें उनकी देन है।

थिओडोर जॉन काक्ज़िंस्की

दुश्मन

कोड नाम : द अनबॉम्बर

पृष्ठभूमि : काक्ज़िंस्की एक अमेरिकी घरेलू आतंकवादी, अराजकतावादी और गणित के पूर्व प्रोफेसर हैं। वह एक गणित का एक विस्मय था, लेकिन कुछ ज़्यादा ही आदिम (प्राचीन) जीवन शैली अपनाने के लिए उसने 1969 में अपना अकादमिक करियर छोड़ दिया। 1978 और 1995 के बीच उसने आधुनिक तकनीक से जुड़े लोगों को लक्षित करके एक राष्ट्रव्यापी बमबारी अभियान चलाते हुए क्रांति शुरू करने के प्रयास में तीन लोगों को मार डाला और तेईस को घायल कर दिया। इस प्रयास में, अराजकतावाद के एक प्रकृति-केंद्रित रूप की वकालत करते हुए उसने औद्योगीकरण के विरोध में एक सामाजिक समालोचना जारी की।

025 बॉक्सर के एक-दो कॉम्बिनेशन का मुकाबला कैसे करें

स्थिति : एक-दो-तीन का कॉम्बो प्रशिक्षित लड़ाको के बीच काफी लोकप्रिय है। इसमें आमतौर पर एक जैब होता है जिसके बाद क्रॉस और इस कॉम्बिनेशन को पूरा करने के लिए तीसरा हुक या किक होती है। चूँकि यह इतना लोकप्रिय है कि इस कोम्बिनेशन के खिलाफ केवल बचाव सीखना ही अर्थपूर्ण है। काफी प्रशिक्षण के बाद आप अधिकांश हमलों में गोता मारने की तरह झुक सकते हैं, फिसल सकते हैं और चकमा दे सकते हैं। हालांकि, अगर आप अभी शुरू ही कर रहे हैं तो अकेले पैरों से कॉम्बिनेशन को रोकना आसान हो सकता है।

मिशन : रोकें, आगे बढ़े और दोहराएँ ।

क्रियान्वयन : वार को रोकना और बाद में एक तरफ हट जाना, प्रभावी रूप से मुक्के का मुकाबला करने के लिए ये दोनों दांव एक दूसरे पर भरोसा करते है। अगर आप दाईं-बायीं या इधर-उधर हो जाते है तो आपका लीड फोरआर्म सीधा वार से टकराता है जो सीधी चोट से आपका बचाव करता है और आपके प्रतिद्वंद्वी की गति को विचलित करता है। ध्यान रखें कि फिर भी, अब भी हो सकता है कि आपको सिर में चोट लगे, तो एक प्रभावी रोक से चोट लगने या नॉकआउट होने की संभावना कम हो जाती है। निस्संदेह, यह एक पैंतरेबाज़ी है जो आपके विरोधियों की वार करने की क्षमताओं को विचलित कर देती है और वे आपके पलटवार करने के लिए खुली होती है।

काम और सहयोग : एक तरफ हटकर जैब को ब्लॉक करने से हमले का कोण बदल जाता है, कॉम्बिनेशन के बाकी दांव रूक जाते है और आप अपने प्रतिद्वंद्वी के सामने पलटवार करने के लिए तैयार हो जाते है। रोकना और पीछे या एक तरफ हट जाना, ये दोनों एक साथ होने पर अधिक प्रभावी होते हैं।

No. 025 : बॉक्सर के एक-दो कोम्बिनेशन का मुकाबला कैसे करें

आदेश और नियंत्रण : इससे कोई फर्क नहीं पड़ता कि आप कहाँ हैं या आप क्या कर रहे हैं, हमेशा लड़ाई से बाहर निकलने की रणनीति के रूप में इन चालों का कॉम्बिनेशन दिमाग में रखें। यदि आप मुसीबत में फंस गए हैं और अपने आप को लड़ाई में पाते है तो उस वक्त आपको कम चिंता होगी। रोकने करने, हटने और सामना करने के लिए तैयार रहें और इस स्थिति से बाहर निकलें।

026 मुक्कों की बौछार का मुकाबला कैसे करें

स्थिति : कुछ लोग सिर्फ मूर्ख बनना चाहते हैं। अप्रशिक्षित व्यक्ति आमतौर पर वह होता है जो बिना सोचे समझे मुक्का (हे मेकर पंच) मारता रहता है। ये ऐसे अप्रशिक्षित व्यक्ति होते है जो किसी तीसरे पक्ष को लड़ते देख कर मारने और मजबूत बनने की बात करते है। एक अप्रशिक्षित व्यक्ति वह होता है जो लगभग हमेशा आपको पहले धक्का देता है या पहले पंच मारता है। अगर उसके सामने अपने जैसा ही अनाड़ी आदमी हो तो कभी-कभी वह भाग्यशाली भी हो जाता है। प्रशिक्षित हमलावर आम तौर पर आखिर में लड़ाई शुरू करने वालों में से होते हैं क्योंकि वे जानते हैं कि आपको किसी ऐसे व्यक्ति को कभी कम नहीं आंकना चाहिए जो आपको काँटे की टक्कर दे सकता है। एक प्रशिक्षित लड़ाके के अनुशासन और लड़ाई से बचने के लिए आत्म-नियंत्रण भी एक कौशल है।

मिशन : हमले का फायदा उठाएं और इसे अपनी बढ़त में तब्दील कर दें।

क्रियान्वयन : एक तरफ कदम बढ़ाने एक तरफ हट जाने की शक्ति के प्रभाव से आक्रामक हमले को रोका जा सकता है। कभी-कभी लड़ाई में मुक्के मारने की बजाय कोण और पहुंच ज़्यादा मायने रखते है। जब कोई वजनदार लेकिन धीमे मुक्के मार रहा होता है, उसका खुद का शरीर मार खाने के लिए सामने से खुला होता हैं। इसलिए इस स्थिति का फ़ायदा उठाकर, एक तरफ हटते हुए उसकी आँखों में जैब मारें और उसके तुरंत बाद सिर पर कोहनी से एक वार करें, यह अपने विरोधी की आगे की गति को रोकने का एक शानदार तरीका है। इसके बाद यदि वह निढाल होकर आपसे लिपट जाता है तो आप उसकी शारीरिक स्थिति का लाभ उठा सकते हैं और उसे जमीन पर पटक सकते हैं।

काम और सहयोग : अपने प्रतिद्वंद्वी पर वार करने के लिए हैमर फिस्ट का उपयोग करना मुक्के या पाम स्ट्राइक के वार जितना ही घातक हो सकता है। कोहनी से मारने

No. 026 : मुक्कों की बौछार का मुकाबला कैसे करें

के दौरान अगर उल्टे हाथ से उसका सिर पकड़ लेते है तो मार का प्रभाव बढ़ जाता है क्योंकि फिर उसके पास सिर इधर-उधर करने के लिए कोई जगह नहीं होती।

आदेश और नियंत्रण : अप्रत्याशित और जुझारू लोगों के लिए दृश्य तीक्ष्णता हमेशा महत्वपूर्ण होती है। चाहे विरोधी अप्रशिक्षित ही हो, आपको खुद को लेकर सतर्क रहना चाहिए और अपनी निगाहें बिल्कुल लक्ष्य पर रखनी चाहिए।

027 पेट में धारदार हथियार के हमले से कैसे बचें

स्थिति : छुरा घोंपना, चाकू या धारदार हथियार से चीरना काफी संभावित हादसा है। दुनिया भर में जेलों और पीछे की संकड़ी गलियों में छुरा घोंपना गैंगस्टर्स के बीच आम बात है। कारण यह है कि चाकू सस्ते हैं, उन्हे प्राप्त करना या बनाना आसान हैं, अच्छी तरह छिपा सकते है और बहुत घातक हथियार है। मानव त्वचा में एक निश्चित लोच होती है जो प्राकृतिक सुरक्षा प्रदान करती है और जब एक पतली धार वाली वस्तु जैसे रसोई के छोटे चाकू, जब इनसे चीरा लगता है तो त्वचा आमतौर पर अंदर जाने वाली वस्तु को चारों ओर से बंद कर देती है और जब वह वस्तु वहाँ से हटा दी जाती है तो भी त्वचा उस स्थान को सील कर जाती है। इस वजह से खून शरीर के भीतर ही जमा हो जाता है। यह एक झूठा अनुमान लगाया गया है कि चाकू का फुलर, जो धातु के किसी भी धारदार हथियार पर लम्बी, खोखली गहराई होती है, वह रक्त को शरीर से बाहर निकालने का काम करती है जिससे अधिक क्षति हो सकती है। ग़लतफ़हमी के कारण फुलर को रक्त-खांचा (blood groove) कहा जाने लगा है। इसके बजाय, फुलर वास्तव में धारदार हथियार का एक संरचनात्मक सुदृढीकरण है जिसका डिजाइन निर्माण कार्य में प्रयुक्त धातु आई-बीम के समान ही है।

मिशन : खून बाहर न बहने दें।

क्रियान्वयन : आपका लक्ष्य चाकू वाले हाथ को जितनी जल्दी हो सके, उतनी जल्दी पकड़ना है। वास्तविकता यह है कि चाकू के हमले में, आप पर शायद कम से कम एक या दो वार तब तक किये जाने की पूरी संभावना है जब तक कि आप चाकू चलाने वाले को रोक सकते में असमर्थ न हो जाएँ। जितनी जल्दी हो सके, चलने के लिए कमर के बल आगे की ओर झुकें और चाकू की पहुंच से बाहर होने के लिए अपने पेट वाले हिस्से को पीछे की ओर कर लें। हमले और अपने

No. 027 : पेट में धारदार हथियार के हमले से कैसे बचें

विरोधी की कोहनी के जोड़ पर नियंत्रण पाने से उसकी पहुंच सीमित हो जाएगी, जो आपकी नंबर एक प्राथमिकता होनी चाहिए। फिर, यदि आप अपनी कोहनी से अपने विरोधी की आगे वाली भुजाओं से उसकी कलाई तक, सफलतापूर्वक वार करते है तो उसके हाथ और चाकू पर पूरा नियंत्रण प्राप्त कर सकते हैं।

काम और सहयोग : आपको सक्रिय होने के लिए इन तकनीकों के साथ प्रशिक्षित होना होगा।

आदेश और नियंत्रण : एक बार जब आप चाकू पर नियंत्रण कर लें, तो उस नियंत्रण को खोने न दें। आपके विरोधी के एक हाथ पर आपके दो हाथ आपका नियंत्रण बनाए रखने में मदद करेंगे। अपने शरीर को उसकी दोनों भुजाओं के बीच में रखने से उसके दूसरे हाथ को लड़ाई में आने से रोक पायेंगे।

028 गले रखे चाकू के खतरे का मुकाबला कैसे करें

स्थिति : हो सकता है ऐसी अनहोनी हो जाए कि पीछे से आकर आपका विरोधी आपके गले पर एक तेज धारदार चाकू रख दे। हकीकत यह है कि हालाँकि, बुरे लोग अचानक आपके पीछे प्रकट नहीं होते या आमने-सामने दिखाई नहीं देते है। काफ़ी हद तक चाकू के हमले इस तरह घात लगाकर किये जाते हैं कि आप उन्हें कभी आते हुए नहीं देखते हैं और सामान्यतः एक व्यक्ति जिसे छुरा घोंपा गया है, घोंपने के बाद भी वह सोचता है कि उसे केवल मुक्का मारा गया है। आपके गले पर चाकू होना एक गंभीर स्थिति है और उम्मीद है कि आपके साथ ऐसा कभी नहीं होगा, तो भी आपको पता होना चाहिए कि आप इस स्थिति से जीवित बाहर कैसे निकल पाएंगे।

मिशन : अपने सिर को सीधा रखें।

क्रियान्वयन : समर्पण का ढोंग करें और अपने सिर और पीठ के ऊपरी हिस्से को अपने विरोधी की तरफ धकेलें। अपने हाथों को ऊपर उठाएं और हमलावर को यह बताएं कि आपका उद्देश्य उसका कोई नुकसान करना नहीं है। अपने दुश्मन पर झुके हुए और अपनी बाहों को ऊपर उठाए, अब आप अपने ऊपर किये हुए हाथ की कोहनी को अपने सिर के इर्द-गिर्द फँसाने के लिए तैयार है। अगर एक बार हमलावर का चाकू वाला हाथ पकड़ में आ गया है तो चाकू पर तुरंत सकारात्मक नियंत्रण प्राप्त करें। इसे पकड़ें और जितनी जल्दी हो सके उसके हाथ से छीन लें।

काम और सहयोग : जब आपका जीवन खतरे में हो तो कुछ भी करना उचित है। अपने बचने के लिए हमलावर की अंगुलियां, कलाई, या कोहनी सहित इन सभी को मोड़ना, मरोड़ना या तोड़ना सब सही हैं। ध्यान रखें कि इनमें से कुछ तकनीकों के लिए बढ़िया मोटर स्किल्स की आवश्यकता होती है और एक बार जब आपका

No. 028 : गले पर रखे चाकू के खतरे का मुकाबला कैसे करें

एड्रेनलिन स्रावित होना शुरू हो जाता है, तो वे चुनौतीपूर्ण बन सकते हैं, जब तक आप नियमित रूप से प्रशिक्षित नहीं होते। इसके बजाय अपने भीतर कुदरती रूप से विकसित ग्रोस मोटर स्किल्स पर भरोसा करना हमेशा एक अच्छा दांव होता है।

आदेश और नियंत्रण : चाकू पर नियंत्रण पाना आपकी सर्वोच्च प्राथमिकता है। याद रखें, दो-से-एक का नियम हमेशा आपके हाथ को बेहतर स्थिति देगा। मतलब अगर किसी के पास चाकू या बंदूक है तो आपको अपना सारा ध्यान और आपके दोनों हाथ हथियार पकड़े हुए उस एक हाथ पर लगे हुए हो।

029 कनपटी पर तानी हुई बंदूक का मुकाबला कैसे करें

स्थिति : स्पष्ट तौर पर और निस्संदेह, जब भी हो सके, आपको बंधक बनाने वाली स्थितियों को पूरी तरह से चकमा देना चाहिए। आपका सामान्य ज्ञान आपको बताएगा कि शान्त रहो और यदि आपको पकड़ने वाले कुछ चाहते हैं तो वो उन्हें दे दो। आपका जीवन आपकी घड़ी या बटुए से अधिक कीमती है, इसलिए वे जो भी मांग करे, उन्हे दे दें और आशा करें कि आप अगवा किए जाने या लंबे समय तक बंधक बनाए जाने से बच जायें। एफबीआई ने ऐसे बदमाशो से निपटने के लिए पांच बहुत सरल टिप्स की लिस्ट बताई है।

1. सक्रिय रूप से सुनना : बिना निर्णय के सुनें और सुनिश्चित करें कि जिस पक्ष की बात आप सुन रहे हैं, वह जानता है कि आपने उन्हें सुना है।
2. सहानुभूति : चाहे आप सहमत हों या न हों, अपने आप को उनकी जगह रखकर, उनके नजरिए से समझने की कोशिश करें कि वे क्या महसूस कर रहे हैं।
3. तालमेल : एक बार जब आप उनके मन की स्थिति और उद्देश्यों को समझ जाते हैं, तो अब आपको उनके दिमाग में कदम रखने और उनसे अच्छा संबंध बनाने की जरूरत है।
4. प्रभाव : यह उन्हें कुछ ऐसा करवाने का समय नहीं है जो वे नहीं करना चाहते बल्कि यह समय अलग तरीके से उनकी मदद करने का है।
5. व्यवहारिक परिवर्तन : उम्मीद है कि उपरोक्त चार कदम आगे बढ़ाकर, इसमें शामिल सभी के लिए स्वीकार्य परिणाम प्राप्त करने के लिए आपके मूल व्यवहार में संशोधन के लिए पर्याप्त है।

मिशन : कहानी सुनाने के लिए जीवित रहें।

No. 029 : कनपटी पर तानी हुई बंदूक का मुकाबला कैसे करें

क्रियान्वयन : अपने हाथों को ऊपर रखना और समर्पण का ढोंग करना कुछ लाभ प्रदान करता है और साथ ही यह सुनिश्चित करना जरूरी है कि आपका हाथ बाहर हो और बंदूकधारी की कोहनी के पीछे हो। यह स्थिति आपको अपनी कोहनी अपने सिर के बगल में ले जाने में आपकी मदद करेगी, अब अपने सिर को पकड़कर कुहनी को उसी जगह फंसा दें। आपकी इस चाल से अपने सिर के साथ पिस्तौल की सीध (एलाइनमेंट) बिगड़ जायेगी और पिस्तौल विरोधी से छीनना और दूर करना संभव हो जायेगा।

काम और सहयोग : नाटकबाज लोग फायदा लेने में एक भूमिका निभा सकते हैं। डरने का अभिनय करने और अपने विरोधी को अपने कंधे से पीछे धकेलने से आप अगली चाल के लिए विरोधियों को मानसिक रूप से निष्क्रिय कर सकते हैं। अपने जीवन के लिए भयभीत और डरे हुए होने का नाटक उनके अहंकार को भी बढ़ा सकता है, उन्हें ताकत की एक बड़ी भावना दे सकता है और उन्हें ऐसा महसूस करा सकता है कि वे जीत रहे हैं।

आदेश और नियंत्रण : बंदूक की सीध के बारे में आपकी जागरूकता महत्वपूर्ण है इसके बाद यह निर्धारित करना चाहिए कि आपको अपनी चाल कब चलनी हैं। अगर आप एक बार तैयार हो गये है तो आपका कदम उग्र और निर्णायक होना चाहिए।

030 थ्रोइंग स्टार कैसे फेंके

स्थिति : आम धारणा के विपरीत, थ्रोइंग स्टार्स का मुख्य इस्तेमाल मारने वाले हथियार के रूप में नहीं था। इसके बजाय, उन्हें शरीर के खुले भागों को लक्षित करने के लिए एक रूकावट या विचलन के रूप में द्वितीय भूमिका में इस्तेमाल किया गया था। खुले भागों में आंखें, चेहरा, हाथ या पैर शामिल हैं। थ्रोइंग स्टार कभी-कभी इसलिए भी फेंके जा सकते है कि लक्ष्य को केवल एक झटका लगे और वह अपने घाव के कारण मौजूदा विषय को लेकर असमंजस में पड़ जाए।

मिशन : इसकी गिनती करें।

क्रियान्वयन : इसे बेसबॉल की तरह फेंकने के बजाय, आप इसे फ्रिस्बी की तरह फेंके। जब यह लक्ष्य पर सही ढंग से फेंका जाए, तो पूरा प्रभाव पाने के लिए फेंकते समय आपके फेंकने वाले हाथ की तर्जनी अंगुली का इशारा उस ओर होना चाहिए जहां आप थ्रोइंग स्टार फेंकना चाहते हैं। किसी नज़दीकी सीमा पर इसे फेंकना कठिन नहीं है लेकिन जैसे-जैसे आप दूरी बढ़ाते हैं, वैसे-वैसे आपकी सटीकता का स्तर कम होता जाएगा।

काम और सहयोग : आधुनिक थ्रोइंग स्टार सबसे अधिक स्टेनलेस स्टील से बनाए जाते हैं और यूरोप और उत्तरी अमेरिका में कई चाकू की दुकानों में व्यावसायिक रूप से उपलब्ध है। कुछ देशों में इन्हे अपने पास रखना या ले जाना अवैध है।

आदेश और नियंत्रण : जब भी आप धारदार हथियार फेंक रहे हों, आपको यह सुनिश्चित करने के लिए हमेशा आगे और पीछे देखना या विचार करना होगा कि कोई अनजाने में घायल न हो जाए।

No. 030 : थ्रोइंग स्टार कैसे फेंके

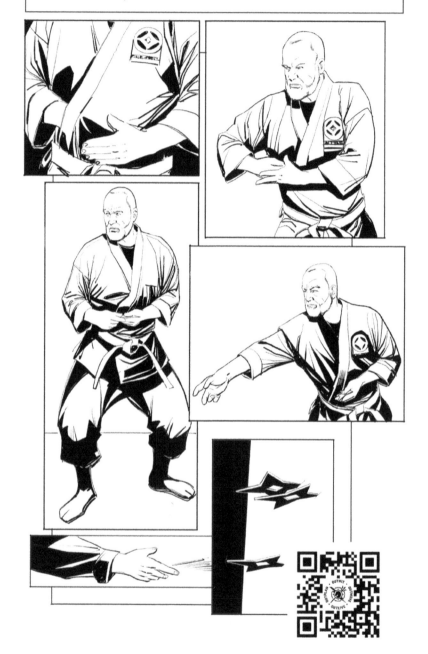

बाथोरी ज़ोल्टन

बदमाश

कोड नाम : रॉक 'एन' रोल

प्राथमिक स्किलसेट : जूडो

सेकेंडरी स्किलसेट : जिउ-जित्सु

पृष्ठभूमि : ज़ोल्टन हंगरी में जन्मे अमेरिकी संगीतकार और मार्शल आर्टिस्ट हैं। वह लास वेगास-आधारित हेवी मेटल बैंड 'फाइव फिंगर डेथ पंच' के संस्थापक और गिटारवादक हैं। 2010 में, मेटल हैमर मैग्ज़ीन के गोल्डन गॉड्स पुरस्कारों ने उन्हें "बेस्ट श्रेडर" का नाम दिया। ज़ोलटन लास वेगास में पूर्व सैनिकों के लिए एक गैर-लाभकारी होम डिप्लॉयमेंट परियोजना के संस्थापक बोर्ड सदस्य भी है और वेटपॉव (VETPAW- वेटर्नस एम्पावर्ड टू एफ्रीकन वाइल्डलाइफ) जो कि अमेरिकी पूर्व लड़ाकू सैनिकों के सहयोग से अफ्रीकी महाद्वीप पर सक्रिय एक अवैध शिकार विरोधी संगठन है, उसके बोर्ड में सलाहकार है। अपने निजी जीवन में, ज़ोल्टन एक मार्शल आर्टिस्ट हैं जो जूडो और ब्राज़ीलियाई जिउ-जित्सु का अभ्यास करते हैं और अक्सर मार्शल आर्ट पत्रिकाओं में दिखाई देते रहते है। वह चौथी डिग्री के ब्लैक बेल्ट प्रोफेसर अमिलकर सिपिली और सातवीं डिग्री ब्लैक बेल्ट मास्टर रोयलर ग्रेसी के संरक्षण में बनी ग्रेसी हुमैता जिउ-जित्सु प्रतियोगिता टीम के सदस्य है। ज़ोल्टन अबू धाबी प्रो जिउ-जित्सु वर्ल्ड ट्रायल्स और नॉर्थ अमेरिकन ग्रैपलिंग चैम्पियनशिप में सिल्वर मेडल जीत चुके है और 2012 मास्टर्स वर्ल्ड चैंपियनशिप में वह अपने डिवीजन में तीसरे स्थान पर रहे। वह क्लॉज क्वार्टर कॉम्बेट में कुछ ही लोगों में से एक है जो अमेरिकी सेना द्वारा प्रमाणित लेवल-एक आधुनिक आर्मी कॉम्बेटिटिव इन्स्ट्रकटर है। ज़ोल्टन सीआरसी अकादमी के ग्रैंड मास्टर रैंडी विलियम्स और प्रोफेसर जॉन साइमन III के साथ विंग चुन कुंग फू और गुरिल्ला जिउ-जित्सु का अभ्यास भी करते हैं।

अनवर नासिर अल-अवलाकी

दुश्मन

पृष्ठभूमि : अल-अवलाकी एक यमन-अमेरिकी इमाम और कथित उग्रवादी था। अमेरिकी सरकारी अधिकारियों के अनुसार, वह एक वरिष्ठ भर्तीकर्ता और प्रेरक था और इस्लामी उग्रवादी समूह अलकायदा के लिए आतंकवादी अभियानों की योजना बनाने में मुख्य रूप से शामिल था। अल-अवलाकी, 2011 में यमन में अमेरिकी ड्रोन हमले द्वारा लक्ष्य साध कर मारे जाने वाला पहला यू.एस. नागरिक बना।

031 | संभावित लड़ाई कैसे टालें

स्थिति : शिकारी की मानसिकता उसकी बॉडी लैंग्वेज के माध्यम से ही प्रकट होती है। शिकारी खोजने और पीछा करने का आनंद लेते हैं। बहुत बार, वे उसके पीछे पड़ते है, जिसके बारे में वे जानते हैं कि वे इसे मार सकते हैं। वे जीतना चाहते हैं और जितना संभव हो उतनी आसानी से जीतना चाहते है। अगर कभी बार में, पार्किंग स्थल में या अपनी पसंदीदा कॉफी शॉप में, किसी बेवकूफ झगड़ालू का सामना करना पड़े तो एक हल्के से बल प्रदर्शन के साथ अपनी जगह पर खड़े रहना, तनाव कम करना या लड़ाई टालने का साधन बन सकता है जो आपके लिए जाहिर करता है, "मैं आसान शिकार नहीं हूँ।"

मिशन : आसान शिकार न बनें।

क्रियान्वयन :

1. अपने हाथों को जोड़कर शांतिपूर्ण प्रार्थना की स्थिति में स्वयं को पेश करें।
2. अपने हाथों को थोड़ा हवा में आगे-पीछे लहराएं।
3. अपने चेहरे के भाव स्वाभाविक रखें जो उसे आपके बारे में कह रहे हो कि, "आप यह नहीं करना चाहते; यहाँ आपके लिए कुछ भी नहीं है।"
4. अपनी जगह पर खड़े रहें और अपने विरोधी का संतुलन बिगाड़ दें और उसके वार को खराब कर दें और खतरे को दूर करने के लिए एक तरफ कदम बढ़ाकर दायें या बायें हट जायें।

काम और सहयोग : कई अहिंसक मुद्राएँ आसन होती हैं। जैसा कि पहले भी उल्लेख किया गया है, कोई भी सही या गलत स्थिति नहीं होती है, जितना ज़्यादा

No. 031 : संभावित लड़ाई कैसे टालें

आपने अपने आपको किसी एक स्थिति के लिए प्रशिक्षित कर रखा हैं, आप उसी के अनुसार प्रतिक्रिया कर सकते हैं और वह आपको खुद को निर्भीक प्रस्तुत करने में मददगार सिद्ध होती है।

आदेश और नियंत्रण : दिमागी खेल मानसिक लड़ाई जीतने और वास्तविक घटना घटित होने से पहले तनाव कम करने का एक महत्वपूर्ण हिस्सा होता हैं। पीछे हटना एक मूर्ख झगड़ालू इंसान के आत्मविश्वास को बढ़ा सकता है और उसकी लड़ने की इच्छा को भड़का सकता है, इसलिए आप बस अपनी जगह पर डटे रहें। बाकी, उसे टक्कर देना और उसके व्यवहार से मेल खाता व्यवहार करना भी लड़ाई को होना सुनिश्चित करता है। आखिरकार, आप यही चाहते हैं कि सामने वाला यानि अंजान इंसान आपके विश्वास को पहचानें और अपनी जीतने की क्षमता पर सवाल उठाएं।

032 वार को कैसे रोकें

स्थिति : जूडो के प्रमुख सिद्धांतों में से एक कुज़ुशी, आपके प्रतिद्वंद्वी का संतुलन बिगाड़ने की कला है। कुज़ुशी में विरोधी को अस्थिर करने के लिए और जल्दी से नेज-वाजा तकनीक लागू करने के लिए खींचना और धकेलना शामिल है। अनुभवी जूडो लड़ाके जानते हैं कि लड़ाई में मैदान उनका दूसरा दोस्त है। आपके विरोधी का मैदान पर सही ढंग से किया गया थ्रो भी लड़ाई को नॉकआउट पंच के द्वारा जल्दी खत्म कर सकता है। अपने प्रतिद्वंद्वी का संतुलन बिगाड़ने और पसलियाँ तोड़ने वाला थ्रो करने के लिए, आपको वार को रोकना होगा और बीच की दूरी कम करनी होगी।

मिशन : अंदर से सहज रहें।

क्रियान्वयन : लड़ाई में, आंखों के स्तर तक हाथों को एक साथ जोड़कर प्रार्थना की स्थिति, रूकावट के कई विकल्प प्रदान करती है। चाहे वह जैब हो, क्रॉस हो किक्स हो या कुछ और, इस अवस्था में आपके हाथों का अग्रभाग ऊपर और वार को रोकने के लिए तैयार हैं। इस केंद्रीय स्थिति के कारण आपके हाथ बाहरी हमले को भी बलपूर्वक तोड़ने के लिए तैयार है। मतलब आपके हाथ, अपने प्रतिद्वंद्वी के ऊपरी शरीर को कमजोर बनाते हुए आपके पलटवार के लिए तैयार और हमेशा किसी भी वार के लिए अंदर यानि नजदीक स्थिति में रहेंगे। पलटवार में आपके विरोधी को धक्का देना या खींचना शामिल हो सकता है जिनका उपयोग उसका संतुलन या उनकी गति खराब करके उन्हें जमीन पर फेंकने के लिए किया जा सकता है।

काम और सहयोग : ऐसे कई कार्य हैं जो आपकी विरोधियों की प्रतिक्रियाओं की भविष्यवाणी करेंगे। एक बार जब आप अपने विरोधी की हरकतों को महसूस करना सीख जाते हैं तो उसका अनुमान लगाना और उसका फायदा उठाना आसान

No. 032 : वार को कैसे रोकें

हो जाता है। उदाहरण के लिए, यदि आप अपने विरोधी की ओर बढ़ते हैं और उसे धक्का देते हैं तो आमतौर पर उसकी प्रतिक्रिया एक कदम पीछे हटकर, सांस लेकर और आपको पीछे धकेलने वाली होती है। उसकी आगे बढ़ने की गति आपको उसे आगे की दिशा में धक्का मारने में मददगार है। कॉम्बिनेशन का प्रयोग अपने प्रतिद्वंद्वी का संतुलन बिगड़ने का सबसे आम तरीका है। पहला थ्रो प्रतिद्वंद्वी को एक अस्थिर स्थिति में डालता है ताकि बाद में किये जाने वाला हमला सफल हो सके।

आदेश और नियंत्रण : ज्यादातर लोग खुद ही असंतुलित होने का काम करते हैं। जूडो थ्रो को लागू करने का एक तरीका प्रत्येक उस अवसर का दोहन करना है जो आपके सामने प्रस्तुत किया गया है। कुछ हद तक तो असंतुलित हुए बिना हिलना-डुलना ही संभव नहीं है। इसी कारण, आप पर हमला करने में, आपके प्रतिद्वंद्वी का बल और संवेग उसे आपके पलटवार के लिए असुरक्षित बना देता है।

033 विरोधी की पकड़ का मुकाबला कैसे करें

स्थिति : बस, अप्रशिक्षित और झगड़ालू गलत सोच के लोग ही जानते हैं कि उन्हे कौनसा ज्ञान हैं। स्वाभाविक रूप से तो उन्हे जोरदार धक्के मारना, झपटना और एक-दो पंच (हेमेकर) मारना ही आता है। ये इतनी चालें ही अधिकांश गुंडो की मारने की क्षमताओं की सीमा होती हैं। वे डरा-धमका कर जीतते हैं, कुशल लड़ाका होने की वजह से नहीं। एक प्रशिक्षित लड़ाके, जो कला को समझते है और उसका सम्मान करते है, वे किसी सड़क चलते व्यक्ति को कभी कम नहीं आंकेंगे और लड़ाई शुरू नहीं करेंगे या ऐसे ही बेतरतीब ढंग से किसी के गले नहीं पड़ेंगे। प्रशिक्षित लड़ाकेआमतौर पर अनुशासित होते हैं और अपने कौशल से दूसरों को डराते नहीं हैं। ये किसी अजनबी को कभी भी कम न आंकने का महत्व समझते है।

मिशन : उनके खिलाफ अपनी ग्रिप का प्रयोग करें।

क्रियान्वयन : चाहे क्लिंच (मुक्केबाजी में एक या दोनों हाथों से प्रतिद्वंद्वी को करीब से पकड़ना) हो या आपकी गर्दन, कॉलर लाइन या कंधे को कम आक्रामक तरीके से पकड़ना हो, उस पकड़ (ग्रिप) में आपके प्रतिद्वंद्वी की कोहनी और कंधे का जोड़, ये दोनों कमजोर कड़ी हैं। अपनी अग्र-भुजाओं को आधार के रूप में और अपने कोर की ताकत का उपयोग करके आप मजबूत से मजबूत पकड़ (ग्रिप) को तोड़ सकते हैं।

काम और सहयोग : सफलता सुनिश्चित करने में आपके पैरों की गति बहुत बड़ा हिस्सा होता है। अपने प्रतिद्वंद्वी की मुद्रा पर ध्यान दें और सुनिश्चित करें कि जिस किसी भी क्षण उसका संतुलन बिगड़े, आप अपने पैरों की गति के द्वारा उस पल का लाभ उठा लें।

No. 033 : विरोधी की पकड़ का मुकाबला कैसे करें

आदेश और नियंत्रण : एक बार अगर कोई अप्रशिक्षित व्यक्ति किसी को पकड़ ले तो वह पकड़कर ही रखता हैं क्योंकि उसके पास नियंत्रण की झूठी भावना होती है। बदले में, यह प्रवृत्ति आपको वह लाभ देती है जिसकी वे आशा नहीं करते हैं और वार करने से पहले आपकी प्रतिक्रिया भी कभी नहीं देखते।

034 विरोधी को गिराने के लिए हुक का प्रयोग करें

स्थिति : जूडो में कुल साठ से अधिक थ्रो हैं और प्रत्येक थ्रो की स्किल का एक चरमोत्कर्ष है जो उतना ही महत्वपूर्ण है जितना कि वह थ्रो खुद है। जूडो एक संतुलन और असंतुलन बनाम अपने प्रतिद्वंद्वी को ज़मीन पर फेंकने की कला है। आपको अपने संतुलन, इसकी कमजोरियों और इसके फायदे को समझना होगा। ऐसा करने से आप अपने विरोधी को समझ पाएंगे। आप इस बात का इंतजार नहीं कर सकते कि आप तब मुक़ाबला करेंगे जब आपके प्रतिद्वंद्वी खुद को कमजोर स्थिति में डाले। आपको उन्हें कमजोर स्थिति में धकेलना हैं और खींचना हैं। एक बार जब आप अपने प्रतिद्वंद्वी को असंतुलित कर देते हैं, तो थ्रो आसान हो जाते है।

मिशन : उनके जननांग या चेहरे पर मारें।

क्रियान्वयन : अपने पैर की उंगलियों को अपनी पिंडली तक मोड़ने से हुक बन जाएगा। इस हुक का उपयोग अपने प्रतिद्वंद्वी को धक्का देने और खींचने के लिए करेंगे तो वह मुंह या पीठ के बल गिर जायेगा। आप उसके पैर के पिछले हिस्से को बाहर या अंदर की तरफ से इस हुक में अड़ा सकते हैं। आपके विरोधी के पैर की उस समय की स्थिति और दिशा उस वक्त के लिए सबसे प्रभावी हुक निर्धारित करती है। कई हुकों का कॉम्बिनेशन करके अपने प्रतिद्वंद्वी के पैरों के पीछे के तरफ से फंसायें। इससे आपकी सफलता की संभावना बढ़ जाएगी और आपका प्रतिद्वंद्वी कमर के बल गिरेगा।

काम और सहयोग : यह बात ध्यान रखें कि हर बार जब भी आप अपना पैर जमीन से ऊपर उठाएं तो संतुलन के लिए अपने दूसरे पैर का उपयोग करने से आपको हानि होने की संभावना भी हो सकती है। यह सच है कि आपके द्वारा बनाया गया प्रत्येक हुक आपके संतुलन में कमज़ोरी पैदा करता है।

No. 034 : विरोधी को गिराने के लिए हुक का प्रयोग करें

आदेश और नियंत्रण : केवल धक्का देने या खींचने को असंतुलन समझा जाता है। हालांकि, बड़े स्तर पर देखा जाये तो यह उससे बहुत ज़्यादा है। उदाहरण के लिए, अपने प्रतिद्वंद्वी का संतुलन, उसकी लय तोड़कर और नकली हमले करके, शरीर की स्थिति या पकड़ में परिवर्तन करके और यहां तक कि किआई (kiai) यानि जोर से चिल्ला कर भी बिगाड़ सकते हैं। आपको अपने प्रतिद्वंद्वी की क्षमताओं को बाधित करने के लिए रचनात्मक बनना है तभी आप जीत पाएंगे।

035 लड़ाई रोकने के लिए जूडो थ्रो सीखें

स्थिति : जूडो के अनगिनत फायदे ही फायदे हैं। सबसे ज़्यादा महत्वपूर्ण यह है कि इसमें तकनीक के संदर्भ में कम से कम शारीरिक प्रतिबंधों की आवश्यकता होती है। उचित निर्देश और थोड़े से अभ्यास के साथ, एक औसत व्यक्ति भी जूडो के अधिकांश थ्रो प्रयोग कर सकता है। जूडो की तकनीक तो लात, घूंसे और अन्य प्रकार के वारों के बिना भी, लगभग हर कोई सीख और लागू कर सकता है। जो बात आत्मरक्षा के लिए जूडो को उपयोगी बनाती है, वह ऊर्जा को पुनर्निर्देशित करने और आपके बहुत बड़े विरोधियों को आपके द्वारा पटखनी देने की इसकी क्षमता है। इसके अलावा, इसमें न्यूनतम ऊर्जा खर्च होती है, इस कारण थकान आने से पहले ज्यादा देर तक लड़ाई की जा सकती है।

मिशन : वर्तमान स्थिति को कभी स्वीकार न करें।

क्रियान्वयन : जब अपने विरोधी के साथ आपकी काँटे की टक्कर होने जा रही हों या चाहे वे आपको धक्का देने या आप पर झपटने की कोशिश करे, उसके एक हाथ को पकड़ लेना आपका पहला कदम होना चाहिए। यह हाथ आपके हिप-व्हील रोटेशन के लिए सहारे के रूप में काम करेगा (हिप-व्हील रोटेशन-प्रतिद्वंदी की गर्दन के चारों ओर हाथ लपेटकर अपने कूल्हों के पीछे लाना और उसे फेंकने के लिए पहिये की तरह घुमना) जिसे *कोशी-गुरुमा थ्रो* के रूप में भी जाना जाता है। एक बार जब आपने अपने विरोधी के हाथ पर पकड़ बना ली है तो आप अपने दूसरे हाथ से अपने प्रतिद्वंद्वी की गर्दन पर वार करें। नीचे की ओर सर्पिलाकार घूमते हुए अपने विरोधी की गर्दन के खिलाफ दबाव बनाए रखें। जबकि कूल्हों पर टिककर अपने विरोधी की भुजा पर सकारात्मक नियंत्रण बनाए रखें। इससे, अपने दूसरे हाथ से विरोधी की गर्दन पर बनाया गया दबाव अनिवार्य रूप से उसे जमीन पर गिरा देगा।

No. 035 : लड़ाई रोकने के लिए जुडो थ्रो सीखें

काम और सहयोग : यह विशेष जूडो दांव है जो संभावित गर्दन की चोट के कारण प्रतियोगिता के लिए प्रतिबंधित है। अपने पार्टनर के साथ प्रशिक्षण के दौरान भी सावधानी बर्तें।

आदेश और नियंत्रण : जूडो अपने थ्रो के लिए जाना जाता है, लेकिन हकीकत यह है कि यह आपके अपने शरीर, उसके संतुलन और कम ऊर्जा के साथ बड़ी चालें कैसे चलें, इसकी बेहतर समझ प्रदान करता है।

036 अपनी रुकावट को वार में बदलें

स्थिति : 'बॉक्सर का फ्रैक्चर' तब होता है जब आपकी अँगुली के आधार में, पोर के पास या छोटी और उसके पास वाली अँगुली को कलाई से जोड़ने वाली एक हड्डी टूट जाती है। इस हड्डी को मेटाकार्पल हड्डी के रूप में जाना जाता है और टूटने को आमतौर पर फिफ्थ मेटाकार्पल फ्रैक्चर कहा जाता है। यह फ्रैक्चर ज्यादातर छोटी या रिंग फिंगर के साथ होता है और पुरुषों में सबसे आम है। फिस्ट से पंच मारने का सबसे मुख्य नुकसान यही चोट है। यदि अनुचित तरीके से या लापरवाही से ऐसा पंच मारा जाता है तो हमले के बीच में ही आपका हाथ टूटने की संभावना हो सकती है। हैमर फिस्ट या हथेली से वार बेहतर विकल्प हो सकते है, भले ही आपकी मारक क्षमता कुछ भी हो।

मिशन : दुश्मन की हड्डियां तोड़ें, अपनी नहीं।

क्रियान्वयन : कुंग फू मास्टर्स सिखाते हैं कि आप अपने हाथों को प्रार्थना की मुद्रा में एक साथ पकड़कर रोकना और वार करना दोनों एक साथ एक ही हाथ से कर सकते हैं। आपका हाथ या तो खुला रह सकता है और आप अपने हाथ की हथेली से वार कर सकते है या बंद करके अपनी फिस्ट यानि मुट्ठी से वार कर सकते है। आप जो भी चुनते हैं, आप जानते हैं कि वे दोनों मुक्के की तरह ही प्रभावी हैं लेकिन चोट लगने की संभावना से रहित है।

काम और सहयोग : खोपड़ी कठोर, हड्डीदार और इसकी सतह अनियमित आकार की होती है। यहां तक कि मानव खोपड़ी के आकार और कठोरता के कारण सबसे कुशल मुक्केबाजों का भी मेटाकार्पल टूट जाता है। इसलिए "नरम के खिलाफ सख्त और सख्त के खिलाफ नरम" यह व्यवहार का अच्छा नियम है। शारीरिक पर वार के लिए अपनी फिस्ट का प्रयोग करें और सिर पर वार करने के लिए हथेली से वार करें।

No. 036 : अपनी रूकावट को वार में बदलें

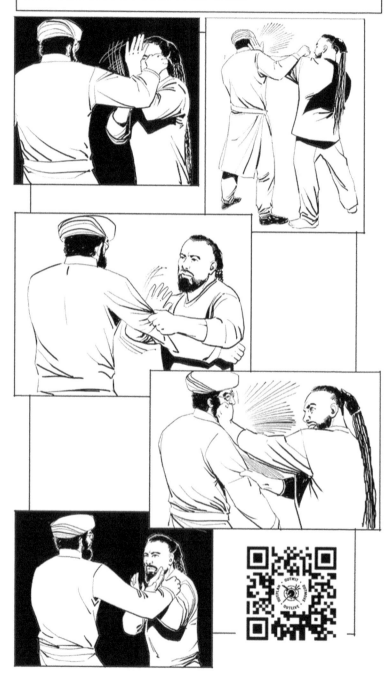

आदेश और नियंत्रण : अपने हाथ को वार रोकने वाली मुद्रा से वार करने वाली स्थिति में लाना निश्चित रूप से बहुत शानदार लड़ाकों को भी मुसीबत में डाल देगा। अधिकांश समय, आपका विरोधी रोकने वाली मुद्रा से जवाबी हमले का अनुमान लगाने में विफल रहेगा।

रोबैना जॉय

बदमाश

कोड नाम : केन मेस्ट्रो
प्राथमिक स्किलसेट : ग्रैंड मास्टर, अमेरिकन केन सेल्फ डिफेंस
सेकेंडरी स्किलसेट : जापानी एकी जीउ जित्सु

पृष्ठभूमि : जॉय रोबैना अमेरिकन केन सेल्फ डिफेंस (ACSD) के संस्थापक और विकासकर्ता हैं- जो (ACSD) वास्तविक दुनिया में खतरों का सामना करने के लिए एक छड़ी का उपयोग करते हुए डिज़ाइन की गई व्यापक सामरिक प्रणाली है। छड़ी कला और संस्कृति की अग्रणी है। अंतरराष्ट्रीय स्तर पर तीन से अधिक दशकों से केन सेल्फ डिफेंस का शिक्षण और प्रचार करते हुए, जॉय ने वास्तविकता पर आधारित केन सेल्फ डिफेंस प्रशिक्षण के वैश्विक मानकीकरण में महत्वपूर्ण भूमिका निभाई है। मास्टर जॉय जोर देते हैं कि चलने के लिए एक अच्छी छड़ी का चयन करना गतिशीलता और व्यक्तिगत सुरक्षा के लिए आवश्यक है। अच्छी तरह से बनाई गई छड़ियां मोटी और शक्तिशाली होती हैं जो कहीं भी ले जाने के लिए वैद्य होती है, यहाँ तक कि झगड़े में भी! हालाँकि, सभी छड़ियां समान नहीं हैं और मास्टर जॉय जिनका उपयोग करते है और जिन्हे प्रयोग करने की सिफ़ारिश करते है, वह खुद उन छड़ियों के बारे में बहुत सतर्क है। उसकी संस्था एसीएसडी (ACSD), केन मास्टर्स एलएलसी (LLC) के सहयोग से तैयार कई कस्टम छड़ियाँ पेश करती है जो गतिशीलता और व्यक्तिगत सुरक्षा के लिए देश के अग्रणी दस्तकारी युक्त छड़ी निर्माता है। आप चाहे चलने या व्यक्तिगत सुरक्षा के लिए, कभी भी दवा की दुकान वाली छड़ी पर निर्भर नहीं रहना चाहेंगे। वहीं, केन मास्टर्स द्वारा बनाई गई हर छड़ी को प्रत्येक उपयोगकर्ता की प्राथमिकताओं के लिए डिज़ाइन किया गया है। चाहे आप किसी अशांत अंतरराष्ट्रीय हॉट स्पॉट की यात्रा कर रहे हों या आप एक रात के लिए शहर में कहीं बाहर जा रहे हैं, आप जहां भी जाएं, अगर अपने साथ एक उच्च गुणवत्ता वाली छड़ी ले जाना चाहें तो ले जा सकते है क्योंकि यह कानूनी है।

सक्रिय शूटर / सक्रिय हत्यारा

दुश्मन

पृष्ठभूमि : एक सक्रिय शूटर या सक्रिय हत्यारा जो ऐसा अपराधी है जो सामूहिक हत्या (या हत्या के प्रयास) में शामिल होकर अपनी तीव्रता, मात्रा, अनिश्चितता और अक्सर आत्महत्या द्वारा चिह्नित किया जाता है। संयुक्त राज्य (US) के होमलैंड सुरक्षा विभाग इस तरह के अपराधी को एक सक्रिय शूटर के रूप में परिभाषित करता है कि "एक व्यक्ति जो सक्रिय रूप से एक सीमित और आबादी क्षेत्र में लोगों की हत्या या हत्या के प्रयास में लगा हुआ है; ज्यादातर मामलों में, सक्रिय निशानेबाज हथियारों (रिवाल्वर आदि फायरआर्म) का उपयोग करते हैं और उनके द्वारा पीड़ित के चयन का कोई पैटर्न या तरीका नहीं है।"

037 छड़ी के शीर्ष को ब्रास नकल्स के रूप में प्रयोग करें

स्थिति : संकड़े स्थान (जहाँ आने-जाने का एक ही रास्ता हो) आक्रामक और रक्षात्मक दोनों तरह की रणनीति के लिए मुश्किल हो सकते हैं, जब तक कि आप इसके लिए प्रशिक्षित नहीं होते। इस तरह के अलग वातावरण में क्या करना है, इसकी जानकारी आपको सबसे अलग बनाती हैं और इससे आपको एक औसत महारथी से ज़्यादा लाभ मिलेगा। दुर्भाग्य से, एक पेशेवर अपराधी जानता है कि इस स्थिति में क्या काम करना है और क्या नहीं करना है और वह आमतौर पर सफल रणनीति पर टिका रहता है। कुछ बदमाश, लोगों का फायदा उठाने के लिए सीढ़ियों, लिफ्ट आदि पर अपना ध्यान केंद्रित करके रखते हैं। ऐसी संकड़ी और सीमित जगह पर उन्हें अपराध को छुपाने का लाभ मिलता हैं, ये स्थान संभावित गवाहों की संख्या को भी कम करते है और साफ बच निकलने के लिए एक मार्ग प्रदान करते है—खासतौर पर लिफ्ट में, जहां हमला एक मंजिल पर शुरू होता है और किसी दूसरी पर खत्म होता है। अधिकांश लोग सोचते होंगे कि छड़ी से वार की सफलता छड़ी की लंबाई पर निर्भर करती हैं लेकिन, सीमित स्थान में वार करने के लिए छोटी छड़ी भी बहुत बढ़िया साधन है, जहां रेंज बहुत नज़दीक होती है। यदि आप अपने जीवन के लिए डर महसूस कर रहे है तो अपने विरोधी के हौंसले और आपको नुकसान पंहुचाने की क्षमता को कम करने के लिए छड़ी का शीर्ष को उभरे हुए ब्रास नकल्स यानी पीतल(धातु)के पोर की तरह उपयोग करें।

मिशन : घातक बनें।

क्रियान्वयन : छड़ी को घुमावदार हिस्से के बिल्कुल करीब से पकड़ें और घुमावदार या पॉइंटड हिस्से को आगे की ओर रखें। इसे एक हाथ में उठाएं और दूसरे सहयोगी हाथ को अहिंसक मुद्रा में रखे, जिससे ऐसा लगे कि आप वार नहीं बल्कि समर्पण कर रहे हैं। सहयोगी हाथ से या तो हथेली से वार कर सकते है या छड़ी के शीर्ष से

No. 037 : छड़ी के शीर्ष को ब्रास नक्ल्स के रूप में प्रयोग करें

किये गए प्रत्येक वार को प्रभावी बनाने के लिए अपने विरोधी का सिर पकड़ सकते है। जितनी बार आवश्यक हो उतनी बार वार करें, इससे आपको हमला समाप्त करके बचकर भागने और अधिकारियों से संपर्क करने में समय और मदद दोनों मिलेगी।

काम और सहयोग : संकड़ी जगह में किया गया हमला आपकी देखने की सीमा को सीमित कर सकता है। सुनिश्चित करें कि आप अपने विरोधी के चेहरे पर मारते वक्त हमेशा उसके हाथों को ध्यान में रखेंगे। उसके हाथ किसी भी समय हथियार दिखा सकते हैं और फिर आपके पास उस बाधा से निपटने के अलावा कोई विकल्प नहीं होगा। हमेशा गतिशील और सतर्क रहना भी याद रखना है।

आदेश और नियंत्रण : हमलावर के सिर को नियंत्रित करने का प्रयास करें। यदि आप विरोधी के सिर को नियंत्रित कर लेते हैं तो आप उसके शरीर को भी नियंत्रित कर लेंगें। “बचने का रास्ता निकलने” या “विरोधी के अक्षम होने तक” यह नियंत्रण बनाए रखें। आपको अपनी समस्या के लिए लोगों को जागरूक कर मदद के लिए हमेशा जोर से चिल्लाना चाहिए और जैसे ही आप सुरक्षित स्थान पर पहुँचते हैं, अधिकारियों को घटना की सूचना अवश्य दें।

038 विंडशील्ड वाइपर युक्ति की मदद से ख़तरा दूर करें

स्थिति : कई गलत मानसिकता के लोग आपके सामने खुद को एक खतरे के रूप में पेश करे तो यह स्थिति आपका वक्त हमेशा बुरा ही बनाती है। हालाँकि, वास्तविकता यह है कि हो सकता हैं, वे आपको इसलिए निशाना बना रहे हो क्योंकि आपके पास एक छड़ी है और आप कमजोर दिखाई देते हैं। ज्यादातर शिकारी कमजोरों का शिकार करते हैं और बेसहारा पीड़ितों की तलाश में रहते हैं। ऐसे लोग शिकार होकर खाद्य श्रृंखला को ऊपर ले जाते हैं और शिकारियों की प्रवृत्ति को कोई फर्क नहीं पड़ता। हालाँकि, आपके विरोधी यह नहीं जानते हैं कि छड़ी भी एक घातक रक्षात्मक उपकरण है जो सदियों से हमारे आसपास रही है और मार्शल आर्ट का एक हिस्सा है। एक अभ्यासी के हाथों में, छड़ी की नोक अपेक्षाकृत कम प्रशिक्षण लोगो के साथ भी सौ मील प्रति घंटा तक घूम सकती है। दरअसल, विंडशील्ड वाइपर युक्ति के कारण छड़ी की नोक अधिकतम वेग से चलती है और इसी कारण आपका विरोधी आपसे उलझने से पहले दो बार सोचेगा।

मिशन : आपको केवल डराना है या उन्हें सजा देनी है, यह उनकी पसंद पर निर्भर करता है।

क्रियान्वयन : विंडशील्ड वाइपर दांव आपकी भीतरी ग्रोस गोटर स्किल है। छड़ी का शीर्ष भाग ऊपर की ओर घुमा कर, छड़ी को आपकी मुड़ी हुई अंगुलियों और अंगूठे के बीच में फंसाना है। फिर जब आप पूरी छड़ी घुमाते है, तो आपको लगेगा कि इसकी रफ्तार एक सौ मील प्रति घंटा की गति तक पहुँच गई हैं। उस स्थिति में छड़ी की नोक अपने रास्ते में आने वाली हमलावर की किसी भी हड्डी को तोड़ देगी। जैसे ही आप वार की तैयारी करें, अपनी छड़ी को अपने प्रमुख हाथ के नीचे रखें और शीर्ष भाग का घुमावदार हिस्सा ऊपर की ओर रखें। अब, जब वार के लिए आप तैयार हो जाएँ तो अपने दाहिने हाथ को बाहर की ओर बढ़ाएँ और छड़ी को

No. 038 : विंडशील्ड वाइपार युक्ति की मदद से खतरा दूर करें

सुचारू रूप से घुमाते हुए विपरीत दिशा में वार करें। जब छड़ी के सौ मील प्रति घंटे की गति से चलने की केवल आवाज ही हमलावर के सिर के पास पहुंचती है तो वह डर जाता है। अब जल्द ही उसकी यह गलत धारणा भी दूर हो जाएगी कि आप एक आसान शिकार हैं। यदि आपके विरुद्ध सुनियोजित हमला केवल आकस्मिक था, तो वह लगभग तुरंत पीछे हटना शुरू कर देगा और किसी और अनजान शिकार की तलाश करेगा।

काम और सहयोग :

1. हमेशा शरीर को साधारण मुद्रा में बनाए रखें और अपने वजन को दोनों पैरों पर समान रूप से बनाएं रखें।
2. जैसे ही आप यह विंडशील्ड वाइपर दांव खेलना शुरू करें तो अपने दूसरे (सहयोगी) हाथ को ऊपर उठाकर अपनी छाती के पास रखें अपने दिल की रक्षा करने की स्थिति में ।
3. जब आप अपना दांव पूरा कर लें, तो अपनी छड़ी को विपरीत दिशा में ले जाएं और रिवर्स में वार दोहराने के लिए तैयार रहें।

आदेश और नियंत्रण : एक बार हमलावर के अक्षम हो जाने पर, सुरक्षित स्थिति में वापस आ जाएं और अधिकारियों को घटना की सूचना देने वाले पहले व्यक्ति बनें।

039 अंडकोषों पर चोट करें और खोपड़ी को तोड़ दें

स्थिति : जब आप अपने जीवन के लिए भयभीत हों, तो विरोधी की कमियों का लाभ उठाने वाले अवसर खोजें। हमलावर शायद ही कभी ध्यान देते हैं कि ऊपर, नीचे या उनके इधर-उधर क्या कमी या कमज़ोरी है, वे जब पीड़ित पर हमला करते हैं तो सिर्फ उसे कमजोर और बेसहारा के रूप में देखते हैं। चूँकि उनकी दृष्टि सिर्फ़ पास और सामने ही की चीजों पर जमी होती है और उन्हे आसपास की चीज़ों के लिए अंधा कर देती है। यह उन कमजोरियों को हमारे सामने खोलती है, जिनका हम तब फायदा उठा सकते हैं जब जीवन-खतरे में होने की स्थिति का सामना करना पड़ता है। जैसे ही आपके और हमलावर के बीच की दूरी कम होती है तो उसकी ये लापरवाही और भी व्यापक हो जाती हैं। ऐसे में आपकी छड़ी जल्दी से अपनी भूमिकाएं बदलकर खुद को एक चलने वाले उपकरण से उस औजार में बदल देती है जो आपके जीवन को बचा सकता है। अंततः, जब हमलावरन आपको नुकसान पहुँचाने वाले हो तो आपकी छड़ी आपके विरोधियों के लिए मुसीबत पैदा करने में सक्षम बन जाती है।

मिशन : अंडकोषों पर चोट करें और खोपड़ी को तोड़ दें।

कार्यान्वयन :

1. अपनी छड़ी इस तरह पकड़ें कि छड़ी की निचली नोक जमीन पर रहे और ऊपरी शीर्ष भाग हमलावर की ओर घुमा रहे।
2. ज़्यादा तारतम्य बैठाए बिना ही, अपनी छड़ी थामी हुई कलाई ऊपर की उठाएँ और इसे जोर से घुमाते हुए छड़ी की नोक से अपने विरोधी के ग्रोइन (जंघाने) पर मारें।

No. 039 : अंडकोषों पर चोट करें और खोपड़ी को तोड़ दें

3. छड़ी की गति को तुरंत उलट दें और उसके ऊपरी शरीर पर वार करने के लिए, इसे ऊपर की ओर 360 डिग्री के घुमाएँ। चाहे, ग्रोइन पर वार लगे या नहीं, पर दूसरा वार एक बैकअप या अंतिम वार के रूप में काम करना चाहिए जो टकराव को समाप्त करने और आपके बच निकलने में मददगार हो।

काम और सहयोग : आपका दूसरा हाथ हमेशा सतर्क और अज्ञात स्थिति के लिए तैयार रहना चाहिए। अपने शरीर की सहज मुद्रा बनाए रखें और अपने विरोधी को अपनी ओर आने के लिए तैयार रहें। ग्रोइन वार मारने के तुरंत बाद थोड़ा सा पीछे की ओर कदम लेना आपको भागने के लिए तैयार कर देगा।

आदेश और नियंत्रण : हमले के दौरान और उसके बाद आपका उसे मुंह से आदेश देना आपके हमलावर के लिए एक व्याकुलता का काम करेगा और उसका मनोबल गिराएगा। छड़ी से ग्रोइन पर वार और उसके दिमाग का आदेश और नियंत्रण सेंटर उसे हमला रोकने के लिए और भाग जाने के लिए प्रेरित करेगा। आपके द्वारा दी गई कड़ी मौखिक चेतावनी से आपके आस-पास दूसरों की जागरूकता भी बढ़ जाती है, इससे बाद जब आप घटना की सूचना देते है तो आपको गवाह मिल सकते हैं।

040 कलाई पर वार करके बंदूक छीन लें

स्थिति : बंदूक के खिलाफ बचाव के रूप में केवल एक छड़ी का उपयोग करना किसी के लिए भी खतरनाक स्थिति हो सकती है। आपके माथे पर बंदूक का ट्रिगर दबाना कोई मज़ाक नहीं है बहुत कम ही सही, लेकिन ऐसा भी हो सकता है कि आप इस स्थिति में यूँ ही खत्म कर दिये जायें। यदि खुद को बंदूकधारी की दया पर निर्भर छोड़ना पड़े तो इस दौरान आपके द्वारा लिए गए कुछ निर्णय या अन्य कारक आपके लिए पूरी तरह से गलत साबित हो सकते है। हालाँकि, आपके हाथ में छड़ी होना अपने जीवन को बचाने की कुंजी भी हो सकती है। पहले-पहल यह सुनने में मूर्खतापूर्ण लगता है कि आपके माथे पर बंदूक का ट्रिगर रखा गया है और फिर भी जीवित रहने के लिए कम से कम आपको लड़ने का मौका मिले। यदि हमलावर पाँच फीट दूर (या आगे) होता, तो यह आपके लिए मौत की सजा बन सकती थी। अगर वह सबसे पहले आपको मारना चाहेगा, तो वह शायद पहले ही ऐसा कर चुका होगा लेकिन आपको लूटने या हमला करने के लिए उसे आपके करीब आने की जरूरत है। जैसे ही बंदूकधारी एक हाथ की लंबाई के भीतर पहुंचता है, आपके जीवित रहने (और यहां तक कि जीतने की भी) की संभावना नाटकीय रूप से बढ़ जाती है। अगर आपको विश्वास हो कि आप अपने पैसे और क़ीमती सामान को देकर और आत्मसमर्पण करके जीवित रह सकते हैं तो उन्हें हमेशा त्याग देना चाहिए। हालाँकि, अगर आप अपने जीवन के लिए डरते हैं या सोचते हैं कि यह बंधक बनाए जाने की एक भूमिका है तो छड़ी की उचित तकनीक के साथ तैयार होना भी जीने और मरने के बीच का अंतर ला सकती है।

मिशन : उसकी बंदूक को अपना बनाएं।

क्रियान्वयन : इस तकनीक में दो युक्तियों के कोम्बिनेशन का उपयोग किया जाता है :- एक "वार" और दुसरी अपने विरोधी को निरस्त्र करने के लिए "छिनना"।

No. 040 : कलाई पर वार करके बंदूक छीन लें

आपका छड़ी वाला हाथ और सहयोग करने के लिए आपका दूसरा हाथ अपने सिर के पास ले जाएं और अपनी हथेलियों को बाहर की ओर हमलावर की तरफ करके हानिरहित मुद्रा में पेश करें। आप अपने हाथ अगल-बगल में हिलाते हुए अपने पैसे और गहने देने की पेशकश करें और अपने जीवन के लिए विनती करें। हमलावर को यह विश्वास करने के कई कारण देने होंगे कि आप उसके आज्ञा मानने वाले आसान शिकार है, यह उसके लिए लापरवाह बनने का कारण बनता है। फिर जैसे ही वह आपके माथे पर बंदूक से दबाव बनाकर पैसे की मांग करता है, आप तुरंत हरकत में आ जायें। छड़ी वाले हाथ और दूसरे हाथ को एक दूसरे के साथ मिलाकर विरोधी की बंदूक वाले हाथ को लक्षित करें और छड़ी से उसके बंदूक वाले हाथ की कलाई के अंदर की तरफ रेडियल तंत्रिका को लक्षित करके वार करें। इसी समय अपने दूसरे सहयोगी हाथ से पिस्तौल को पकड़कर उसके नियंत्रण से बाहर कर दें। दो विरोधी गतियों से उसकी बंदूक पर पकड़ छूट जाएगी और आपको उसे निरस्त्र करके हथियार पर कब्जा करने में मदद मिलेगी। यह दांव सफल होने के लिए, "वार " और "छिनना" लगभग एक साथ, एक ही समय पर करने की जरूरत है।

काम और सहयोग : रेडियल तंत्रिका और कुहनी की हड्डी (अल्ना बोन) सतह के बहुत करीब और कमजोर हिस्सा हैं। हमलावर की कलाई के अंदरुनी भाग पर आपकी छड़ी के वार के कारण होने वाला दर्द तीव्र होगा। उसके हाथ से बंदूक छीनने से हालत और भी खराब हो जाएगी। अगर तभी आपका दूसरा हाथ हथियार का नियंत्रण ले ले तो इससे बैरल को आपके सिर से दूर धकेल दिया जायेगा और इस तरह एक भी शॉट फायर होने से रुक जाता है।

आदेश और नियंत्रण : हैंडगन पर नियंत्रण बनाए रखना हमेशा आपकी नंबर एक प्राथमिकता होनी चाहिए। आपको यह सुनिश्चित करना होगा कि जब तक आपको बंदूक पर सकारात्मक नियंत्रण नहीं मिल जाता तब तक बंदूक की बैरल को सुरक्षित दिशा में रखना जरूरी है। जोर से "बंदूक! बंदूक! बंदूक!" चिल्लाने से आसपास के अन्य लोग भी उसे काबू करने के लिए सतर्क होंगे।

041 धमकाने के लिए आठ की आकृति का उपयोग करें

स्थिति : हमलावर तथा अन्य अपराधी कभी-कभी टहलने के लिए काम में आने वाली छड़ी को कमजोरी के संकेत के रूप में ले लेते हैं। हालांकि, प्रशिक्षण के साथ छड़ी अधिकांश हथियारों के खिलाफ एक घातक रक्षात्मक उपकरण हो सकता है। अगर आप पर हमला किया गया है और आपके हाथ में छड़ी है तो आप आठ की आकृति वाला दांव खेल सकते है और उन्हें पता चलने से पहले ही कि वास्तव में क्या हुआ है, उन्हें अक्षम कर सकते हैं। जॉय रोबैना अपनी मजबूत छड़ी का उपयोग क्लासिक आठ की आकृति के दांव को सुचारू रूप से प्रदर्शित करने के लिए करता है। शानदार और शक्तिशाली छड़ी उसके हाथों में इतनी तेजी से चलती है, जैसे कोई जादू हो। इस दांव की गति का सिर्फ दृश्य ही ज्यादातर हमलावरों के लिए दुम दबाकर विपरीत दिशा में भागने की संभावना पैदा कर देगा। उन्होंने शायद ही कभी ऐसा कुछ देखा होगा कि छड़ी जैसी चीज को रक्षात्मक हथियार के रूप से इस्तेमाल किया जा रहा है। उन्हे जल्दी ही महसूस हो जाएगा कि उन्होंने एक गलत व्यक्ति को लूटने की कोशिश की है। यह आठ की आकृति का दांव सदियों से मौजूद है और इसका उपयोग तलवारों, डंडों और अन्य हाथ के हथियारों के साथ एक तकनीक के रूप में किया जाता रहा है। दुर्भाग्य से, आप कानूनी रूप से हर समय उनमें से किसी भी अन्य हथियार को अपने साथ नहीं ले जा सकते लेकिन छड़ी को अपने साथ ले जाने के लिए आपके पास कानूनी रूप से संरक्षित अधिकार है क्योंकि यह चलने-फिरने के लिए प्रयुक्त उपकरण है। यह आठ की आकृति वाला दांव हमलावर के लिए एक अज्ञात खतरा प्रस्तुत करता है और केवल छड़ी चलाने वाला व्यक्ति ही जानता है कि कब वह इस दांव के बीच में एक अन्य वार करेगा। यह चाल प्रभावी रूप से आपके और आपके विरोधी के बीच एक ख़तरनाक जगह बनाती है। एक बार यह गतिमान हो जाए, तो कोई भी बुरा आदमी मार खाकर अपनी मूर्खता की कीमत चुकाए बिना हड़बड़ी में भाग नहीं सकता। कभी-कभी सबसे बुनियादी दांव सबसे प्रभावी होते हैं ।

No. 041 : धमकाने के लिए आठ की आकृति का उपयोग करें

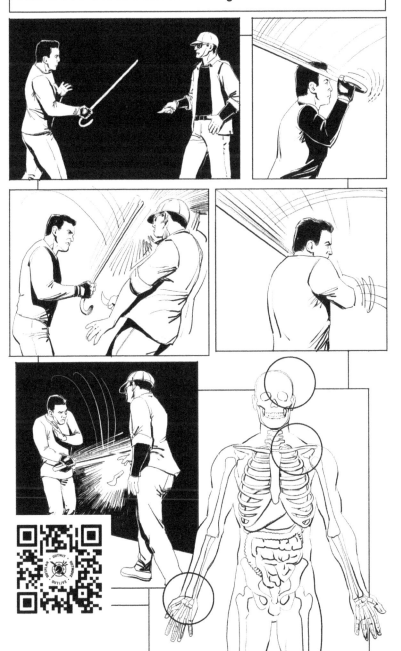

मिशन : अपने दुश्मन पर काबू पाएं।

क्रियान्वयन : विशेष रूप से सीखते समय, इस पर अमल करने का सबसे आसान तरीका खाली हाथ है। हथेली नीचे करके, छड़ी के पोर को ऊपर और अँगुलियों को मोड़कर अपना हाथ, अपनी आँख के स्तर तक सामने की तरफ बढ़ाएँ। अब अपनी बांह को अपने सिर के स्तर तक ले जाएं और अपनी बांह को फैलाते हुए इसके छड़ी के पोर को घुमाएं, फिर हाथ नीचे करें और कमर के ठीक ऊपर अपने शरीर के आगे पीछे घुमाएं। अब फैली हुई बांह को आंखों के स्तर तक उठाएं और शरीर के आगे पीछे घुमाएं। अब अपने हाथ को वापस शुरुआती बिंदु पर लौटा लाएं और इस तरह यह अभ्यास आपके आठ की आकृति को पूरा करेगा। इसकी गति बढ़ाने के लिए इसका अभ्यास करें और आठ की आकृति बनाने के लिए इसके किनारों पर कोनों को गोल करें। एक बार आप कम गति से अपने हाथों में छड़ी लेकर भी इसे आज़मा सकते हैं। अपनी कोहनी को अपनी पसलियों से सटाकर रखें, छड़ी को पीछे की तरफ से (शीर्ष भाग ऊपर की ओर करके) उसकी गर्दन (छड़ी का शीर्ष से नीचे का भाग) के केंद्र को ढीली ग्रिप से पकड़ें। आपका प्रमुख हाथ चाहे कोई सा भी हो, छड़ी का शीर्ष हिस्सा हमेशा कमजोर पक्ष की ओर घुमा हुआ होना चाहिए। अपने सहयोगी हाथ को हमेशा अपनी छाती की रक्षा के लिए तैयार स्थिति में रखें।

काम और सहयोग : जब आप लगातार आठ की आकृति वाले दांव में छड़ी घुमाते है तो साथ-साथ थोड़ा आगे-पीछे या अगल-बगल में घूमना आपको अपने कोर से अधिक शक्ति उत्पन्न करने में मददगार साबित होगा। अपनी छड़ी चलाने वाले मूवमेंट को प्रशिक्षित करना और उसके साथ पैरों की गति का उसके साथ सामंजस्य बैठना आवश्यक है। एक बार जब आठ की आकृति गति में हो तो आप पायेंगे कि आपका शरीर एक जाइरो (जायरोस्कॉप) बन जाएगा, फिर आपके पैरों की गतिविधियों को छड़ी की गति के साथ तालमेल बिठाना होगा। आठ की आकृति को सीखने और सुधार करने के लिए कुछ अभ्यास करना होगा, फिर समय के साथ यह आपकी पसंदीदा और सबसे प्रभावी छड़ी-तकनीकों में से एक बन जाएगी। याद रखें, कि यह दांव आपको अप्रत्याशित रखता है। एक स्थिर लक्ष्य कभी न बने। एक सौ मील प्रति घंटे की गति से चलने वाली छड़ी की नोक से एनकाउंटर होना किसी भी हमलावर को अच्छा नहीं लगेगा।

आदेश और नियंत्रण : आठ की आकृति वाले दांव के दौरान वॉयस कमांड का उपयोग करना निश्चित रूप से आपके विरोधी को भयभीत करेगा और लड़ाई में डटे रहने के लिए आपकी इच्छाशक्ति को मजबूत भी करेगा। जोर से बोलने से दूसरों का ध्यान भी आकर्षित होगा और टकराव पूरी तरह से रुकने की उम्मीद भी होगी।

हॉलिडे ब्रायन — बदमाश

कोड नाम : आउटलॉ (डाकू)
प्राइमरी स्किलसेट : थाई किकबॉक्सर
सेकेंडरी स्किलसेट : आउटलॉ रणनीति, कामचलाऊ हथियार

पृष्ठभूमि : नेवी में रहने के बाद ब्रायन के वास्तविक दुनिया में दो सौ से अधिक उग्र विवाद हुए। वे सशस्त्र सार्जेंट रहते हुए और उससे पहले भी, दोनों समय अमेरिका के सबसे बड़े 1 प्रतिशत आउटलॉ मोटरसाइकिल क्लब के सदस्यों में से एक थे। उन्होंने दुनिया भर में बहुत यात्राएं की है और प्रशिक्षण लिया है- जिसमें से थाईलैंड में फुल-कॉन्टेक्ट मुए थाई किकबॉक्सिंग में विशेष प्रशिक्षण लिया है। ब्रायन, प्रोएक्टिव सेल्फ रिलायंस के संस्थापक हैं जो अपने कट्टर जीवन, धारदार हथियारों के अनुभव, आग्नेयास्त्रों, शहरों में जीवित रहने की शक्ति और मार्शल आर्ट का उपयोग लोगों को रोज़मर्रा के जीवन में बेहतर दृष्टिकोण प्राप्त करने में मदद करता है कि वे कैसे सबसे पहले अपने लिए जवाबदेह बनें। ब्रायन सिखाते है कि प्रशिक्षण शुरू होने से पहले मानसिकता, स्थितिजन्य जागरूकता और हृदय, तीन ऐसे गुण हैं जिनसे सभी को शुरुआत करनी चाहिए। संक्षेप में कहें तो सॉफ्टवेयर, हार्डवेयर से पहले आता है। ज्ञान, अभ्यास और दोहराव सिखाया जा सकता है और सामान्य गुणों वाला कोई भी व्यक्ति अपनी स्वयं की आत्मनिर्भरता विकसित कर सकता है।

जोकिन आर्चीवाल्डो गुज़मैन — दुश्मन

कोड नाम : एल चापो

पृष्ठभूमि : गुज़मैन नशीले पदार्थों का उत्पादन करने वाले गिरोह का संचालक और निरीक्षक था, जिसमें भारी मात्रा में कोकीन, मेथम्फेटामाइन, मारिजुआना और हेरोइन का व्यापार होता था। उसने पूरे संयुक्त राज्य अमेरिका और यूरोप में इन नशों की तस्करी की और दुनिया के सबसे अधिक नशे की खपत वाले क्षेत्रों में इनका वितरण किया। उसने डिस्ट्रीब्यूशन सेल और सीमाओं के पास लंबी दूरी की सुरंगों के उपयोग का फायदा उठाते हुए संयुक्त राज्य अमेरिका में इतनी ज़्यादा मात्रा में ड्रग्स निर्यात करने में सफलता हासिल की जितनी इतिहास में किसी भी अन्य तस्कर ने शायद ही की होगी। गुज़मैन ने अपने उत्पादक गिरोह का नेतृत्व करते हुए इतनी अपार संपत्ति और शक्ति अर्जित की, कि फोर्ब्स ने उसे 2009 और 2013 के बीच दुनिया के सबसे अधिक शक्तिशाली लोगों में से एक के रूप में स्थान दिया जबकि ड्रग प्रवर्तन प्रशासन (डीईए) ने अनुमान लगाया कि उसका प्रभाव और धन पाब्लो एस्कोबार से मेल खाते थे।

042 अराजक तत्वों से जागरूकता, बार में लड़ाई की रणनीति

स्थिति : घात एक चिरप्रचलित सैन्य योजना है, जिसमें एक सैन्य टुकड़ी असावधान विरोधियों पर हमला करके छिपाव, गति और आकस्मिकता का लाभ उठाती है। पूरे इतिहास में, घात लगाकर हमला करना प्राचीन काल से लेकर आधुनिक युद्धों तक काफी लोकप्रिय रहा हैं और आज, पूरी दुनिया में अक्सर घात लगाने की साजिश रची और क्रियान्वित की जाती है। घात लगाना जटिल, चरणबद्ध प्रक्रिया हो सकती है, जिसके लिए पर्याप्त योजना और पूर्वाभ्यास की आवश्यकता होती है या यह इतना सरल भी हो सकता हैं कि एक व्यक्ति की लंबे समय तक प्रतीक्षा करते रहो और मौका मिलते ही विचलित करने के लिए अनपेक्षित-मुक्का मार दो। अराजक लोग अपने प्रतिद्वंद्वियों से निपटने के लिए बार के दृश्यों का लाभ उठाते है। एक सैन्य घात और एक अराजक तत्व के द्वारा घात लगाने के बीच सबसे महत्वपूर्ण सामान्य विशेषता घात लगाकर हमले के लिए जगह निर्धारित करना है।

मिशन : हमेशा स्टॉल का उपयोग करें।

क्रियान्वयन : अराजक तत्व “औरतों ” या “खूबसूरत लड़कियों” के द्वारा उनकी खूबसूरती का लाभ उठाते हैं और अपने नापाक इरादों को पूरा करने के लिए उन्हे मीठे शहद के रूप में इस्तेमाल कर सकते हैं। जब कोई आकर्षक महिला किसी अंजान पुरुष में रुचि दिखाती है और उस लक्ष्य (पुरूष) के लिए ड्रिंक खरीदती है, उस वक्त वह किसी के कहने पर ऐसा करती है। उसका लक्ष्य सीधा है; उस पुरुष को बार में ही अपने कब्जे में रखना है तथा पिला- पिलाकर उसका मूत्राशय भर देना है ताकि, उसे पेशाब करने के लिए बाथरूम जाना ही पड़े और वही हमले की जगह है। यह समय महत्वपूर्ण है, उसके बाथरूम जाने से पहले ही एक या दो गुंडे समय से पहले स्टालों पर कब्जा कर लेंगे और बाकी गुंडो को लक्ष्य का पीछा करते हुए उसके बाथरूम करने जाने के पंद्रह सैकेंड बाद आने का समय दिया गया

No. 042 : अराजक तत्वों से जागरूकता, बार में लड़ाई की रणनीति

होगा। फिर, एक बार जब वह स्थिर खड़ा होकर पेशाब कर रहा होगा, तभी हमला शुरू हो जाता है।

काम और सहयोग : इससे कोई फर्क नहीं पड़ता कि चाहे रेस्तरां हो, बार हो, किराने की दुकान हो, या आपके जीवन के दैनिक जीवन का कोई अन्य हिस्सा, आपको हमेशा घात वाले आसान बिंदुओं की तलाश करनी चाहिए, जो संदिग्ध और खतरनाक हो सकते है, उनसे बचें।

आदेश और नियंत्रण : जब भी आप किसी सार्वजनिक शौचालय में जायें, स्टालों या मूत्रालयों की कम संख्या की परवाह किए बिना, अपने पीछे के दरवाज़े को बंद कर दें। जब तक आपको आवश्यकता हो, तब तक उस जगह पर कब्जा करके रखें और बाहर इंतजार कर रहे दूसरों के बारे में चिंता न करें।

043 रोज़ साथ रखने वाले हथियार तैयार करना

स्थिति : अगर ऐसा कोई समूह है जो समझता है कि काम कैसे करना है तो वह ऑउटलॉ मोटरसाइकिल क्लब के लोगों का समूह है। अक्सर इन बाइकर्स-सिपाहियों के भाईचारे को अपराधी करार दे दिया जाता है। सच तो यह है कि इन मोटरसाइकिल क्लबों के बीच कुछ ऐसे लोग भी होते है जो गलत निर्णय ले लेते हैं और अंत में जेल चले जाते है या कैद काटते है। जिस राज्य में वे रहते हैं, वहाँ उनके अपराधों के आधार पर यह निर्धारित किया जाता हैं कि क्या बाद में वे चाकू और बंदूकों जैसे हथियार रख सकते हैं। यदि प्रतिबंधित किया जाता है, तो वे अनिवार्य रूप से रचनात्मक हो जाते हैं और या तो कामचलाऊ हथियार बनाते हैं या अपने धंधे को चलाने के लिए जो भी हाथ में आये, उसी को हथियार बनाकर उपयोग करते हैं।

मिशन : रोजमर्रा की वस्तु से सावधान रहें।

क्रियान्वयन : अधिकांशतः लाठी या डंडे आदि का उपयोग घात लगाकर चोटिल करने के उद्देश्य से किया करते हैं। निस्संदेह, इनका इस्तेमाल करते हुए आप किसी से आमने-सामने भी लड़ सकते हो, लेकिन इनका इस्तेमाल खतरे से अंजान बुरे लोगों (गुंडे आदि) पर करना बेहतर रहता है। यदि आप डस्टर (गीतल के नकल्स) का उपयोग कर रहे हैं, तो सुनिश्चित करें कि उन्हे पहनकर आपकी अँगुलियों के पोर आपकी हथेली में धंसे हुए हों ताकि पोंरो की चमड़ी को छिलने से बचाया जा सके। सैप और लेदर ब्लैकजैक (चमड़े का भारी सीसा भरा पाउच) के एक या दो वार से उन्हे नॉकआउट झटका मिलेगा। रूमाल को रोल करके उसमें छोटे ताले या पैडलॉक को गांठ से बांधकर वार करना भी आश्चर्यजनक नुकसान कर सकता है। एक पूरे बड़े साइज के रिंच का वार भी आपका काम बना देगा और आपकी विरोधी के साथ लड़ाई खत्म हो जाएगी।

No. 043 : रोज साथ रखने वाले हथियार तैयार करना

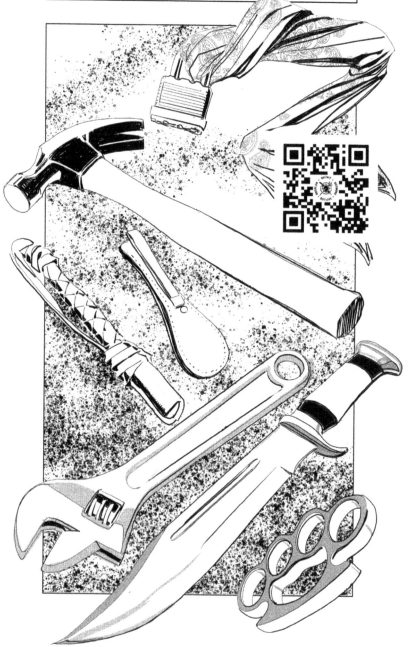

काम और सहयोग : पर्याप्त भार वाली कोई भी चीज डंडा भी हो सकती है। लट्ठ, बेसबॉल का बल्ला, सीसा पाइप, और यहां तक कि मध्यकालीन गदा सभी इसकी कानूनी परिभाषा को पूरा कर सकते है। इनमें से अधिकतर हथियार खुले तौर पर उपलब्ध हैं, लेकिन उनकी वैधता एक देश से दूसरे देश और एक राज्य से दूसरे राज्य में भिन्न होती है। अधिकांश राज्यों के कानून उन प्रत्येक हथियारों को ध्यान से परिभाषित करते हैं जिन्हे रखने की अनुमति आपको नहीं दी गई हैं लेकिन कामचलाऊ हथियारों के संबंध में कानून बहुत अस्पष्ट हो जाते हैं। उदाहरण के लिए, सभी राज्यों में यह पूरी तरह से कानूनी है कि सड़क पर एक चार टाँगो वाली छोटी मेज हाथ में ले जाएं लेकिन यदि आप एक टाँग तोड़ देते हैं या उसके पैर अलग करके ले जाते है तो एक तरीके से यह एक डंडा बन जाता है। वैसे ही, यदि आप एक बाइकर्स से भरी कार में बैठे हो और आपके वाहन की पिछली सीट पर बेसबॉल बैट रखा हो तो भी वह हथियार माना जाएगा और आपको पुलिस द्वारा रोक लिया जाएगा, लेकिन यदि वही बल्ला, एक दस्ताने और गेंद के साथ चाहे आगे की सीट पर रखा हो और आपकी कार बेसबॉल खेलने वाले रूट पर तेज गति के लिए रुकवा भी ली जाए तो भी वह बल्ला एक झलक देखने पर भी किसी का ध्यान नहीं खींचेगा।

आदेश और नियंत्रण : कभी भी, किसी भी हाथ के, बिना गति वाले, बिना धार वाले हथियार को कम न समझें। विशेष रूप से आम प्रयोग की वस्तुओं से सावधान रहें जिन्हे भावनात्मक रूप से आवेशित व्यक्ति गुस्से में पकड़कर आपको मार सकता है। अपने और किसी अस्थिर व्यक्ति के बीच दूरियाँ बनाये रखने से आपके बचे रहने की संभावना में वृद्धि होगी। आवश्यकतानुसार अपने तंत्रिका तंत्र को सुरक्षित रखें।

044 कामचलाऊ और आसपास उपलब्ध हथियारों की पहचान

स्थिति : स्तिथिजन्य जागरूकता कुछ विशिष्ट लोगों की व्यक्तिगत सुरक्षा और चौकसी के लिए ही नहीं, बल्कि कार्रवाई योग्य जानकारी इकट्ठा करने के लिए भी आवश्यक मिल के पत्थर की तरह होती है। अपने आस-पास के बारे में जागरूक होना और संभावित खतरों और खतरनाक स्थितियों की पहचान करना थका देने वाला काम है, लेकिन अगर आप खुद को संभावित शिकार मानते हैं, तो यह काम बहुत आवश्यक भी है। दूसरी ओर, हमलावर अपने आसपास की बहुत अलग तरीके से छानबीन करते है, जो क्रिया बनाम प्रतिक्रिया पर आधारित है। अराजक तत्वों के लिए, इसमें भागने के लिए निकास, प्रतिद्वंद्वी का गुट, कानून का दबाव और उसके सहयोगियों की पहचान करना शामिल है। इससे भी महत्वपूर्ण बात यह है कि वे तात्कालिक वातावरण की उन भौतिक विशेषताओं की पहचान करते हैं जो उनके नापाक इरादों को अंजाम देते समय उनकी शक्ति को बड़ा सकता हैं। ये उल्टा है कि वे शिकार बनने पर अपने बचाव के तरीकों की जांच बिलकुल नहीं करते।

मिशन : एक शिकारी की तरह सोचो, शिकार की तरह नहीं।

क्रियान्वयन : अपने परिवेश को एक शिकारी के दृष्टिकोण से देखना शुरू करें। किसी भी वातावरण में देखने के लिए कुछ वस्तुएँ इस प्रकार हैं:

- आसपास के हथियारों को प्रभावी हथियारों या इम्पैक्ट वेपन के रूप में परिभाषित किया गया है। जो आप सिर और पसलियों पर मरने के लिए इस्तेमाल करते हैं, लेकिन ये सिर्फ एल्युमिनियम डोरफ्रेम्स, दरवाज़े, बार टॉप्स, बार टॉप कॉर्नर्स, एक्सेड टेबलटॉप, टेबलटॉप कोने, दीवार के कोने, दीवारें, मूत्रालय, सिंक, सिंक के नल तक सीमित नहीं हैं।

No. 044 : कामचलाऊ और आसपास उपलब्ध हथियारों की पहचान

ऐसी कोई भी चीज जो स्थायित्व लिए हो और जिनके साथ टकराने से नुकसान बढ़ता है, वे सभी इनमें शामिल हैं।

- कामचलाऊ हथियारों को भी प्रभावी हथियारों के रूप में माना जाता है। जिन्हें आप उठाकर अपने विरोधी के खिलाफ उपयोग कर सकते हैं, वे सभी इनमें शामिल हैं, लेकिन ये नमक और काली मिर्च शेकर, कांच की बोतलें, कांटे चाकू, चम्मच, कुर्सियाँ, और भीतर रखी कोई भी दूसरी गतिमान वस्तु जो आपके हाथ की पहुंच में हो, इन सब तक ही सीमित नहीं हैं।

- किसी भी उस वस्तु को ध्यान भटकाने वाले हथियारों के रूप में माना जाता है जो उस पर नियंत्रण पाने के लिए, आपके विरोधी का ध्यान पल भर के लिए भंग करती है। इसमें कुर्सियाँ, पेय गिलास, गर्म कॉफी, थूक आदि और कोई अन्य वस्तु जो आपके विरोधी के लिए मुसीबत बनती है, वे सब इनमें शामिल हैं, लेकिन ये भी इन उदाहरणों तक ही सीमित नहीं हैं।

काम और सहयोग : चारों ओर, कामचलाऊ और ध्यान भटकाने वाले सभी हथियारों का उपयोग, आपकी छुपी हुई मुख्य हथियार प्रणाली के साथ समन्वय करने और संभवतः कमी पूर्ति करने के लिए किया जा सकता है। अक्सर ये हथियार आपको दुश्मन के सामने कम घातक विकल्पों के साथ पेश कर सकते हैं।

आदेश और नियंत्रण : समय के साथ एक हमलावर की तरह अपने वातावरण का अवलोकन करना, आपको स्थिति पर नियंत्रण हासिल करने और आपके शिकारियों को शिकार में बदलने में आपकी मदद करेगा।

बदमाश

जॉनसन जेसन

कोड नाम : फ्ले

प्राइमरी स्किलसेट : पेशेवर नाइफ थ्रोअर

सेकेंडरी स्किलसेट : क्लोज क्वार्टर डिसअसेंबली इंस्ट्रक्टर

पृष्ठभूमि : अमेरिका के पेशेवर कॉम्बेट नाइफ़ थ्रोअर, ब्लेड अवधारणा, डिज़ाइन सलाहकार और शिक्षक के रूप में धारदार हथियारों के अखाड़े में जेसन जॉनसन सम्मानित अधिकार रखते है। अचानक सोशल मीडिया सनसनी बने, जेसन अपरंपरागत, तो भी उल्लेखनीय रूप से अपने प्रभावी कॉम्बेट नाइफ़ थ्रोअर सिस्टम के लिए सबसे ज्यादा जाने जाते हैं।

ओमाहा, नेब्रास्का का रहने वाला यह नाइफ़ थ्रोअर चैंपियन जीवन में अपने शिल्प और दर्शन के बीच संतुलन की खोज में रहता है। जेसन मार्शल आर्ट के इतिहास, जीवन शैली और कॉम्बेट सिस्टम का एक मेहनती छात्र है और वह वास्तविक उदाहरण है : असली अमेरिकी मूल का जो पीढ़ियों की परंपरा को बेबाक अलग अंदाज के साथ मिश्रित करता है।

हिस्ट्री चैनल के फोर्ज्ड इन फ़ायर पर प्रदर्शित : चाकू या मौत श्रृंखला में जेसन ने तेजी से साथियों और समकालीनों से समान रूप से प्रशंसा और सम्मान अर्जित किया है।आज दुनिया भर में इनकी मास्टर कक्षाओं और सेमिनारों की मांग है।

दुश्मन

जेफरी एपस्टीन

पृष्ठभूमि : जेफरी एपस्टीन एक न्यूयॉर्क स्थित फाइनेंसर था, जिसके दुनिया के कई अमीर और ताकतवर लोगों के साथ हाई-प्रोफाइल संबंध थे। एपस्टीन कई कम उम्र की लड़कियों का यौन शोषण करने का आरोपी था। फ़्लोरिडा में एक नाबालिग को जबरन वेश्यावृत्ति में फँसाने के आरोप में अंततः उसे 2008 में गिरफ़्तार किया गया और वह क़ानूनी आरोपी बन गया।

अपनी अठारह महीने की जेल की सजा में से, उसने केवल तेरह महीने की सजा भुगती। जुलाई 2019 में एपस्टीन को फिर से गिरफ्तार किया गया था, इस बार उस पर नाबालिगों के यौन-शोषण के साथ तस्करी के आरोप भी थे। मुकदमे के ट्रायल के दौरान, वह 10 अगस्त, 2019 को अपने जेल की सेल में मृत पाया गया।

045 चाकू फेंककर मारने के ड्रॉ स्ट्रोक्स को समझें

स्थिति : चाकू के साथ होने वाली लड़ाई जीतने का सबसे अच्छा तरीका है कि हर कीमत पर उस लड़ाई से बचा जाए। दूसरा तरीका विपरीत दिशा में इस तरह दौड़ना है, जैसे कि यह आपका जीने-मरने का सवाल हो। तीसरा, इससे पहले कि वे आपको छुरा घोंपे, उन्हें गोली मार दें। यदि आपको घेर लिया और आपको चाकू मारना पड़ा तो - उम्मीद है कि आपका ड्रॉ स्ट्रोक और नाइफ थ्रो आपके विरोधी को इतनी ही दूरी पर रखे कि वह आपके लिए सुरक्षित हो और आपका धातु का एक पाउंड का टुकड़ा (चाकू) उनके गले से होकर बाहर निकले। यदि आप अपने चाकू से ऐसा नहीं कर सके तो आप खत्म हो जाएंगे। आपका ड्रॉ स्ट्रोक आपके जीवन और मृत्यु के बीच का अंतर हो सकता है। अगर आप मुसीबत में हो और ड्रॉ स्ट्रोक को सही ढंग से क्रियान्वित कर पाते हो तो यह स्ट्रोक समय को आपके पक्ष में ला देता है। उच्च स्तर की दक्षता बनाए रखने के लिए नियमित रूप से अपने ड्रॉ स्ट्रोक का अभ्यास करें।

मिशन : अपना ड्रॉ स्ट्रोक तेज रखें।

क्रियान्वयन : इससे पहले कि आप चाकू थ्रो करना शुरू करें, यह एक अच्छा आइडिया है कि पहले आप अपने ड्रॉ क्रमबद्ध कर लें। आपके ड्रॉ स्ट्रोक का काम चरणों में विभाजित होना चाहिए। पहले अपनी तैयार स्थिति को स्पष्ट रखो कि चाहे इसमें आपके हाथ उपर एक नॉन वॉयलेंट पॉश्चर में हो या ढीले-ढाली स्थिति में एक दूसरे को क्रॉस कर रहे हो, वहीं से आपको अपना ड्रॉ स्ट्रोक शुरू करना चाहिए। इसके बाद, इसकी मैकेनिक्स (प्रक्रिया) पर काम करते हुए अपने कपड़ों को इसके रास्ते से हटा दें और अपने चाकू के हैंडल पर सकारात्मक ग्रिप बनाएं। एक बार जब आपकी पकड़ सकारात्मक हो जाये तो म्यान से निकालकर अपने लक्ष्य तक चाकू को कैसे फेंकना है, इस पर काम करें। शीशे के सामने अभ्यास करना हमेशा

No. 045 : चाकू फेंककर मारने के ड्रा स्ट्रोक्स को समझें

अच्छा विचार होता है और यह आपको अपने ड्रॉ के दौरान आत्म-सुधार करने की क्षमता देता है। कहने की जरूरत नहीं कि आप अपना चाकू सीधा शीशे पर नहीं फेंकना चाहोगे। प्रत्येक तत्व को एक साथ जोड़ने से पहले, उन्हे फिर से देखें और अभ्यास करें। एक बार जब आपका फॉर्म सही हो जाये और आपके दिमाग में बैठ जाये तो गति तो अपने-आप धीरे-धीरे आ जाएगी।

काम और सहयोग : धारदार हथियारों से अभ्यास करने के परिणामस्वरूप पिस्तौल से भी अधिक बार चोट लग सकती है, इसलिए अपने ड्रॉ स्ट्रोक का अभ्यास करते समय केवल प्रशिक्षण वाली सहायक सामग्री का उपयोग करना सबसे अच्छा होगा, जब तक कि आप अपने चाकू और म्यान दोनों के साथ सहज न हो जाएं।

आदेश और नियंत्रण : एक बार जब आप अपने साधारण नाइफ़ स्ट्रोक को क्रमबद्ध कर लेते हैं तो उन परिदृश्यों के बारे में सोचना शुरू करें जहाँ आपको एक हमलावर से उलझ कर अपना चाकू निकालना है या अगर कोई एक तरफ हट गया यानि आपका वार चूक गया तो आप अपने चाकू तक कैसे पहुंचेंगे? अपने दिमाग में अलग-अलग परिदृश्यों का चलना और उन पर अपनी प्रतिक्रिया को शारीरिक रूप से प्रशिक्षित करना हमेशा एक अच्छा विचार है।

046 चाकू फेंकने वाले की तरह चाकू कैसे पकड़े

स्थिति : चाकू को सटीक ढंग से फेंकना और चाकू को प्रभावी रूप से फेंकना दो अलग-अलग कौशल हैं। यह परवाह किए बिना कि चाकू का कौन सा हिस्सा निशाने पर लगता है, चाकू फेंकने की यह क्षमता सटीकता है। चाकू को सटीक रूप से फेंकने की क्षमता और नुकीले सिरे से लक्ष्य को भेदना, यह एक प्रभावी थ्रो है। चाकू फेंकने में प्रभावी बनने के लिए, जब चाकू हवा में हो तो आपको चाकू के घुमाव को नियंत्रित करने के पीछे की फिजिक्स को समझना है। अपनी पकड़ और लक्ष्य की दूरी तथा घुमाव (स्पिन) को नियंत्रित करके अपने थ्रो की प्रभावशीलता बढ़ाएँ।

मिशन : अपने लक्ष्य की दूरी के आधार पर एक उचित पकड़ बनाएँ।

क्रियान्वयन : आपकी ग्रिप के दो तत्व जो लक्ष्य से आपकी दूरी के आधार पर समायोजित किए जाते हैं, वे दो तत्व है - आपके अंगूठे की स्थिति और हैंडल की लंबाई के साथ आपकी पकड़ की स्थिति। आपका अंगूठा या तो स्पिन के साथ ही आगे बढ़ाया जाएगा, जिसे हैमर ग्रिप की तरह "थंब ऑन" या "रोल इन" के रूप में जाना जाता है। पकड़ की स्थिति या तो ब्लेड के करीब होगी, जिसे "फुल ग्रिप" या "क्लोजर ग्रिप" के रूप में जाना जाता है या फिर पोमेल के करीब (पोमेल -हैंडिल को फिसलने से बचाने के लिए शीर्ष पर फिटिंग) जिसे "हाफ ग्रिप" के रूप में जाना जाता है। आपकी पकड़ और फिर उस ग्रिप से चाकू को छोड़ना, इन दो तत्वों का कॉम्बिनेशन आपके थ्रो की प्रभावशीलता निर्धारित करेंगे।

काम और सहयोग : प्रशिक्षण के लिए लक्ष्यों की आवश्यकता होगी। पाइन, ताड़, स्प्रूस, और चिनार के तनों के टुकड़े जिनकी लकड़ी नरम होती है वे धारदार हथियारों के लिए लक्ष्य के रूप में बढ़िया काम करते हैं। वैसे ही जैसे, सिंथेटिक

No. 046 : चाकू फेंकने वाले की तरह चाकू कैसे पकड़े

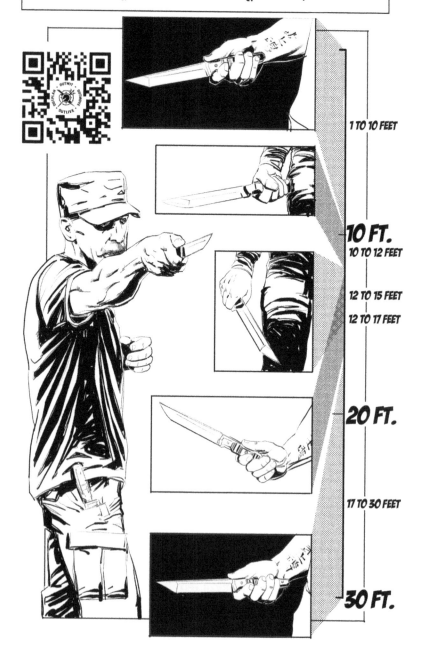

बुना फोम बेशक, तीरंदाजी के लक्ष्य के लिए बढ़िया काम करता है। प्रशिक्षण के शुरूआत में आप निकट या कम दूरी से शुरू करें और जैसे-जैसे आपका चाकू फेंकने का आत्मविश्वास बढ़ता है, वैसे-वैसे वापस अपने तरीके से काम करें। अलग-अलग दूरी पर अलग पकड़ के साथ सहज होने से आपको एक बेहतर थ्रोअर बनने में मदद मिलेगी।

आदेश और नियंत्रण : जब भी आप धारदार वस्तुओं को फेंक रहे हों तो अपत्र पीछे और आगे के साथ-साथ आपको वापसी की जगह के बारे में भी सोचना होगा। चाकू जब अपने लक्ष्य से बाउंस होते है तो वे अपनी अप्रत्याशित उड़ान और दिशा के कारण खतरनाक सिद्ध होते हैं।

047 चाकू पकड़ने की दूरी से उसकी ग्रिप निर्धारित होती है

स्थिति : फेंके जाने वाले हथियारों में डार्ट्स, चाकू, कुल्हाड़ी, स्टार्स, कांटे, सूइयाँ, डंडे और लाठी, भाला और हस्त-तीर, फ्लाइंग फोर्क्स आते है। ये फेंके जाने वाले हथियार प्राचीन और वर्तमान समय, दोनों में ही हाथापाई की लड़ाई (द्वन्द युद्ध) का एक बड़ा हिस्सा थे और आज भी है। आज भी जब लोगों के पास बंदूकें नहीं होती हैं, तो वे तुरंत उन वस्तुओं की ओर मुड़ जाते है जिन्हें वे फेंक सकते हैं। सभी फेंकने वाले हथियारों में कुछ समान सामान्य विभाजक है जो उनकी प्रभावशीलता निर्धारित करते हैं जैसे : फेंकने की क्षमता, लक्ष्य से दूरी और सटीकता। प्रभावी नाइफ थ्रोइंग के लिए इन तीन सामान्य विभाजकों को समझने की आवश्यकता है। ध्यान रखें, प्रभावशीलता को सटीकता और भेदक क्षमता के साथ संयुक्त रूप से जोड़कर परिभाषित किया जाता है।

मिशन : ड्रा, थ्रो एंड गो!

क्रियान्वयन : लक्ष्य और आपके बीच की दूरी आपकी पकड़ को निर्धारित करती है, जिसमें आपको स्पिन (घुमाव) को नियंत्रित करना है। स्पिन को नियंत्रित करने से आप यह सुनिश्चित कर लेते हैं कि चाकू की नोक लक्ष्य को भेद रही हो। अगर आप लक्ष्य से दस फीट या उससे कम दूरी पर खड़े हो तो "फुल ग्रिप, थंब ऑन" का उपयोग करें। इसे "नो स्पिन ग्रिप" के रूप में भी जाना जाता है। अगर आपके और लक्ष्य के बीच दस से पंद्रह फीट के बीच दूरी हो तो "हाफ हैमर ग्रिप" का उपयोग करें। पंद्रह और बीस फीट के बीच दूरी होने पर "हाफ हैमर थंब ऑन ग्रिप" का उपयोग करें। बीस से तीस फीट पर "फुल ग्रिप, थम्ब ऑन" जिसे "नो स्पिन ग्रिप" भी कहा जाता है।

No. 047 : चाकू पकड़ने की दूरी से उसकी ग्रिप निर्धारित होती है

काम और सहयोग : ऊपर दी गई दूरियां केवल अनुमानित हैं और जमीन पर स्पष्ट रेखाओं द्वारा विभाजित नहीं की गई है। प्रत्येक चाकू फेंकने वाले (थ्रोअर) को अपनी ऊंचाई, शक्ति और तकनीक के अनुसार फेंकने के लिए ग्रिप और दूरी को लेकर एक अंदाज़ा विकसित करना चाहिए।

आदेश और नियंत्रण : थ्रो से पहले, दौरान और उसके बाद, विशेष रूप से अपने शरीर के मैकेनिक्स पर ध्यान दें। आपके पैर अपने विरोधी की क्रिया और प्रतिक्रिया के आधार पर हमेशा किसी भी दिशा में जाने के लिए तैयार होने चाहिए।

048 चाकू फेंकने की सही तकनीक

स्थिति : चाकू फेंकना सदियों से एक कला, खेल, युद्ध कौशल और मनोरंजन के रूप में इस्तेमाल किया जाता रहा है। सबसे पहले शिकार के लिए इसका प्रयोग किया जाता था और बाद में मार्शल आर्ट के साधनों के रूप में इसका प्रयोग होने लगा। इसे जापानी, अफ्रीकी और मूल अमेरिकी जनजातियाँ द्वारा अपने मार्शल आर्ट्स में शामिल किया गया है। मध्य अफ्रीका में चाकुओं को युद्ध-हथियार के रूप में और औपचारिक उद्देश्यों के लिए इस्तेमाल किया जाता था। वैसे, लड़ाई में इस हथियार को फेंकना आम तौर पर जोखिमपूर्ण माना जाता है क्योंकि वार असफल होने पर, फेंकने वाला बिना हथियार के हो सकता है और हमलावर को हथियार दे सकता है। हालाँकि, कई योद्धा पारंपरिक रूप से एक वक्त पर अपने पास दो या दो से अधिक हथियार रखते थे।

मिशन : याद रखें, चाकू की कोई गलती नहीं होती है।

क्रियान्वयन : आत्मरक्षा और युद्ध के अनुप्रयोगों के लिए, थ्रो और काली ड्रिल में वन-स्ट्राइक एक समान ही है। वन-स्ट्राइक फेंकना, बिना विंडअप के बेसबॉल फेंकने के समान है। सही पकड़ के साथ, हाथ को थोड़ा मोड़कर और सिर से ऊपर की ओर आगे बढ़ाकर, इस स्थिति में चाकू फेंके। अपने थ्रो के दौरान हवा को काटते हुए अपनी कलाई को आगे की ओर बंद करके रखें। चाकू को हाथ से छोड़ने का बिंदु आमतौर पर आंख के स्तर तक होता है, जहाँ चाकू का वजन और थ्रो का शीर्ष आपके हाथ से बिना रुकावट छूटते है। बेसबॉल फेंकने के विपरीत, आपको अपने फेंकने वाले हाथ की ओर वाले पैर का उपयोग करके ही कदम बढ़ाने होंगे।

काम और सहयोग : म्यान से फेंकने का प्रशिक्षण चरणों में बंटा हुआ और पहले व्यक्तिगत रूप से अभ्यास किया हुआ होना चाहिए। अगर एक बार आपको

No. 048 : चाकू फेंकने की सही तकनीक

प्रत्येक अलग चरण की मैकेनिक्स समझ में आ जाए तो आप यह सब एक साथ करना शुरू कर सकते हैं। थ्रोइंग नाइफ स्टोर्स ऑनलाइन उपलब्ध हैं, लेकिन उनकी गुणवत्ता व्यापक रूप से भिन्न हो सकती है। जेसन उच्च गुणवत्ता वाले थ्रोइंग नाइफ बनाता है जो काइडेक्स (Kydex-थर्मोप्लास्टिक ऐक्रेलिक-पॉलीविनाइल क्लोराइड सामग्री) से निर्मित म्यान के साथ आते हैं और इस तरह के प्रयोग के लिए बिलकुल होते तैयार हैं।

आदेश और नियंत्रण : थ्रो के लिए प्रतिबद्ध होने से पहले उस जगह से निकलने की योजना बनाएं। जैसे ही आप थ्रो पूरा करें, उस जगह से हटना शुरू कर दें। बहुत अच्छा यही होगा कि आप उस जगह से निकल जायें और अपनी अगली चाल निर्धारित करने के लिए कहीं और शरण लें।

बदमाश

ग्राहम रिच

कोड नाम : रोग
प्राइमरी स्किलसेट : फुल स्पेक्ट्रम वारियर्स में मुख्य प्रशिक्षक
सेकेंडरी स्किलसेट : नौका फाइटिंग
कोच, मुख्य यूएसए प्रतिनिधि

पृष्ठभूमि : रिचर्ड ग्राहम III भूतपूर्व नेवी सील और फुल स्पेक्ट्रम वारियर्स के संस्थापक है। वह उत्तरी और दक्षिण अमेरिका में कानून प्राधिकारियों और निशानेबाज नागरिकों को हथियार चलाने का प्रशिक्षण देते है और रणनीति सिखाते है। रिच ने कई मार्शल आर्ट और कॉम्बेट प्रणालियों का भी अध्ययन किया है और नौका फाइटिंग शैली के अग्रणी प्रशिक्षकों में से एक है। रिच ने वर्षों तक निजी प्रशिक्षक के रूप में काम किया है और कई व्यवहारिक कार्यक्रम बनाए हैं। जिनमें कॉम्बैट मोबिलिटी सिस्टम और नेवी सील केटलबेल्स शामिल हैं। रिच को रोमांच और चुनौतियां पसंद हैं और उन्होंने अपने साथियों के साथ मिलकर अपने इस जुनून का इस्तेमाल करते हुए चुनौतियों के माध्यम से दान के लिए $ 1 मिलियन से अधिक चंदा इकट्ठा किया है, जैसे- सैन डिएगो,कैलिफोर्निया से लेकर वर्जीनिया बीच, वर्जीनिया तक तीन हजार मील से अधिक साइकिल चलाना आदि। रिच वर्तमान में होम फ्रंट K9 प्रोजेक्ट के अध्यक्ष हैं। यह एक गैर-लाभकारी निगम है जो विशेष बलों के परिवारों को मदद के लिए सहयोगी कुत्ते प्रदान करता है।

दुश्मन

किम जॉन्ग उन

पृष्ठभूमि : किंग के नेतृत्व ने उसी तानाशाही वाले व्यक्तित्व को अपनाया है जो उसके दादा और पिता का रहा है। 2014 में, संयुक्त राष्ट्र मानवाधिकार आयोग कि रिपोर्ट ने सुझाव दिया कि किम को मानवता के खिलाफ अपराधों के लिए ट्रायल पर रखा जा सकता है। उसने उत्तर कोरिया के कई अधिकारियों को अवांछित करार देकर उन्हे मृत्युदंड दिया है। बहुत से लोग मानते है कि उसने 2017 में अपने सौतेले भाई, किम जोंग-नाम की मलेशिया में हत्या करवाई थी। किम ने उत्तर कोरिया के परमाणु कार्यक्रम का विस्तार किया जिससे 2017-2018 उत्तर कोरियाई संकट से दुनिया में तनाव बढ़ गया था।

049 रिच की हर रोज साथ रखने वाली सामग्री

जिंदा बचे रहना समय का खेल है। इस पुस्तक में कई स्किल्स अपने जीवन के लिए संघर्ष करने और कभी-कभी आखिरी मिनट पर आसानी से उपलब्ध उपकरणों का उपयोग करने पर केंद्रित हैं। हालाँकि, अच्छी तरह से चुने गए थोड़े से उपकरण लंबे समय तक काम आते है। हर आदमी या औरत को अपने माहौल और आदतों के अनुसार अपना रोजमर्रा का साथ लेने वाला सामान (ईडीसी) किट खुद ही तैयार करनी चाहिए। चाहे आप अपने मौजूदा उपकरणों को एडजस्ट करना चाह रहे हों या नये से शुरुआत कर रहे हों, आपको आधारभूत आवश्यकताओं के रूप में कुछ हल्की वस्तुओं पर विचार करना चाहिए।

रोज़ साथ रखने वाले सामान के लिए रिच की आधार रेखा इस प्रकार है।

1. मॉन्स्टर एनर्जी ड्रिंक
2. सिग सॉयर P365 (पिस्टल)
3. अतिरिक्त मैग्ज़ीन
4. ब्रौस ब्लेड फ़ोल्डर (चाकू)
5. नकद और क्रेडिट कार्ड
6. गेटअवे व्हीकल चाबी

No. 049 : रिच की हर रोज साथ रखने वाली सामग्री

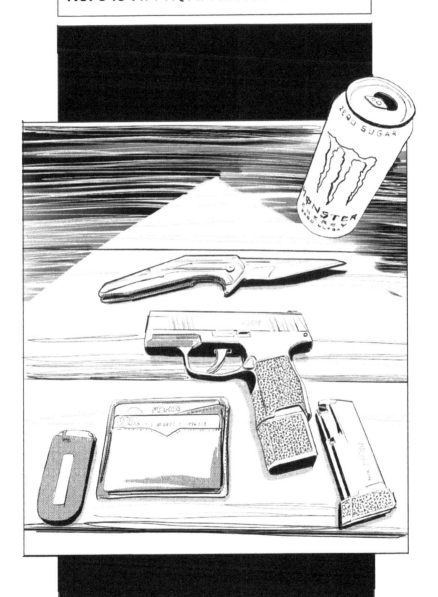

050 बुनियादी चाकू की पकड़ को समझें

स्थिति : आप कभी नहीं चाहते कि आपका हथियार आपसे छीन लिया जाए और फिर आपके खिलाफ इस्तेमाल किया जाए। इस तरह हथियार गंवा देना अनुभवहीन लोगों के साथ बहुत बार होता है, जिन्होंने कभी प्रशिक्षण नहीं लिया या हथियार रखने की उचित तकनीक नहीं सीखी। आपके वार करने की कड़ी में आपकी पकड़ ही विफलता का एकमात्र संभावित बिंदु है। चाहे आपने चाकू, पिस्तौल या राइफ़ल पकड़ी हों लेकिन आपकी पकड़ टूटने पर आपका हथियार खो सकता है। अपनी पकड़ कभी छूटने न दें।

मिशन : अपनी पकड़ खोने न दें।

क्रियान्वयन : हथियार पकड़ना एक प्राकृतिक मानवीय क्रिया है। यह हथौड़े या किसी अन्य प्रकार के उपकरण को हाथ में थामने के समान ही है। हैंडल आपकी हथेली के बीच में स्थित होता है और आपकी अंगुलियाँ अंदर की ओर मुड़ी हुई हैंडल पर कसी रहती है जबकि आपका अंगूठा नीचे की तरफ और अंगुलियाँ के ऊपर रहता है। आप निश्चित रूप से अपने चुने हुए हथियार के हैंडल के चारों ओर एक मुट्ठी बना रहे हैं। चाकू पकड़ते समय ब्लेड की स्थिति से ग्रिप का नाम निर्धारित होता है। अगर ब्लेड सीधा है और आपकी तर्जनी अँगुली और अंगूठे के ऊपर की तरफ फैला हुआ हो तो यह एक स्टैंडर्ड ग्रिप है। अगर ब्लेड आपकी छोटी अँगुली और आपकी हथेली के निचले भाग की तरफ नीचे की ओर मुड़ा हुआ है तो यह एक उलटी पकड़ यानि रिवर्स ग्रिप है।

काम और सहयोग : ग्रिप का मजबूत होना उतना ही महत्वपूर्ण है जितना कि ग्रिप के बारे में जानकारी होना। कुछ ऐसे व्यायाम हैं जो आपकी ग्रिप मजबूत करके पूरे हाथ की ताकत बढ़ाएंगे और आपके हाथों को अधिक सुरक्षित रूप से हथियार संभालने में मदद करेंगे। पहला काम किसी भी पट्टे या बेल्ट (कलाई पर) आदि

No. 050 : बुनियादी चाकू की पकड़ को समझें

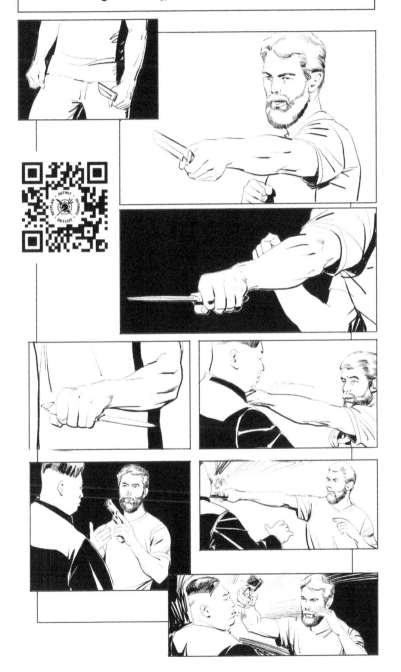

से छुटकारा पाना है, जिनका उपयोग आप वर्तमान में वज़न उठाते समय करते हैं बल्कि "फार्मर कैरी" या बाइसेप कर्ल जैसी एक्सरसाइज करते समय पिंच प्लेटें प्रयोग करना हर तरीक़े से ग्रिप की मज़बूती बढ़ाने का एक और तरीका है। आप इसे सिंगल प्लेट्स के साथ या फिर एक साथ दो पिंच प्लेट्स उठाने की कोशिश करके कर सकते हैं। अपनी ग्रिप की ताकत बढ़ाने के लिए तौलिए का भी इस्तेमाल किया जा सकता है। पुल-अप बार पर अपने तौलिये को लटकाकर गांठ बांध लें और पुल-अप्स करते समय बार की बजाय तौलिया पकड़ें।

आदेश और नियंत्रण : एक हल्की ग्रिप त्वरित गति में सहायक होती है। वहीं, कसी हुई या टाइट ग्रिप आपके चुने हुए हथियार के ठोस प्रभाव और रोक कर रखने में मददगार होती है। इस्तेमाल से ठीक पहले हथियार पर आपकी पकड़ हल्की होनी चाहिए और इस्तेमाल के समय कड़ी। इस तरह, आप अपनी ग्रिप को शानदार बनाकर इसका लाभ ले सकते हैं, इससे आपके हथियार पर सकारात्मक नियंत्रण बना रहता हैं और आपके वार से तबाही मचाने की ताकत बढ़ती हैं।

051 | स्टैब कैसे करें

स्थिति : हम स्टैब के बारे में सोचते हैं तो हमें लगता है कि इसका मतलब चाकू से किया जाने वाला कोई घाव है लेकिन, रिच "स्टैब" का वर्णन चार यांत्रिक गतियों में से एक के रूप में करते है। जिनमें भले ही आपके पास चाकू हो, पिस्तौल हो, राइफल हो या इसमें आपके खाली हाथ भी इस्तेमाल किये जा सकते है। चाकू घोंपने या चाकू से स्टैब करने के लिए, चाकू के नुकीले सिरे को अपने विरोधी की ओर घोंपने में छल या चालाकी भरी स्टैंडर्ड ग्रिप का वैकल्पिक उपयोग किया जाता है। चाकू पकड़कर जैब (मुक्के) की तरह, आपका चाकू वाला हाथ एकदम आगे बढ़ता है और जितनी जल्दी हो सके पीछे हट जाता है। इसमें गति घुमावदार हो जाती है क्योंकि यहाँ वार करके हाथ पीछे हटाने की तुलना में वार करते समय लक्ष्य की तरफ हाथ का विस्तार ऊंचाई पर है। इससे वार की गति बढ़ जाती है क्योंकि वार सीधे अंदर और बाहर नहीं है। इस तरह की चोट मारने (स्टैब) के लिए चाकू, पिस्तौल, राइफल और यहां तक कि आपके खाली हाथों का भी इस्तेमाल किया जा सकता है क्योंकि यांत्रिक गति वही रहती है, भले ही हथियार कोई भी हो। अगर आप आगे वाले मुख्य हाथ का उपयोग करके स्टैब करें तो इस तरह के सभी वार दूर तक जाते है यानि मुख्य हाथ प्रयोग करके वार करें तो हाथ की पहुंच दूर तक होती है। आप स्टैब के लिए अपने पिछले हाथ का भी उपयोग कर सकते हैं ताकि आपके आगे वाले हाथ का उपयोग अन्य आक्रामक या रक्षात्मक चालों के लिए किया जा सके।

मिशन : आपके पास जो है उसी से चोट (स्टैब) मारें।

क्रियान्वयन : पिस्तौल से चोट मारने की गति, चाकू मारने की गति से अलग नहीं है। रिच सिखाता है कि :

1. पिस्टल का बैरल आपकी कोहनी की सीध में होता है और तभी आपकी बांह का विस्तार हो जाता है।

No. 051 : स्टैब कैसे मारें

2. बंदूक की नाल से वार की गति चाकू के समान ही होती है और ब्लेड की तरह घातक हो सकती है।
3. राइफल से चोट मारने के लिए हालांकि, दोनों हाथों की आवश्यकता होती है। अपनी हाथ के आगे की ग्रिप के साथ आगे बढ़ें और उसी मारने की गति में अपने विरोधी पर वार करें।
4. पिस्टल की तरह, राइफल को अलग-अलग तरीकों से इस्तेमाल करने पर राइफल बहुत खतरनाक हो सकती है।

काम और सहयोग : रिच आपको बताता है कि वार के समय हल्की ग्रिप बनाए रखने से गति तेज करने में मदद मिलेगी। ब्रूस ली इसे सबसे पहले स्पष्ट करने वालों में से एक थे कि आपको स्ट्राइकिंग पॉइंट पर पहुंचने तक पूरे समय हाथ ढीला रखना चाहिए। जब आपका हाथ वार करने के बिंदु तक पंहुचे यानि जब वार करने लगे तो अधिकतम प्रभाव के लिए हाथ टाइट और एक चट्टान की तरह कठोर कर लें। वार के बाद इसे फिर से ढीला छोड़ें, आप फिर से पिस्तौल की सही स्थिति में लाएं और अगले वार की तैयारी करें। आप शुरू में एक ढीली पकड़ बनाए रखें ताकि आप जल्दी और आसानी से आगे बढ़ सकें लेकिन वार करने से ठीक पहले ग्रिप टाइट कर लें ताकि वार प्रभावशाली बन सके।

आदेश और नियंत्रण : यदि धातु का कोई भी टुकड़ा आपके सिर पर पटक कर मारा जाए तो यह घातक ही होता है। यदि आपके पास घर में राइफल है और मान लीजिए कि आप रात में अपने घर की सफाई कर रहे हैं और तभी, आपने कुछ डरावनी आवाज सुनी है तो बंदूक की नाल से चोट मरना उस घुसपैठिए को गोली मारने से बेहतर विकल्प हो सकता है। आप अपनी स्थिति, माहौल और अपने स्किल के स्तर के आधार पर यह निर्णय लेंगे या यह कम से कम आपकी लड़ने की रणनीति का एक हिस्सा होना चाहिए।

052 ब्रेकर का उपयोग कैसे करें

स्थिति : अपनी लड़ाई को खत्म करने के लिए ब्रेकर से वार किया जा सकता है। जब आपको अपने और अपने प्रतिद्वंद्वी के बीच एक दूरी बनाने की आवश्यकता हो तो ब्रेकर विशेष रूप से उपयोगी हो जाता है। लड़ाई में किसी ऐसे बिंदु पर, जब आपकी भुजाएं ढली और बेदम हो, हाथ आपकी छाती के करीब और कोहनी पूरी तरह से और इतनी मुड़ जाए कि आपकी फोरआर्म्स आपके बाइसेप्स को छूने लगे तो आपको अपने और अपने विरोधी के बीच थोड़ी दूरी बनाने की जरूरत है। इस स्थिति से निकलने के लिए ब्रेकर से वार एकदम सही है। वैसे तो आप कभी भी उस स्थिति में नहीं रहना चाहेंगे, लेकिन लड़ाई अप्रत्याशित होती है। ब्रेकर से वार में आपके और आपके प्रतिद्वंद्वी के बीच जगह बनाने के लिए फोरआर्म्स की रिवर्स साइड और कोहनी की नोक का बहुत व्यापक और गोल घुमाकर तेज गति से उपयोग किया जाता है।

मिशन : गैप बनाएं; लड़ाई खत्म करें।

क्रियान्वयन : ब्रेकर वार काफी हद तक कोहनी से वार जैसा ही है, बस इसमें थोड़ा कुछ और जुड़ा हुआ है। जैसे ही आप कोहनी के वार से आपके प्रतिद्वंदी के चेहरे पर चोट मारते है, आप इस चोट के तुरंत बाद वापस, उल्टा, उसके चेहरे पर फिर से मारें। तुरंत बाद यह जो दूसरा हमला होता है उससे किसी हमलावर को हैरान करने की लगभग गारंटी है और इस समय आप अपना गैप भी बना सकते है। वार की प्रभावशीलता बढ़ाने के लिए चाकू, पिस्तौल या राइफ़ल का दुसरे हथियार के रूप में इसी गति के साथ चोट मारने के लिए उपयोग किया जा सकता है।

काम और सहयोग : ब्रेकर से वार में केवल कंधे की गति ही मायने नहीं रखती बल्कि, आपका पूरा शरीर और कोर दोनों मुड़ना चाहिए क्योंकि आपको वार करने और गैप बनाने के लिए बल का निर्माण करना होता हैं।

No. 052 : ब्रेकर का उपयोग कैसे करें

आदेश और नियंत्रण : हर समय अपना संयम बनाए रखें और खासकर तब, जब आपका प्रतिद्वंद्वी वास्तव में बहुत ज़्यादा करीब आ जाए। कभी भी अगर आपका विरोधी ब्रेकर से वार का उपयोग करने के लिए काफी करीब हो तो इसका मतलब यह हुआ कि वह पहले से ही इतना करीब है कि कभी भी आपको जमीन पर गिरा दे और खराब स्थिति को और भी ज़्यादा बुरा बना दे। इसलिए आवश्यक अंतराल बनाने के लिए ब्रेकर से वार का उपयोग करें और हमलों या हथियारों के प्रयोग में परिवर्तन लाएं जिससे लड़ाई आपके पक्ष में जल्दी समाप्त हो जाए।

053 कट वार कैसे करें

स्थिति : कट से वार एक अवरोधक गति है जो आपके विरोधी की अगली चाल को रोकती है। हालाँकि इस वार के नाम का अर्थ है; चाकू से कट लेकिन कुछ मैकेनिक्स आपको खाली हाथों, पिस्तौल या एक राइफ़ल से कट मार सकते है। रिच द्वारा बताए गए सभी वार आप किसी भी चीज़ या हथियार के साथ प्रयोग कर सकते हैं।

मिशन : एक साथ ढाल और तलवार बनें।

क्रियान्वयन : सीधे सीधे आउट-एंड-बैक दांव (बिना किसी घुमाव के) की तुलना में यह वार भी रिच के अधिकांश वारों की तरह लम्बी दूरी तक और गोलाई में गति होने के कारण ज़्यादा सक्षम है और इसे फिर से जल्दी तैयार या रीसेट कर सकते है। आपके हमलावर की आगे की आक्रामकता को रोकने के लिए कट वारका उपयोग किया जाता है। जैसे आप अपने फोरआर्म्स, चाकू, पिस्तौल या राइफ़ल से अपने प्रतिद्वंद्वी पर वार करते हैं, वैसे ही यह भी एक भारी और जोरदार टक्कर देने के बराबर होगा। कट वार में रोकने की शक्ति के साथ-साथ वार करने की शक्ति भी होती है।

काम और सहयोग : शरीर का मैकेनिक्स और अच्छा फुटवर्क कट वार की शक्ति बढ़ाता है। अपनी भुजाओं को नब्बे डिग्री से ज़्यादा नीचे जाने या अपनी रीढ़ के मध्य भाग को आगे की ओर झुकने से रोकना वार के शॉक फैक्टर को बढ़ा देगा और अपने प्रतिद्वंद्वी को एक सुरक्षित दूरी पर बनाए रख पायेंगे।

आदेश और नियंत्रण : अपने प्रतिद्वंद्वी के हाथों पर नज़र रखें और उसकी बॉडी लैंग्वेज पर ध्यान दें। ये दोनों चीजें बहुत कुछ कह सकती हैं और आपके जबाव या प्रतिक्रियाओं को निर्देशित कर सकती है। यह वार आक्रामक और रक्षात्मक दोनों है, लेकिन आपके प्रतिद्वंद्वी के हमले से आपको पता चल जाएगा कि इसकी अवरोधक शक्ति के कारण इसका उपयोग कब करना है।

No. 053 : कट वार कैसे करें

054 हैक कैसे करें

स्थिति : लड़ाई में, किसी भी समय आपके हाथों और भुजाओं की अलग-अलग स्थिति हो सकती हैं। यदि आप संभावित रूप से समझौता या कमज़ोर स्थिति में हों तो आपको यह समझ होनी चाहिए कि अलग-अलग वारों को एक साथ मिलना कैसे महत्वपूर्ण हो जाता है। झगड़े तो प्रायः अराजक या अस्त-व्यस्त स्थिति से भरपूर होते हैं, ऐसे में आप कभी खुद को असंतुलित, दीवार के पास दबायी हुई स्थिति में पा सकते हैं और यहां तक कि आप एक सेकेंड के भीतर घूम सकते है। हैक वार प्रयोग करने के कई उद्देश्य होते हैं और इसका उपयोग खुले तौर पर आक्रामक और रक्षात्मक दोनों तरीक़ों से किया जा सकता है, खासकर यदि लड़ाई में आपके हाथ ऊपर और कोहनी बाहर की तरफ हो गई हो।

मिशन : उसका चेहरा हैक करें, कंप्यूटर नहीं।

क्रियान्वयन : हैक तैयार स्थिति से शुरू होता है और इसमें चार भाग होते है :

1. अपने हाथों को ऊपर उठाएं और अपने सिर की रक्षा करें।
2. अपने चाकू को रिवर्स ग्रिप के साथ हैमर फिस्ट में पकड़ें।
3. ब्लेड का नुकीला सिरा नीचे की ओर मुड़ा हुआ हो, जैसे आप अपने प्रतिद्वंद्वी को हैमर से वार करते समय अपनी मुट्ठी को गोलाकार गति देते हुए नीचे की ओर ले जाते है।
4. वार के चरमसीमा पर पहुँचते ही यानि उसके शरीर से संपर्क होते ही तुरंत पीछे हट जायें और आवश्यकतानुसार क्रम को दोहराएं।

राइफ़ल का उपयोग करते समय, अर्धवृत्ताकार गति से विरोधी के सिर पर वार करें और चोट बंदूक की नाल से लगनी चाहिए।

No. 054 : हैक कैसे करें

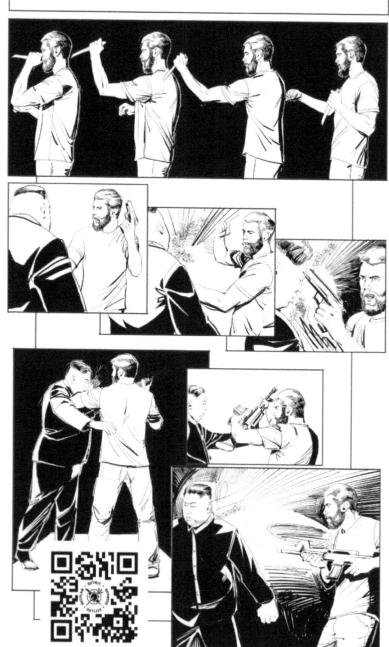

काम और सहयोग : भले ही आप चाकू, पिस्तौल, राइफल या खाली हाथ हो, आपके पैरों की गति और कोर आपके हमलों की प्रभावशीलता को बढ़ाने में एक महत्वपूर्ण भूमिका निभाएगा।

आदेश और नियंत्रण : हमले के लिए अपनी पिस्तौल या राइफ़ल का प्रयोग करना हथियार में ख़राबी का कारण बन सकता हैं। संभावित समस्याओं के लिए अपने हथियार का बार-बार निरीक्षण करने के लिए समय निकालें।

बदमाश

रो, ट्रेवर

कोड नाम : क्विक ड्रॉ
प्राथमिक स्किलसेट : गनस्लिंगर
सेकेंडरी स्किलसेट : गनस्लिंगर
पृष्ठभूमि : शूटिंग में ट्रेवर रो की दिलचस्पी चार साल की उम्र में .22 राइफल के साथ कैलिफोर्निया के रेगिस्तान से शुरू हुई और पंद्रह वर्ष की आयु तक वह यूएसपीएसए- शैली की एक्शन शूटिंग में एक प्रायोजित मास्टर क्लास प्रतियोगी बन गया था। मिलिट्री सर्विस के इतिहास वाले परिवार में पले-बढ़े ट्रेवर ने अध्ययन करने के लिए वेस्ट प्वाइंट को चुना तथा कानून और मैकेनिकल इंजीनियरिंग की पढ़ाई करके 2004 में स्नातक हुआ। अकादमी में रहते हुए, वह सर्विस एकेडमी शूटिंग चैंपियनशिप में लगातार तीन साल तक विजेता रहा। स्नातक स्तर की पढ़ाई के बाद ट्रेवर ने पांच साल तक इराक और अफगानिस्तान में युद्ध में तैनाती के साथ थल सेना में ऑफिसर के रूप में सेवा दी। ऑफिसर के रूप में ट्रेवर को अमेरिकी सेना स्नाइपर स्कूल में भाग लेने का दुर्लभ अवसर दिया गया था और वह अपनी कक्षा के सम्मानित स्नातक थे। कैप्टन का पद प्राप्त करने के बाद ट्रेवर ने सदर्न मेथोडिस्ट यूनिवर्सिटी एमबीए प्रोग्राम में भाग लेने के लिए सेना छोड़ दी और सामान्य नागरिक जीवन जीना शुरु किया। उन्होंने निजी जीवन में विभिन्न रणनीतिक और परिचालन संबंधी भूमिकाएं निभाईं और फिर मई 2017 में फायरआर्म्स निर्माता 'शैडो सिस्टम्स' के सीईओ की भूमिका ग्रहण की। ट्रेवर अपनी पत्नी, तीन बच्चों और घर में पाली हुई तीन गुस्साई बिल्लियाँ के साथ प्लानो (टेक्सास) में रहता है।

दुश्मन

(MS13)

पृष्ठभूमि : द मारा सल्वाटुचा (MS13) दुनिया के सबसे बड़े और यकीनन सबसे हिंसक सड़क गिरोहों में से एक है। लॉस एंजेल्स में अपेक्षाकृत मामूली शुरुआत के बाद 1980 के दशक में यह फैल गया और कानून के ध्यान का केंद्र बिंदु बन गया। 2017 में, राष्ट्रपति ट्रम्प ने एक प्रेस कॉन्फ्रेंस आयोजित की और गिरोह की गतिविधियों का वर्णन किया कि "वे अपहरण करते हैं, जबरन वसूली करते हैं, बलात्कार करते हैं और लूटपात करते है। ये बच्चों को अपना शिकार बनाते हैं। उन्हें यहां होना ही नहीं चाहिए। वे लोगों को डंडों से पीटते हैं, उन्हें चाकू से मारते है। इन्होंने शांत पार्कों और खूबसूरत शांत अड़ोस-पड़ोस को खून से सने हत्या के मैदान में बदल दिया है। वे और कोई नहीं जानवर हैं।"

055 ट्रेवर के रोज़ाना साथ रखने वाले उपकरण

आपदा के प्रबंधन की तैयारियों के लिए बेसमेंट (तहखाना) भी एक बढ़िया शुरुआती बिंदु है। यहां तक कि आपकी कार की डिक्की भी कम उपयोग किया जाने वाला चलता-फिरता उपकरण स्टोरेज है। अपनी कमर पर बांधे गये हथियार आदि उपकरण आपको संकट के समय तैयार संसाधन तुरंत उपलब्ध करवा देगें। एवरीडे कैरी या ईडीसी आसानी से उपलब्ध वह सामान है जो अपने साथ या बैकपैक या फिर पर्स में ले जाई जा सकती हैं, इसमें हैंडगन, चाकू और टूर्निकेट्स से लेकर अन्य आपातकालीन प्रतिक्रिया उपकरण तक अलग-अलग आइटम हो सकते है और ये सब हर समय आपके साथ होते हैं, न कि केवल तब, जब आपके पास मुसीबत का अनुमान लगाने का समय हो। अधिकांश लोग जो कुछ भी ले जाते हैं, वह बहुत ही निजी और उनकी क्षमताओं के अनुकूल होती है। यहाँ वह सामान है जो ट्रेवर संभावित खतरों से जीवित बचे रहने के लिए हर दिन अपने साथ रखता है।

1. MR920L पिस्टल
2. कॉम्प-टैक MTAC होल्स्टर
3. मैगपुल PMAG GL9 फिफ्टीन-राउंड मैग्ज़ीन
4. 147 ग्रेन HST + P गोला बारूद
5. प्रो टैक 1L फ्लैश लाइट
6. लेथरमैन स्केलटूल CX
7. स्पाइडरको चाकू
8. वाटरमैन एक्सपर्ट फाउंटेन पेन

No. 055 : ट्रेवर के रोजाना साथ रखने वाले उपकरण

056 छुपी हुई हैंडगन कैसे निकालें

स्थिति : आपने वह जगह देख समझ ली है जहाँ से आप जान गंवाए बिना विरोधी से बच नहीं सकते। सिर्फ आप ही जानते हैं कि आपके विरोधी के सामने और पीछे क्या है। आपका या आपके आसपास के अन्य लोगों का जीवन खतरे में है और बचने का कोई मार्ग नहीं है। तब ऐसी परिस्थिति में, आम तौर पर घातक बल हावी हो जाता है जब ऐसे तत्काल और अवश्यंभावी खतरे का सामना करना पड़ता है तो आप जल्दी से अपने विकल्पों का मूल्यांकन करके निष्कर्ष निकाल चुकते है कि विरोधी के उस बल को घातक ठहराना ही उचित है।

मिशन : अपने विरोधी से तेज बनें।

क्रियान्वयन : अपने दूसरे हाथ का उपयोग करते हुए अपने कपड़ों को ठीक से झाड़ें और ऐसा करते हुए अपनी छिपी हुई हैंडगन को बेनकाब कर दें। इसके साथ ही, आपको अपने गन वाले हाथ से थ्री-एंगर ग्रैस्प की पिस्टल ग्रिप को निकलना है। फिर, पिस्तौल ऊपर खींचें और विरोधी की ओर बैरल को घुमाने से पहले उसके कवर को हटा दें। जैसे ही बंदूक से कवर और कपड़े हट जाये, अपनी तर्जनी अंगुली को ट्रिगर पर रखें। तभी आपके दूसरे हाथ को आपका बंदूक वाला हाथ पकड़ कर स्थिर करना है और हथियार को विरोधी की ओर तान लेना है फिर कहना है — फायर! इस पूरी मूवमेंट को निम्नलिखित चरणों में तोड़ सकते है :

1. अपनी बंदूक वाले हाथ से शर्ट का एक बड़ा हिस्सा ऊपर की ओर पकड़ें और उसे अपनी छाती तक ऊंचा उठा ले। आपका दूसरा हाथ तब तक आपकी शर्ट को पकड़ा रहेगा जब तक आप अपनी पिस्तौल न निकाल लें।

2. तेजी से लेकिन दृढ़ता के साथ पिस्टल थाम लें। जैसा आप कर सकते हैं, उसी में अपना सर्वश्रेष्ठ करें क्योंकि आपके पास अपनी ग्रिप सेट करने

No. 056 : छुपी हुई हैंडगन कैसे निकालें

का समय नहीं है। बंदूक को थोड़ा ज़्यादा ऊंचा खींच लें। ऐसा करने से यह सुनिश्चित होता है कि आपने पिस्तौल का कवर हटा लिया है और यदि आपका प्रतिद्वंद्वी आपके करीब आ गया है यानि उसने आप दोनों के बीच की दूरी कम कर दी है तो आप भी अपनी बंदूक को लक्ष्य की तरफ तान दें। बंदूक की नाल खतरे की तरफ घुमा कर कदम रोक दें।

3. अपने दोनों हाथों को एक साथ अपनी छाती के बीच में लाएं। इस मूवमेंट से पिस्टल पर आपकी फायरिंग ग्रिप बनने लगेगी। पिस्टल के सामने लगी साइट (साइट-लक्ष्य के साथ लाइन अप करने के लिए पिस्टल पर लगी देखने की डिवाइस) आपकी नज़र में होनी चाहिए।

4. साइट को लक्ष्य की ओर केंद्रित कर दें। जैसे- जैसे बंदूक आगे बढ़ती है, आपकी अंतिम फायरिंग ग्रिप बनती है और साइट बिल्कुल सीध में आ जाती है। यदि जरूरी हो तो आप बीच में भी शूट कर सकते हैं।

5. जैसे ही यह सब तैयारी पूरी हो जाये, आप शॉट दबा दें। आपको आपकी साइट (या डॉट) देखना और जानना चाहिए कि वह शॉट कहां जा रहा है। अब आपकी कोहनी आपकी अंतिम फायरिंग ग्रिप की स्थिति में थोड़ी सी खुली होनी चाहिए।

काम और सहयोग : छुपे हुए हथियार-रखने का ज्ञान, लाइसेंस, और निरंतर रखरखाव के प्रशिक्षण के साथ बीमा पॉलिसी भी होने का सुझाव दिया जाता है। याद रखें कि आपकी बंदूक निकालने की क्षमता भी उतनी ही महत्वपूर्ण है जितना कि सटीक जगह निशाना लगना जरूरी है। सुनिश्चित करें कि आपके पिस्तौल के कवर को रोक कर रखने वाला रिटेंशन क्लिप ढंग से अपना काम करे और आपकी बंदूक निकालने वाली इस चाल की पूरी प्रक्रिया के दौरान कवर को रोक कर रखे या नीचे गिरने न दे। पिस्तौल को थामें रखने के लिए होल्स्टर पर्याप्त टाइट हो लेकिन इतना भी टाइट नहीं हो कि आपके पिस्तौल निकालने में रूकावट पैदा होती हो।

ऐसे पिस्तौल के कवर का चयन करें जो ट्रिगर गार्ड को अच्छी तरह से कवर करे और जिस स्थिति में आप इसे डालते हैं, उसी स्थिति में अंदर रहे। कई पिस्तौलदान अब कायडेक्स थर्मोप्लास्टिक का उपयोग करते हैं जिसमें पिस्टल अच्छी तरह से फिट हो जाता है और बंदूक डालने या निकालने के दौरान बिल्कुल "क्लिक" करता है। कायडेक्स पिस्टल को खींच कर निकालने के बाद गिरता भी नहीं है

और आपकी पिस्टल को फिर से खोल में डालना आपके लिए चुनौतीपूर्ण बनाता है। हमेशा याद रखें कि अपने हथियार को फिर से खोल में रखते समय धीरे से रखें और सावधानी बरतें। कई बार दुर्घटनाएं इस तरह की जल्दबाजी और लापरवाही से तब होती हैं जब निशानेबाज लापरवाही से बंदूक को वापस कवर में रखते हैं और ध्यान नहीं देते कि उनकी शर्ट का नीचे वाला भाग ट्रिगर के चारों ओर लिपटा हुआ है। कवर में बंदूक को सोच-समझकर और धीरे-धीरे डालें।

आदेश और नियंत्रण : आपके बंदूक निकालने के दौरान दुश्मन को मौखिक चेतावनी देना आपकी मर्जी पर निर्भर करता है। अगर आप और विरोधी आमने-सामने ही हो और गन फायर पहले ही छूट चुका है तो आपके दिए मौखिक आदेश उस अमानुष को विचलित कर सकते हैं और आप जीत हासिल करने से चूक सकते है। यदि आपका विरोधी पहले से आपको लक्षित नहीं कर रहा हैं तो उसे हैरान किए रखने के लिए सभी ज़ोरदार मौखिक आदेशों को रोक दें, जब तक आप बढ़त हासिल नहीं कर लेते।

057 सही मुद्रा, संतुलन और पकड़

स्थिति : सही मुद्रा संतुलन और पकड़ अच्छी शूटिंग की नींव है। इन तकनीकों में पिछले कुछ वर्षों में बदलाव आया है, लेकिन "आधुनिक तकनीक" (दोनों हाथों से पकड़ और साइट का उपयोग) आजकल पुरानी पॉइंट-शूटिंग और सिंगल-हैंडेड फायरिंगत तकनीक पर छा गई है।

मिशन : ऊपर से टैंक के समान मजबूत और नीचे से मुक्केबाज़ बनें।

क्रियान्वयन : चारों ओर से अपने लक्ष्य का सामना करें और अपने दूसरे पैर को ऐसे आगे बढ़ाएं कि - आपको ऐसा महसूस होना चाहिए कि आप साथ-साथ चल रहे थे और अचानक बीच रास्ते में रुक गये है। आपका वजन करीब साठ फीसदी आपके मुख्य पैर पर होना चाहिए और आपकी छाती की स्थिति थोड़ा सी आपके घुटनों पर होनी चाहिए। यह मूवमेंट आपके झटका लगने पर नियंत्रण करके आगे की ओर आपका संतुलन बनाए रखने में मदद करता है। ये भी एक बहुमुखी मुद्रा है जो आपको जल्दी से आगे बढ़ने और नियंत्रण का लाभ उठाने वाली वैकल्पिक स्थिति में जाने के लिए मदद करती है। अनुभवहीन या अप्रशिक्षित निशानेबाजों को बंदूक से दूर, पीछे झुकते देखना आम बात है इसलिए जब आप अभ्यास भी कर रहे हों तब भी इस प्रवृत्ति से बचें।

अपने फायरिंग वाले हाथ की पकड़ को पिस्टल पर ऊपर रखें। आपको महसूस करना चाहिए कि आपके हाथ के अंदर की चमड़ी, पिस्टल पर पीछे की ओर "बीवरटेल" पर दबी हुई है। एक बढ़िया पकड़ झटका लगने के दौरान भी बंदूक को अच्छी तरह थामे रखती है। अपने फायरिंग-हैंड की अंगुलियों को स्वाभाविक रूप से पिस्टल की पकड़ के चारों ओर लपेटें। अब आपके दूसरे वाले हाथ को आपके फायरिंग हैंड के चारों ओर इस तरह लपेटना है कि आपके दोनों हाथों की हथेलियों के पीछे वाले भाग पिस्टल की पकड़ पर पीछे की तरफ एक साथ मिल रहे

No. 057 : सही मुद्रा, संतुलन और पकड़

हो। आपका फायरिंग वाला हाथ पकड़ के पैनल के एक हिस्से को खुला छोड़ देगा और आपका दूसरा वाला सहयोगी हाथ, हथियार पर ज़्यादा से ज़्यादा अधिकार जमाने के लिए उस खुली छोड़ी हुई जगह को कसकर पकड़ लेता है। आप जो भी करें, लेकिन कप और प्लेट से बचें (जिसमें आपका सहयोगी हाथ प्लेट की तरह कार्य करता है) क्योंकि यह कप और प्लेट की पकड़ फायरिंग के बाद लगने वाले धक्के या झटके को बहुत कम नियंत्रित कर पाती है और अस्थिर तथा असंगत है। फ्रेम के किनारे अपना अंगूठा लगाकर इस पोजीशन को अंतिम रूप दें और उसे लक्ष्य की ओर तानते हुए, फायरिंग वाले हाथ के अंगूठे को दूसरे हाथ के अंगूठे के शीर्ष पर रखें।

काम और सहयोग : जैसे ही आप पिस्टल पकड़ते हैं, आपको महसूस होना चाहिए कि आपकी पकड़ के कुल दबाव का लगभग साठ प्रतिशत हिस्सा आपके सहयोगी हाथ का है। आपके फायरिंग हैंड में तनाव कम होना ट्रिगर पर आपकी अँगुली को लॉक होने से रोकता है, जब आपको तेजी से कई शॉट फायर करने हो। साथ ही यह भी महत्वपूर्ण है कि आप अपने पैरों में क्या पहनते हैं। हमेशा ऐसे जूते पहनें जिनमें आप दौड़ सकें। ऊँची एड़ी के और फ्लिप-फ्लॉप जूतों से संतुलन और मुद्रा दोनों बिगड़ सकती है या वे मौके से भागने में भी सहायक साबित नहीं होंगे।

आदेश और नियंत्रण : सटीक दागे गए राउंड आपकी मुद्रा, संतुलन और पकड़ का परिणाम हैं। ये सभी एक साथ मिलकर आपको अपने तत्काल युद्धक्षेत्र पर नियंत्रण पाने में मदद करते है। आपके अधिकांश विरोधी इस बिंदु को कभी न जान और न ही समझ पायेंगे। अपनी जगह सही ढंग से खड़े हो जाएं फिर आपने जो फायर किये है, आप हर उस राउंड के मालिक हैं।

058 ट्रिगर पर नियंत्रण और साइट संरेखण

स्थिति : जब तक आपका प्रतिद्वंद्वी आपकी हाथ की सीमा के भीतर न हो, तब तक आपको अपने गन साइट्स का उपयोग करना चाहिए। यहां तक कि एक अस्पष्ट या "फ्लैश" साइट तस्वीर भी नाजुक अंगों पर निशाना लगाने की संभावना को बहुत बढ़ा देती है बनाम "अंधाधुंध बौछार करके निशाना सही होने" के। आधुनिक कॉम्बैट हैंडगन में हम दोनों को देखते हैं। लोहे की साइट (आगे लगी होती है और निशान पीछे की ओर) और ऑप्टिकल साइट (आमतौर पर बैटरी चालित, छोटा लाल बिंदु) यहाँ हम दोनों के सही उपयोग बतायेंगे।

मिशन : अनुमान से शॉट न लगाएं।

क्रियान्वयन : लोहे की साइट सीधी, मजबूत होती है और एक सक्षम निशानेबाज के हाथों में आश्चर्यजनक रूप से बेहद तेज होती हैं। हालांकि, आपकी आंख एक समय में केवल एक ही सतह पर ध्यान केंद्रित कर सकती है। क्या हम पीछे के दृश्य, सामने के दृश्य या लक्ष्य, तीनों पर ध्यान केंद्रित करें? तो इसका सही उत्तर है सामने के दृश्य पर ध्यान केंद्रित करें। सामने के दृश्य पर ध्यान केन्द्रित करने से आपको वस्तुतः वह सब कुछ पता चलता है जो आपको जानना चाहिए कि शॉट कहाँ लगेगा। प्रतियोगी स्पीड शूटर आपको बताएंगे कि जिस भी दिन उनकी नज़र स्पष्ट रूप से उनके सामने के दृश्य पर केंद्रित थी, उन दिनों उनके सभी निशाने अचूक थे। जिन दिनों उनका वैसा ध्यान केंद्रित करने में कमी थी और सिर्फ लक्ष्य को देखने के लिए आगे बढ़ें, उस दिन वे मैच हार गए। अनुशासित होकर अपने पहचाने गये खतरे से अपना ध्यान क्षण भर के लिए हटाकर आपने सामने की दृष्टि पर केंद्रित करने के लिए अभ्यास करना पड़ता है। ड्राई फायर (अनलोडेड गन के साथ तकनीक का अभ्यास) के माध्यम से दृष्टि अनुशासन सीखें यह सबसे अच्छा तरीका है।

No. 058 : ट्रिगर पर नियंत्रण और साइट सरेखण

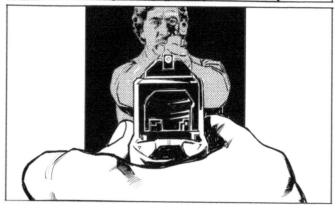

- इलेक्ट्रॉनिक और ऑप्टिकल साइट्स : ये साइट्स लेंस पर एक लाल बिंदु दिखाती करती हैं और आजकल ये पिस्टल अधिक लोकप्रिय हो गई हैं। ये निशाना साधने की प्रक्रिया को सरल करती हैं क्योंकि लक्ष्य पर सही निशाना लगाने के लिए शूटर को केवल एक डॉट को सैट करना पड़ता है और वे निशानेबाज को लक्ष्य पर ध्यान केंद्रित करने में मदद करने का लाभ भी देती है। फोकस का तेज होना लक्ष्य पहचानने में मदद करता है। अधिकांश निशानेबाज जब रेड-डॉट साइट्स का उपयोग करना सीख रहे होते है तो अपने आपको उस डॉट से संघर्ष करता हुआ पाते हैं। अगर आपकी पकड़ और मुद्रा ठोस और सुसंगत नहीं हैं तो पहले उन चीज़ों पर ध्यान दें क्योंकि डॉट का अपने लक्ष्य पर स्थिर होने के लिए पहले उनका सुसंगत होना आवश्यक है। ऐसे में एक हजार ड्राई-फायर ड्रॉ का अभ्यास करें और फिर आप देखेंगे कि जब भी आपने लक्ष्य के लिए पिस्टल उठाते है तो डॉट प्रत्येक विंडो में जैसे आपका इंतजार करता हुआ मिलेगा।
- ट्रिगर दबाना : आपके द्वारा चुनी गई पिस्तौल के प्रकार के आधार पर गन निकालकर ट्रिगर को देर तक दबाना चुन सकते हैं। जैसे ही साइट अंतिम अलाइनमेंट में आती हैं तो आप तुरंत शॉट लगा सकते हैं। पिस्टल शॉट्स के चूक जाने का नंबर एक कारण है- एकाएक पीछे हटना और ट्रिगर को झटका देना। लाइव-फायर प्रशिक्षण में धक्के की समस्या का सामना करना पड़ता है और दाएं हाथ के निशानेबाज हैरान होते है कि उनके सभी शॉट नीचे और बायीं तरफ क्यों जाते हैं। ड्राई फायर से धीरे-धीरे यह समस्या ठीक होती है, लेकिन ट्रिगर दबाना और बंदूक से फायर छोड़ कर दुश्मन को आश्चर्यचकित करना ऐसी ही समस्याओं को ठीक कर देता है। कॉम्बैट शूटिंग प्रक्रिया को छोटा करती है, लेकिन यहाँ महत्वपूर्ण बिंदु यह है कि यदि आप ट्रिगर को झटका देते हैं और पीछे हटते हैं तो आपके चूकने की संभावना अधिक होती है।

काम और सहयोग : चाहे आप आयरन साइट्स या ऑप्टिकल साइट्स चुनें, आप जानते हैं कि उन्हें आंखों के स्तर तक लाने के लिए एक सेकंड से भी कम समय लगना चाहिए इसका अभ्यास के साथ उपयोग करें। जल्दी में चूके निशानों की

गिनती नहीं करें, इसलिए अपनी दृष्टि का उपयोग करना सीखें। आप जल्द ही लड़ाई रोकने वाले और बहुत तेज फायर करने में सक्षम हो जायेंगे।

आदेश और नियंत्रण : आत्मविश्वास अभ्यास के साथ आता है। ये कुछ स्किल्स हैं जिनका आप सही और सुरक्षित हथियार के साथ अकेले में अभ्यास कर सकते हैं। लगातार ड्राई-फायरिंग तकनीक का उपयोग करते हुए एक भी राउंड फायर किये बिना भी आप अत्यधिक प्रभावी रक्षात्मक स्किल विकसित कर सकते हैं। बस- सामने का दृश्य, फोकस और ट्रिगर- दबाना याद रखें।

059 टैप, रैक, बैंग

स्थिति : बंदूकें आखिर मशीन ही हैं और यहां तक कि अत्यंत विश्वसनीय AK-47 में भी समय-समय पर जाम की स्थिति बन जाती है। लड़ाई में ऐसा न हो जाये, तो इसके लिए आपके पास एक आकस्मिक योजना होनी चाहिए और अगर ऐसा होता है तो उसी समय एक और तत्काल प्रतिक्रिया के लिए तैयार रहें। चार बुनियादी खराबी हैं जिनसे आपको अवगत होने की आवश्यकता है। लड़ाई में हथियार को रोककर खराबी ठीक करने की कोई आवश्यकता नहीं है, लेकिन आप क्या कर रहे हैं, यह समझना जरूरी है।

1. फायर करने में असफल होना : किसी चीज ने कार्ट्रिज को फायर होने से रोक रखा है। आपने शायद एक भी राउंड चैम्बर में नहीं डाला होगा। कभी कभी इस समस्या को "क्लिक, नो बैंग" या "डेड मैन्स गन" कहा जाता है।

2. निकालने में असफलता : या तो फायरड केसिंग या लोडेड राउंड अभी भी चैम्बर में है और एक और राउंड इसके पीछे फीड हो रहा है। कभी-कभी इसे "डबल फीड" कहा जाता है।

3. आवरण हटने में विफलता : कभी कभी एक्शन में फायरड आवरण बाहर नहीं निकलता। इसे "स्टोवपाइप" भी कहा जाता है।

4. गोली भरने में असफलता : चैम्बर अगले राउंड की प्रतीक्षा कर रहा है, लेकिन कुछ है जो इसे लोड होने से रोकता है।

मिशन : अपनी "डेड मैन्स गन" की वजह से न मरें।

No. 059 : टैप, रैक, बैंग

कार्यान्वयन :

1. मैग्ज़ीन के तल को बैरल की ओर एक झटके से बंद करें (यह टैप है) और यह सुनिश्चित कर लें कि यह पूरी तरह से फिट बैठ गया है। जोर से स्लाइड को पीछे की ओर खींचें (यह रैक है) और काम आ चुके आवरण को साफ करने के लिए बंदूक को दाईं ओर उलट-पलट करें। स्लाइड को छोड़ दें और बंदूक वापस कार्रवाई की स्थिति में आ जाती है। (यह बैंग है) निकालने में विफलता या डबल फ़ीड को छोड़कर, उपरोक्त क्रम सभी तरह की खराबी दूर कर देगा ।
2. अगर टैप-रैक-बैंग काम नहीं करता है, तो संदिग्ध डबल फीड साफ करने के लिए लॉक-रिप-रैक-रीलोड विधि का उपयोग करके तुरंत आगे बढ़ें। स्लाइड को फ्री करने के लिए पीछे की ओर लॉक करें और फिर मैग्ज़ीन को बाहर निकालें (वहीं रहने दें या निकाल दें), स्लाइड को तीन बार पीछे की ओर खींच कर अटके हुए आवरण वाले चैम्बर को साफ़ करें और पुनः लोड करें (नए सिरे से मैग्ज़ीन डालें और चैम्बर में एक राउंड रैक करें)।

काम और सहयोग : ड्राई-फायर प्रशिक्षण के दौरान इन स्किल्स का अभ्यास करें और यदि कोई खराबी होती है तो रेंज में उन स्किल्स का उपयोग करें। लापरवाही से बिना तैयारी के एक्शन में घुस कर अपनी स्किल का परीक्षण करने का अवसर बर्बाद न करें। हमले के दौरान समय बेशकीमती होता है और अगर बर्बाद हो जाये तो आपको उसकी कीमत अपने जीवन से चुकानी पड़ सकती है। शूटिंग के बाद हमेशा कार्बन और बेकार कचरे को हटाने के लिए और स्लाइड को स्वतंत्र रूप से काम करने देने के लिए, अपनी बंदूक को साफ करें। अपने हथियार की सफाई भी आपको उसके प्रत्येक भाग की जांच करने और दोषों का पता लगाने या जो भी हिस्से टेढ़े-मेढ़े या घिसे हुए है, उन्हे देखने के लिए फोर्स करती है। केवल उच्च-गुणवत्ता वाले गोली-बारूद ही रखें जो आपकी बंदूक के लिए आपके विश्वसनीय फ़ीड है। आपकी पिस्तौल साथ रखने योग्य तभी होगी जब पहले उसने आपको कम से कम दो सौ बिना किसी परेशानी के सफल राउंड दिये हो।

आदेश और नियंत्रण : बंदूक को नियंत्रित करें न कि बंदूक आप को नियंत्रण करें। अपना आत्मसंयम बनाए रखें और मामला सही होने तक बंदूक को काम करने दें। चीजों को अपने स्वभाव में आत्मसात करना केवल अभ्यास से आता है। एक बार महारत हासिल करने के बाद, आपके विरोधी के यह जान पाने से पहले कि आप (अस्थायी रूप से) कार्रवाई में असमर्थ हैं, आप खराबी दूर करने में कामयाब हो जायेंगे। बंदूक को अपने ऊपर काम न करने दें, नहीं तो आप "मृत आदमी की बंदूक से मरने वाली" कहावत को चरितार्थ कर देंगे।

060 लक्ष्य से जुड़ाव

स्थिति : इस विचार के लिए अभ्यस्त हो जाइए कि पिस्तौल अपने समकक्षों की तुलना में स्वाभाविक रूप से एक कमजोर हथियार हैं। हां, जब तक आप राइफल नहीं ले लेते, तब तक सोचा जा सकता है कि आपको जीवित रहने के लिए एक टूल के रूप में आपके पास पिस्टल होनी चाहिए, लेकिन यदि राइफल लेना संभव नहीं है, तो आपको पिस्तौल के साथ सहभागिता विकल्पों को समझना चाहिए जिससे महत्वपूर्ण और मृत्यु संभावित क्षेत्र में आपका शॉट सही लगे। इससे लगे दो शॉट एक के समान है और एक कुछ नहीं है। सटीक हेडशॉट की आवश्यकता वाले दुर्लभ मामलों के अलावा, प्रत्येक खतरे को निपटाने के लिए कम से कम दो राउंड लगते हैं। इस तकनीक को "कंट्रोल्ड पेयर" या "डबल टैप" कहा जाता है, जो आपके विरोधी के आघात को अधिकतम करती है और अंतिम शॉट की जबरदस्त संभावना बढ़ाती है। बेहद करीबी रेंज पर (सात गज के अंदर), आप एक ही साइट पिक्चर और दो बार तेजी से ट्रिगर दबा कर सही शॉट पा सकते हैं। सात गज और उससे ज़्यादा दूरी के लिए दो अलग-अलग साइट पिक्चर्स की योजना बनाएं। दो साइट पिक्चर्स के साथ भी, अनुभवी निशानेबाज ही जल्दी से 0.20 सेकेंड के बीच दो शॉट्स लगा लेते हैं और यह गति तेज है। कुछ मामलों में दो शॉट पर्याप्त नहीं है और आपको विफलता रोकने के लिए "विफलता अभ्यास" की आवश्यकता होगी। "विफलता या फेल्योर ड्रिल" में सिर पर तीसरी गोली मारी जाती है। तीसरा या फाइनल शॉट एक कंट्रोल्ड पेयर के रूप में हो सकता है या थोड़े ठहराव के बाद निर्धारित किया जा सकता है। आप यह महसूस भी कर सकते हैं कि यदि विरोधी बहुत करीब और खतरनाक है यो आप तुरंत इस पर लगातार शॉट दागें।

मिशन : जिंदा घर वापसी।

No. 060 : लक्ष्य से जुड़ाव

क्रियान्वयन : यदि एक साथ कई विरोधी आप पर हमला कर रहे हैं तो यह समय निचोड़ निकालने का है। मान लीजिए, यदि आप व्यवस्थित रूप से प्रत्येक पर दो शॉट दागते हैं तो आखिरी प्रतिद्वंद्वी को प्रतिक्रिया करने के लिए बहुत अधिक समय मिल जायेगा। नतीजतन, अधिकांश सामरिक प्रशिक्षक एक फायरिंग सीक्वेंस सिखाते है जिसमें आप सभी को एक बार शूट कर सकते है और फिर जो भी दूसरे या तीसरे शॉट के बाद बचा हुआ खड़ा है उसका "सफाया" करना है। यदि आप खुले में तीन खतरों का सामना करते हैं तो पहले पर एक शॉट दागने की योजना बनाएं, दूसरे पर भी एक, तीसरे पर दो, दूसरे पर एक और पहले पर फिर एक और गोली दागें।

काम और सहयोग : यह सुनिश्चित कर लें कि आपकी बंदूक में जो एक मैग्ज़ीन है, उसके अलावा कम से कम एक अतिरिक्त मैग्ज़ीन आपकी पास होनी चाहिए। दुश्मन अगर एक से अधिक हो तो बहुत सारी गोलियां खा जाएँगे मतलब बहुत सी गोलियाँ खर्च हो जायेंगी। दुश्मनों को उलझाते हुए हमेशा कवर की ओर बढ़ें। एक बार फिर प्रशिक्षण से आपकी दक्षता बढ़ेगी और जो आपकी क्षमता, संभावना और सफलता का स्तर बढ़ाएगी।

आदेश और नियंत्रण : सारी मुठभेड़ की समाप्ति "साँस लेने, तलाशी लेने और आंकलन करने के साथ करें"। इसका अभ्यास इस सीमा तक करें कि यह आपमें गहराई तक समा जाए। यह लोगों के लिए काफी आम बात है कि किसी वारदात में उलझने के बाद निशाने में ही बहुत ज़्यादा खो जाते है या बेदम होकर हाँफने लगते है। इससे आप आसपास के बाकी ख़तरों को लेकर लापरवाह हो जाते है। साँस लेते समय सिर को एक से दूसरी तरफ घुमाते हुए अगले खतरे की तलाश करते रहें। इससे आपका दिमाग अपने आपको लेकर जागृत रहेगा और आप एक नये हमले से चकित होने से भी बचे रहेंगे।

मैकनामारा, पैट्रिक

बदमाश

कोड नाम : ब्लेज़

प्राइमरी स्किलसेट : गनस्लिंगर, टीएमएसीएस इंक में मुख्य प्रशिक्षक।

सैकेंडरी स्किलसेट : बदमाशी के विश्वविद्यालय में प्रोफेसर

पृष्ठभूमि : पैट्रिक मैकनामारा ने अमेरिकी सेना में बाईस वर्ष लगाए और कई विशेष संचालन इकाइयों के साथ काम किया। देश की प्रीमियर स्पेशल मिशन इकाई में काम करते हुए वह एक त्रुटिहीन निशानेबाज बन गये और सटीक, घातक परिणाम व सामरिक प्रभावशीलता के साथ शॉट दागने लगे। पैट्रिक ने लोगों को शूटिंग सिखाने के लिए निशानेबाजी के सभी स्तरों के सामरिक प्रशिक्षण एप्लिकेशन बनाए हैं। चाहे वे ट्रिगर के बारे में कम या बिल्कुल अनुभवहीन लोग हों, सड़कों पर काम करने वाले पुलिस ऑफिसर्स हों या सैनिक हो (वर्सिटी लेवल यूनिट), हर कोई उनके प्रशिक्षण से लाभ उठा सकता है। पैट्रिक ने अपने सैन्य अनुभव से जल्दी ही यह सीख लिया कि सामरिक निशानेबाजी केवल ट्रिगर दबाने से कहीं ज़्यादा बड़ी है। अपने वर्षों के अनुभव का उपयोग करते हुए, पैट्रिक ने एक प्रशिक्षण पद्धति विकसित की जो सुरक्षित, प्रभावी और मुकाबले (कॉम्बैट) के लिए सटीक तो है ही, साथ ही एक सतत विचार प्रक्रिया को भी प्रोत्साहित करती है। यह पद्धति प्रशिक्षुओं को हर समय सुरक्षा बनाए रखने और अपने लक्ष्यों को बुद्धिमानी और जवाबदेही के साथ चुननें का तरीका सिखाती है। निशानेबाजी में अपनी यूनिट की गैर-कमीशन ऑफिसर के रूप में सेवा करते हुए पैट्रिक ने अपने पाठ्यक्रम में व्यक्तिगत, सामूहिक, ऑनलाइन और स्टैंडर्डस (मानकों) सहित कई श्रेणियां शामिल की हैं। उन्होंने एनआरए (NRA), सीएमपी (CMP) और यूएसपीएसए (USPSA) के साथ मिलकर अपना निशानेबाजी क्लब तैयार किया है। पैट्रिक ने मासिक आईपीएससी (IPSC) मैच करवाए और पूरी सेना में बुनियादी कौशल और प्रतिस्पर्धा को प्रोत्साहित करने के लिए अर्धवार्षिक सैन्य निशानेबाजी चैंपियनशिप के आयोजन करवाए। वह सेना के प्रमुख बंधक बचाव यूनिट से सार्जेंट मेजर के रूप में सेवानिवृत्त हुए और अब टीएपीएस टैक्टिकल एप्लिकेशन ऑफ प्रैक्टिकल शूटिंग और सेंटिनल के लेखक हैं।

सद्दाम हुसैन

दुश्मन

पृष्ठभूमि : हुसैन औपचारिक रूप से 1979 में सत्ता में आए हालांकि वह पहले कई वर्षों तक इराक के वास्तविक प्रमुख रहे थे। उन्होंने कई आंदोलनों को दबा दिया, खासकर शिया और कुर्द आंदोलन जो सरकार को उखाड़ फेंकने या स्वतंत्रता प्राप्त करने की मांग कर रहे थे। हुसैन ने क्रमशः, ईरान-इराक युद्ध और खाड़ी युद्ध के दौरान शक्ति बनाए रखी। हुसैन का शासन दमनकारी और तानाशाही था। मोटे तौर पर अनुमान लगाया गया है कि विभिन्न दल शोधनों और नरसंहारों में हुसैन सरकार की सुरक्षा सेवाओं द्वारा मारे गए इराकियों की कुल संख्या ढाई लाख के आसपास है। हुसैन के अकेले ईरान और कुवैत पर आक्रमण के परिणामस्वरूप सैकड़ों, हजारों मौतें हुईं।

061 पैट के रोज़ाना साथ रखने वाले उपकरण

जीवित बचे रहना केवल सही उपकरण ले जाने या उपलब्ध सबसे दंडनीय शारीरिक प्रशिक्षण व्यवस्था का पालन करने तक का मामला नहीं है। यह बाहुबल, ताकत और संकट से बचाने के लिए तैयार किट से भी आगे है, जो बचने के लिए प्रशिक्षण के सबसे महत्वपूर्ण तत्व- एक पूर्वाग्रह मुक्त, सक्रिय मानसिकता अपनाने के साथ शुरू होता है। जीवित रहने की मानसिकता निष्क्रियता के प्रति आकर्षण को अस्वीकार करती है और इसकी बजाय आपको कई प्रकार की अवांछनीय संभावनाओं का सामना करने के लिए तैयार करती है। इससे कोई फर्क नहीं पड़ता कि आप अपनी कमर पर, अपने बैकपैक में या अपने पर्स में क्या हथियार रखते हैं, आपका दिमाग आपका सबसे महत्वपूर्ण रोजमर्रा का हथियार है। यहाँ कुछ उपकरण हैं जो पैट की घातक मानसिकता के सहयोगी हैं।

1. SSVI ग्लॉक 19 (पिस्टल)
2. नियोमैग होल्डर के साथ अतिरिक्त मैग्ज़ीन
3. ब्रौस ब्लेड फ़ोल्डर(चाकू)
4. स्ट्रीमलाइट फ्लैश लाइट
5. कूल मेटल कफ़ (ब्रेसलेट)
6. BCM वॉच (घड़ी)

No. 061 : पैट के रोज़ाना साथ रखने वाले उपकरण

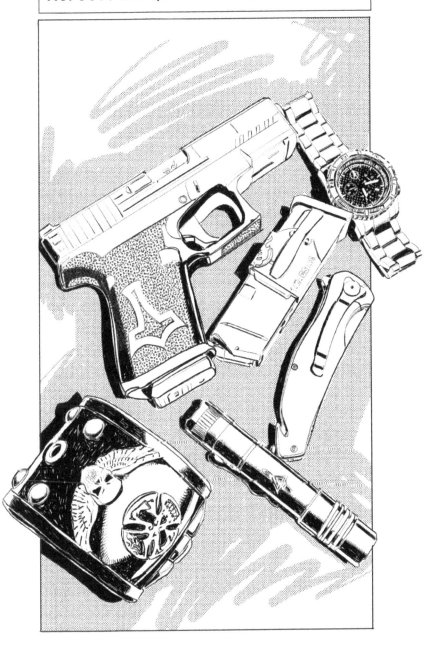

062 रणनीतिक धोखा

स्थिति : धोखा एक ऐसा काम या कथन है जो गुमराह करता है, सच्चाई छुपाता है या किसी ऐसे विश्वास, अवधारणा या विचार को बढ़ावा देता है जो सत्य नहीं है। ऐसा आमतौर पर व्यक्तिगत लाभ के लिए किया जाता है। धोखे में प्रसार, प्रचार, हाथ की सफाई, विचलित करना, छिपाना शामिल हो सकते हैं। जाहिर तौर पर, किसी चुनौती के समय आप अपनी क्षमताओं को कभी नहीं छोड़ना चाहेंग, लेकिन लड़ाई का मौका तलाशने की बजाय एक ऐसी मुद्रा ग्रहण करें जिसका झुकाव तनाव कम करने की ओर हो।

मिशन : आपकी तैयार पॉजिशन ऐसी दिखनी चाहिए जैसे कि आप लड़ाई के लिए तैयार नहीं हैं।

क्रियान्वयन : यह बहुत सीधा है; आपकी बॉडी लैंग्वेज ऐसी होनी चाहिए जो तीसरे पक्ष को बताये कि आपका उद्देश्य कोई नुकसान पंहुचाना नहीं है। जब लोग आपको दूर से देखें तो उन्हे ऐसा प्रतीत होना चाहिए कि आप कोई परेशानी नहीं चाहते हैं। वे इतना ही जान पायें कि बस आपके हाथ ऊपर हैं, लेकिन हकीकत में आप पहले से ही रक्षात्मक और जरूरत पड़ने पर बचाव के लिए वार करने के लिए तैयार हैं। इस तरह आपको खुद को प्रशिक्षित करना चाहिए और यही वह प्रशिक्षण है जो आपकी जीतने में मदद करेगा। हालाँकि, इसे और कोई जान या देख नहीं सकता है।

काम और सहयोग : एक कदम पीछे लेना भी एक विकल्प है लेकिन प्रशिक्षित विरोधी इसे एक झुकाव पैंतरेबाजी यानि 'फ्लैंकिंग मैन्यूवर' चाल के रूप में देख सकता है और वह आपके धोखे से सतर्क हो सकता है।

आदेश और नियंत्रण : जागरूकता बनाए रखें और याद रखें कि जहाँ एक है, वहीँ अनेक भी हो सकते हैं। जो व्यक्ति सीधा आपके सामने हो सिर्फ उसी पर दृष्टि

No. 062 : रणनीतिक धोखा

गड़ाकर और अपने चारों ओर की सारी जगह से नज़र न हटा दें। यह सुनिश्चित करने के लिए कुछ समय लें, कि एक तरफ हटते वक्त या अपने कदम पीछे हटाने के दौरान पीछे से कोई और तो नहीं आ रहा हैं। अपने आस-पास के क्षेत्र की जागरूकता हमेशा मुठभेड़ से बचे रहने का एक महत्वपूर्ण घटक है और आप भी कभी नहीं चाहेंगे कि आपके प्रतिद्वंद्वी के दोस्त अचानक आपके पीछे आकर आप पर हमला कर दें।

063 पार्श्व चाल के साथ एक-दो का कॉम्बो

स्थिति : जैब और क्रॉस पर विस्तार से (स्किल 007 और 008 में) चर्चा की गई है। इसलिए इस स्किल के कॉम्बिनेशन को करते हुए हम दाईं या बाँई ओर कदम रखने के महत्व पर प्रकाश डालने जा रहे हैं। अधिकांश फाइटर्स और विशेष रूप से मुक्केबाजों को लगता है कि अपने कदम पीछे लेना उन्हें अपने रास्ते में आने वाले मुक्कों के कॉम्बिनेशन की बौछार से बचा सकता है। उनके दिमाग में यह रहता है कि आप बस प्रतिद्वंदी के हाथ की रेंज से बाहर हो जायें, फिर कोई आप पर प्रहार नहीं कर सकता। यहाँ बड़ा शब्द 'लेकिन' है कि जैसे ही आपका विरोधी कदम आगे बढ़ाता है, वह आपकी रेंज में पंहुच जाता है और आप फिर से घूंसे खा रहे होते है और खाते रहते हैं लेकिन, आपका एक या दो पीछे कदम लेना उन्हें आपकी पंहुच से बाहर रखता है जो आपके प्रतिद्वंद्वी के घूंसे सही जगह लगने से रोकता है। आंकड़ों के आधार पर देखें तो एक तरफ हटना ब्लॉकिंग, रोलिंग या डकिंग जैसी बॉक्सिंग टेक्नीक्स से सुरक्षित है। यदि आप अपने विरोधी के चारों ओर किसी भी दिशा में चक्कर लगाते हैं, तो आपको कभी भी स्थान की कमी नहीं होगी या आपको अपने संतुलन से समझौता नहीं करना पड़ेगा। पार्श्व चाल की तुलना में पीछे हटने के कहीं बेहतर होने का सबसे बड़ा और सबसे मौलिक कारण यह है कि इसमें आप अपने मुक्के मारने के लिए सीमा में रह सकते है। यदि आप पीछे ही कूदते रहेंगे तो अपनी सीमा से बाहर रहकर आप सामने से मुक़ाबला नहीं कर सकते।

मिशन : वार करो और आगे बढ़ो, आगे बढ़ो और वार करो।

क्रियान्वयन : अपने जैब मुक्के को एक रेंज फाइंडर के रूप में उपयोग करने से आपके क्रॉस मुक्के के अपने लक्ष्य यानि आपके विरोधी के जबड़े तक पहुँचने के अवसर बढ़ जाएंगे। जैब और क्रॉस दोनों को तेजी से और लगातार मारना है। इनके कॉम्बिनेशन के हर वार के बाद दाईं या बाँई ओर गतिमान रहना। आपका

No. 063 : पार्श्व चाल के साथ एक-दो का कॉम्बो

अंतिम लक्ष्य खुद बिना खाये, घूंसे मारते जाना है। मारने के बाद जब आप अपने कदम पीछे या एक तरफ ले लेते हैं, तो आप अपने प्रतिद्वंद्वी के एक हाथ से हमेशा दूर जाते रहेंगे और उसकी पहुंच से आप बाहर होंगे, जबकि साथ ही साथ उसका दूसरा हाथ आपकी ओर बढ़ रहा होगा पर उसका कोण खराब ही होगा।

काम और सहयोग : अपने प्रतिद्वंद्वी को घेरने के कई तरीके हैं। अपने शरीर की स्थिति सामने की बजाय पार्श्व चाल के साथ अगल-बग़ल में करके भी आप ऐसा कर सकते है। जब आप थोड़ा ज़्यादा एक तरफ हो जाते है तो आपके प्रतिद्वंद्वी को ऐसा महसूस होगा कि आप उससे लम्बे और दूर हैं। यदि आप अपने प्रतिद्वंद्वी का सामना करते हुए आगे या सामने से घेरते हैं तो यह स्थिति उसे यह सोचने पर मजबूर कर सकती है कि आप करीब हैं और उसे अधिक खतरा है।

आदेश और नियंत्रण : पार्श्व चाल को आमतौर पर एक रक्षात्मक कदम माना जाता है क्योंकि इस चाल के बाद आप अपने कॉम्बिनेशन पंच मारते हैं। आप हिलते रहते है ताकि किसी पलटवार की चोट आपको न लगे। हालांकि, हकीकत यह है कि यह आपकी आक्रामक चाल का एक अनिवार्य हिस्सा है क्योंकि आप प्रभावी रूप से अपने विरोधी की गतिविधियों पर नियंत्रण कर रहे हैं और उसे अपनी हर चाल पर प्रतिक्रिया देने के लिए मजबूर कर रहे हैं।

064 शरीर पर हुक मारना

स्थिति : बॉक्सिंग की दुनिया में हुक (मुक्का) सबसे क्रूर हमलों में से एक है। हुक की सबसे ज्यादा प्रभावशीलता इसके मारने के बिंदु और उद्देश्य के बीच कम दूरी के कारण है। अगर सही ढंग से लागू या क्रियान्वित किया जाये तो कॉम्पैक्ट हुक में बहुत अधिक शक्ति होती है। जब आपके और आपके प्रतिद्वंद्वी के बीच की दूरी बहुत कम हो तो उसके सिर या शरीर को निशाना बनाने के लिए इसका उपयोग कर सकते हैं। शरीर पर हुक के वार क्षण भर में आपके प्रतिद्वंद्वी की सारी अकड़ निकाल सकते हैं और यह विशेष रूप से उन फाइटर्स के खिलाफ उपयोगी हैं जिन्हे लगता है कि उनके जबड़े स्टील के है।

मिशन : शरीर पर वार करें और सिर अपने-आप निष्क्रिय हो जाएगा।

क्रियान्वयन : जब आप अपने लक्ष्य को बेहतर तरीके से देखने के लिए विरोधी पर बनावटी हमले का प्रयास करें तो थोड़ा झुकें या बायीं ओर कदम बढ़ाएँ और अपने पैर को सही स्थिति में लाएं। पहले वार का कोण पहले चर्चा किए गए हुक के समान ही रहेगा। अगर आप चाहते है कि मुक्कों का कोण ऊपर की ओर तिरछा हो तो ऐसा कोणबनाने के लिए अभ्यास करें और अपनी मुट्ठी के नकल्स से अपने प्रतिद्वंद्वी के एक तरफ (पसलियों पर) वार करें। इस प्रकार के वार पसलियों,पंजर और आंतरिक अंगों को गहरा नुकसान पहुंचा सकते है, अगर आपके मुक्के का वार ऊपर की ओर कोण बनाकर होता है। इस वार का भी इस्तेमाल एक-दो के कॉम्बिनेशन में किया जा सकता है।

काम और सहयोग : हुक मारने के लिए आप अपने बाँये और दाएँ दोनों हाथों का प्रयोग सकते हैं, लेकिन शरीर के बाँयी तरफ हुक मारना सबसे आम है इसका कारण यह है कि शरीर के बाँयी तरफ हुक पंच करने के लिए जिगर, गुर्दे और पसलियाँ आपका लक्ष्य है। जबकि शरीर पर दाहिनी तरफ हुक का पंच केवल दूसरे गुर्दे और पसलियाँ पर ही निशाना बना सकता है।

No. 064 : शरीर पर हुक मारना

आदेश और नियंत्रण : प्रशिक्षण में, अलग-अलग कोणों पर बाँयी तरफ हुक मारने का अभ्यास करें और मुक्केबाज़ी करते समय ऐसा ही करें और देखें कि क्या होता है और क्या यह प्रभावी रूप से काम करता है। जब भी पंच मारें, हर बार अपने ट्रेनिंग पार्टनर की प्रतिक्रियाओं पर ध्यान देने की कोशिश करें ताकि आप विभिन्न स्थितियों में इसके प्रभाव का अनुमान लगा सकें। ज्यादातर लोग अपने द्वारा मारे जाने वाले मुक्कों की मैकेनिक्स के बारे में नासमझ ही होते हैं, लेकिन आपके पास यह बाकियों के साथ बेहतर प्रदर्शन करने का अवसर है।

065 उरोस्थि हड्डी के लिए शुरूआती वार

स्थिति : लिफ्ट और सीढ़ियों जैसी संकड़ी जगहों के भीतर सीमित विकल्पों के साथ भी आप अपने विरोधी को नकाम कर सकते हैं। निश्चित रूप से, अधिकांश हमलों के लिए ज़्यादा जगह की आवश्यकता होती है और जहाँ जगह नहीं है वहाँ आपको कभी-कभी इसे बनाना भी पड़ता है। कभी-कभी, आप को वार करने के लिए विरोधी को अपने से दूर धकेल कर दूरी बनाने की जरूरत हो सकती हैं। कुछ अन्य स्थितियों में, जगह बनाने के लिए पहले वार करना पड़ सकता है। मुझे आपको यह बताना अच्छा लगेगा कि इसमें कुछ सही या गलत नहीं है, लेकिन वास्तविकता यह है कि आप अपने निर्णयों के आधार पर या तो जीतेंगे या हारेंगे।

मिशन : शुरुआत के लिए जगह बनाएं और उस पल को काबू करें।

क्रियान्वयन : आपके पास पहले से ही जितनी जगह है, मजबूत ब्लॉकिंग आर्म का उपयोग करते हुए उस जगह को बनाए रखें, इससे आप अधिक सटीक और शक्तिशाली वार करने की स्थिति में होंगे। अपनी भुजा को नब्बे डिग्री के बाहर और अलग-अलग फैली हुई अँगुलियों के साथ टोनी ब्लेयर की स्पीयर तकनीक का उपयोग करने से हमलावर आपसे दूर रहेंगे, जबकि आप उनकी छाती के केंद्र में एक सीधा पावर पंच मार सकते हैं।

काम और सहयोग : याद रखें कि आपकी टाँगे और पैर आपकी नींव है, जो ताकत पैदा करने और आपके संतुलन को बनाए रखने के लिए आवश्यक हैं। एक सीमित जगह में, दीवारें आपका सीधा और एक मजबूत आसन बनाए रखने में भी मदद कर सकती हैं और आपको शक्तिशाली मुक्कों को लॉन्च करने के लिए तैयार करती है। ध्यान रहे कि दीवारों का इस्तेमाल आपके विरोधी के खिलाफ भी किया जा सकता है।

No. 065 : उरोस्थि हड्डी के लिए शुरूआती वार

आदेश और नियंत्रण : इस पूरे टकराव के दौरान अपनी जागरूकता बनाए रखें। सुनिश्चित करें कि आपके प्रतिद्वंद्वी के हाथ हमेशा खाली हो और आप जानते हो कि आपका हथियार सिस्टम हर समय कहां है। नज़दीकी या संकड़ी जगहों में, जहां संघर्ष सड़कों की तुलना में कहीं अधिक आपके नजदीकी होता है, वहां लड़ाई की तीव्रता नाटकीय रूप से बिगड़ सकती है, क्योंकि दोनों पक्ष फंसा हुआ महसूस करते है।

066 छाती पर टीप से वार

स्थिति : हर फाइटर अपनी सीमा और पहुंच के महत्व को जानता है। एक ही समय और अवसर के भीतर आपको इसे मापने, मैनेज करने, इसे रक्षात्मक और आक्रामक तथा सक्रिय रूप से उपयोग करने की आवश्यकता है। अगर आपका प्रतिद्वंद्वी लंबा है या उसके जैब के वार बहुत अच्छे हैं तो इस सबका सही जवाब आपके पैर हो सकते हैं। अगर आप लंबी दूरी से अपने प्रतिद्वंद्वी पर अपने वार का असर चाहते है तो इसके लिए मुए थाई पुश किक, जिसे 'टीप' के नाम से भी जाना जाता है, यह एक सही तकनीक है। यह समझना बहुत जरूरी है कि यह कराटे-शैली की फ्रंट स्नैप किक (लात मारना) नहीं है। टीप एक पुश किक है और बहुत अधिक शक्तिशाली भी यह स्थिर और विस्तृत तकनीक है जो आपके पूरे शरीर के वजन को एक बहुत छोटे और केंद्रित क्षेत्र में इकट्ठा कर देती है।

मिशन : उन्हें उनके ट्रैक में ही रोकें।

क्रियान्वयन : सामने वाले पैर से सही ढंग से किक करने के लिए, सबसे ज़्यादा और सबसे आम फर्क यह है कि घुटने पर हल्के से मोड़ के साथ पैर को लगभग सीधा रखा जाना चाहिए और आपके पैर का तलवा प्रतिद्वंद्वी की ओर मुड़ा हुआ रहे। अब इस बिंदु पर, कूल्हों को जोर से गति के साथ आगे बढ़ाते हुए ताकत पैदा की जाती हैं। जिसके परिणामी प्रभाव आपके पैर के तलवे की पूरी सतह की बजाय उसके आगे वाले भाग या कभी-कभी एड़ी पर पड़ता है।

काम और सहयोग : सामने वाले पैर से मुए "थाई पुश किक" किसी आक्रामक प्रतिद्वंद्वी को उसके रास्ते में धीमा करने और रोकने का भी अच्छा काम करती है। अगर आपको लगता है कि आपका विरोधी आपकी सीमा के अंदर आ रहा है और बहुत करीब आने की कोशिश कर रहा है तो उसे दूर रखने के लिए तुरंत "फ्रंट लेग टीप्स किक" के उपयोग के बाद लगातार कई और किक करने की कोशिश

No. 066 : छाती पर टीप से वार

करें। हालाँकि, हो सकता है कि यह सबसे मजबूत तकनीक न हो, पर इसमें आपके विरोधी को रोकने की शक्ति जरुर है।

आदेश और नियंत्रण : सामने वाले पैर की किक के लिए लक्ष्य व्यापक रूप से भिन्न होते हैं, और प्रत्येक का एक अलग उद्देश्य होता है। नीचे से शुरू करके ऊपर की तरफ वार करने आपके पास कई उपयोगी आक्रमण बिंदु हैं। अगर आप अपने प्रतिद्वंद्वी के मोर्चे का आधार और उसकी मुद्रा तोड़ना या उसके हमले को बाधित करना चाहते हैं तो उसकी पैर के जांघ का क्षेत्र वार करने के लिए एक बढ़िया जगह है। जांघ पर लगातार पुश किक मारना आपके प्रतिद्वंद्वी की लय में रूकावट पैदा करेगा और आपके लिए एक नये सिरे से वार करने के अवसर भी पैदा कर सकता है। प्रतिद्वंद्वी की स्थिरता को कम करने के लिए उसके कूल्हे को लक्षित करके भी पुश किक की जा सकती है। आम तौर पर छाती की तुलना में धड़ और पेट को कम निशाना बनाया जाता है, लेकिन छाती पर बार-बार वार करने से आपके प्रतिद्वंद्वी की श्वास बाधित होगी और लड़ाई जारी रखने का उत्साह भी समाप्त होगा।

067 दुरी बनाए और हथियार निकालने में दक्ष बनें

स्थिति : बल का वह प्रयोग खतरनाक या घातक बल कहलाता है, जिससे किसी अन्य व्यक्ति को गंभीर शारीरिक चोट पंहुचती है या मृत्यु का कारण बनने की संभावना पैदा होती है। घातक बल का उपयोग अधिकांश न्यायालयों में अत्यधिक आवश्यकता होने पर शर्तों के तहत, अंतिम उपाय के रूप में केवल तभी उचित माना गया है, जब सभी दुसरे साधन विफल हो गए हों और सही ढंग से प्रयोग नहीं किये जा सके हो। ऐसे में, आत्मरक्षा के लिए घातक बल का उपयोग करना हो तो तीन जरूरी बातें - क्षमता, अवसर और जोखिम हैं। यहां 'क्षमता' को उस सामर्थ्य या साधन के रूप में माना जाता है जिससे बड़ी शारीरिक हानि या मौत होती है। आपके विरोधी के ऐसी स्थिति में होने को 'अवसर' के रूप में परिभाषित किया जाता है, जो बड़ी शारीरिक क्षति या मृत्यु का कारण बने। उस प्रत्यक्ष खतरनाक कदम या हावभाव को 'खतरे या जोखिम' के रूप में समझा जाता है जो बहुत अधिक शारीरिक नुकसान पहुंचा सकता है या मौत की वजह बन सकता है। हर स्थिति पर काबू पाने के लिए कोई सुनहरा नियम नहीं है। हां, यहाँ एक बात ध्यान देने कि है जब आप एक बार विनाशक बन जाते हैं तो फिर कोई वापसी नहीं है। आप बंदूक में निकली हुई बुलेट वापस नहीं डाल सकते। अपने घातक बल का प्रयोग करने से पहले यह सुनिश्चित कर लें कि आपके विरोधी के इरादे वाकई इतने खतरनाक हो कि बचना या पीछे हटना संभव नहीं है और वह भी समान प्रतिक्रिया का हकदार है।

मिशन : ताकि अंत में आप कातिल न बनें।

क्रियान्वयन : आपके विरोधी के हाथ संभावना से अधिक आपकी उचित प्रतिक्रिया का स्तर निर्धारित करेंगे। अगर उसके पास चाकू या बंदूक है तो जीवित रहने के लिए आपकी प्रतिक्रिया यदि उसके बराबर या उससे अधिक हो तो यह आपके

No. 067 : दुरी बनाए और हथियार निकालने में दक्ष बनें

लिए बेहतर होगा। अगर आप खुद को और अधिक उलझा हुआ पाएं और कोई हथियार देखें तो दोनों के बीच जगह बना कर आपको समय निकालना होगा और यही समय आपको विकल्प देगा। आपके विकल्पों में खतरे से दूर भागने के रूप में स्थान या आधार प्राप्त करना शामिल हो सकता हैं। स्थिति को देखते हुए घातक होना और खतरे को समाप्त करना भी विकल्पों में शामिल है। ये स्थितियाँ जटिल हैं, लेकिन कैसे दूर होना है और कब घातक बनना है, यह जानने की स्किल आपकी प्रतिक्रिया को नियंत्रित करेगी।

काम और सहयोग : पिस्तौल कवर अलग-अलग शेप व साइज में आते हैं और शरीर पर कई जगहों पर पहने जा सकते है। अपने हथियार निकालने को अपनी शूटिंग की तरह प्रशिक्षित करना आवश्यक है। आखिरी चीज जो आप चाहते हैं वह यह है कि आप अपनी बंदूक बाहर निकालें और पिस्तौल का कवर कोई परेशानी का कारण न बनें। एक सटीक शूटर होने के साथ-साथ आपको नियमित रूप से अपने हथियार का अभ्यास करना होगा। शुरुआत करने वालों के लिए, अपनी कमर से लेकर अलग-अलग जगहों से हथियार रखने और निकालने का अभ्यास करें और निर्धारित करें कि कौन सी जगह बंदूक पहनने से आपका हथियार सबसे अच्छी तरह काम करता है। बंदूक छुपाकर रखने के लिए भी कई विचार हैं और यह निर्धारित करने के लिए सभी के साथ प्रयोग करना अच्छा रहेगा कि आपके लिए बंदूक छुपाकर रखने की सबसे अच्छी जगह कौनसी है। खैर! कोई फर्क नहीं पड़ता कि आप कौनसा पिस्तौल कवर चुनते हैं या आप किस जगह बंदूक रखते हैं, आपको जीवित रहने के लिए बस प्रशिक्षित होना होगा।

आदेश और नियंत्रण : अगर आपमें दम है तो उस स्थान से दूर होते समय कहे गये मौखिक आदेश आपके लिए एक सुरक्षित स्थान तक पहुंचने की दिशा में एक महत्वपूर्ण भूमिका निभा सकते हैं। यदि कोई विरोधी आपको चाकू या बंदूक दिखाते हुए धमकाता है तो आप भी उसे जोर से बोलकर कहें कि आपके पास भी एक हथियार है और आप इसका उपयोग करने के लिए तैयार हैं, तो बिना गोली चलाए भी आप संभावित रूप से उस स्थिति के तनाव को कम कर सकते हैं। इतना जोर से मौखिक आदेशों का उपयोग करें कि हर कोई आपकी बात सुन लें। तीसरे पक्ष के दर्शक भविष्य के संभावित गवाह है और वह निर्धारित कर सकते हैं कि आपको अपना शेष जीवन जेल में बिताना पड़ेगा या नहीं। दुर्भाग्य से, आपको

देख रहे लोगों और कैमरों की वजह से अपने कार्यों को बढ़ा-चढ़ाकर पेश करना पड़ सकता है, वैसे, अगर आप इस तरीके से सोचते हैं तो आप शायद सही निर्णय लेंगे। इन दिनों हर किसी के पास कैमरे वाला फोन है तो मान सकते है कि कोई न कोई आपकी कही बातों और कार्यों को, देख, सुन और वीडियो रिकॉर्ड कर ही रहा होगा। यही चीजें आपको बेहतर निर्णय लेने के लिए बाध्य करेंगी।

बदमाश

लवेल जॉन

कोड नाम : पोएट

प्राइमरी स्किलसेट : कंसील्ड कैरी, सिंगल-मैन रूम क्लियरिंग, नाइट विजन लड़ाकू मानसिकता

सेकेंडरी स्किलसेट : मार्शल आर्ट, आपातकालीन चिकित्सा, मजेदार चुटकुले।

पृष्ठभूमि : जॉन लोवेल ने वॉरियर पोएट सोसाइटी की स्थापना की, यह एक ऐसा संगठन है जो नागरिकों, कानून प्रवर्तन अधिकारियों और सैन्य कर्मियों को सामरिक प्रशिक्षण प्रदान करता है। जॉन की प्रशिक्षण गतिविधियाँ की रेंज पिस्टल और राइफल स्किल से लेकर सामरिक टीमों के लिए नाइट विजन के उपयोग और कक्ष समाशोधन रणनीति तक है। जॉन ने द्वितीय रेंजर बटालियन और 75 रेंजर रेजीमेंट के साथ विशेष अभियानों में सेवारत रहते हुए और इराक और अफगानिस्तान की पांच लड़ाकू यात्राएं की जो उसे वास्तविक दुनिया की हथियारबंद लड़ाई का ज्ञान प्रदान करती है। जॉन की कुश्ती, ब्राज़ीलियाई जिउ-जित्सु और क्राव मागा पृष्ठभूमि उसे मार्शल आर्ट में हरफ़नमौला अनुभव प्रदान करती है। वह आपातकालीन चिकित्सा के लिए तकनीशियन-बेसिक के रूप में युद्ध चिकित्सा में क्रॉस-प्रशिक्षित भी हैं। पढ़ाई के प्रति जॉन के जुनून ने उसे एक योद्धा दार्शनिक के अनौपचारिक शीर्षक से नवाज दिया है जो आखिर तक हमेशा स्मार्ट तरीके से लड़ने के महत्व पर जोर देता है। पिछले सात सालों के दौरान, उसने मुख्य रूप से अपने दिमाग और ऊर्जा को छिपे हुए हथियारों की समस्याओं और नागरिकों को हमलावरों द्वारा घात लगाकर बचाव करने में मदद करने पर ध्यान केंद्रित किया है। जॉन का जुनून अपनी योद्धा पोएट नेचर से उसके तेजी से बढ़ते दस लाख से अधिक फॉलोअर्स को संप्रेषित करने में निहित है। उसकी यह प्रकृति लोगों को युद्ध में और उच्च उद्देश्य के लिए जीवन में जीतने और दूसरों की रक्षा में खुद को बलिदान करने के लिए तैयार रहने के लिए प्रोत्साहित करती है। जॉन वर्तमान में जॉर्जिया में अपनी पत्नी और दो बच्चों के साथ रहता है।

दुश्मन

माओ ज़ेडॉन्ग

पृष्ठभूमि : चीन पर अधिकार करने की पुष्टि के प्रयास में माओ ने 1966 में सांस्कृतिक क्रांति लॉन्च की, जिसका उद्देश्य "अशुद्ध" तत्वों को निकालकर देश को शुद्ध करने और क्रांतिकारी भावना को पुनर्जीवित करना था। इसका परिणाम यह हुआ कि 1.5 मिलियन लोग मारे गये और देश की अधिकांश सांस्कृतिक विरासत को नष्ट कर दिया गया। सितंबर 1967 में, अराजकता के कगार पर कई शहरों में व्यवस्था बहाल करने के लिए माओ को सेना ने दबोचा।

068 जीटीएफ कॉम्बो

स्थिति : किसी भी लड़ाई का उद्देश्य इसे जल्द से जल्द समाप्त करना होता है। आप कभी भी इधर-उधर घूमना और किसी दूसरे में कौशल की श्रृंखला को खोजना नहीं चाहते। लड़ाई में जल्दी से कॉम्बिनेशन की एक मजबूत श्रृंखला का प्रयोग करें ताकि आप जीत सकें, आगे बढ़ें ताकि किसी और चीज से नहीं निपटना पड़े। हमेशा यह मानकर चलें कि "जहां एक दुश्मन है, वहां अनेक भी हो सकते है," और देर करने की बजाय जल्द ही निर्णायक कार्रवाई करें क्योंकि हो सकता है कि बाद में आप परेशान हो जायें। आपको यह दिखाने के लिए हमेशा अपने हाथों को ऐसे ऊपर उठाए रखना हैं जैसे कि आप किसी के लिए कोई खतरा नहीं हैं। वास्तव में, आप केवल विरोधी को उसकी झूठी सुरक्षा दिखाकर लुभा रहे हैं जिससे आपको वह करने में मदद मिलेगी जो इस वक्त करने की आवश्यकता है।

मिशन : विरोधी के बुरी तरह से धराशायी होने का कारण बनें।

क्रियान्वयन : जितनी जल्दी हो सके उतनी जल्दी सामने से किक मारें ताकि आप अपनी नींव फिर से तैयार कर सकें। जब भी आप किक मार रहे होते हैं तो जाहिर है कि आप एक पैर ऊपर उठा रहे होते हैं, तो इससे संभावित रूप से आप नीचे गिरने की असुरक्षित या असंतुलित स्थिति में आ जाते है। इसलिए किक मारने के बाद जितना जल्दी हो सके तुरंत जमीन पर पैर रख दें और एक ठोस स्थिर मुद्रा में आ जायें। गले पर हथेली से वार घातक और जानलेवा तक हो सकता है, लेकिन जब आपका अपना जीवन अधर में झूल रहा हो तो जीवित रहने के लिए आपको हर तकनीक का उपयोग करना चाहिए। अच्छा-खासा दम लगाकर विरोधी की कष्ठिका अस्थि या गले के उत्तक पर वार करके उसका श्वास मार्ग बाधित किया जा सकता है। गले पर हल्के से हल्का दबाव भी किसी को ऐसा महसूस करा सकता है कि उसका दम घुट रहा है। कोहनी से वार करने के भी बहुत तरीके है, लेकिन अपने वार करने वाले हाथ के अंगूठे को अपनी छाती से अड़ा कर अपने कंधे को

No. 068 : जीटीएफ कॉम्बो

घुमाते हुए वार करना सबसे आसान है आपके धड़ और कूल्हे का घुमाव आपके वार में और अधिक ताकत जोड़ते हैं।

काम और सहयोग : हर समय सतर्क रहें। अपने विरोधी पर हावी होने के लिए तेज वार आवश्यक हैं।

आदेश और नियंत्रण : जीटीएफ कॉम्बो के लिए प्रतिबद्ध होना जरुरी है। अचानक हमले से बचने के लिए अपनी स्थितिजन्य जागरूकता को बनाए रखें। केवल एक कॉम्बिनेशन के वार पर पूरी तरह निर्भर न रहें। अपने नियमित प्रशिक्षण के हिस्से के रूप में सभी संभावित चालों और कॉम्बिनेशन का भी अभ्यास करें। आदर्श रूप से, चालों के ये क्रम पहले से ही आपकी आदतों में शामिल हो गए होंगे।

069 डबल-लेग टेकडाउन

स्थिति : डबल-लेग टेकडाउन में कई विविधताएं हैं, लेकिन अंततः, इसमें आपके प्रतिद्वंद्वी को उसके पैर जमीन से उठाकर उसे जल्दी से पीठ के बल गिराना ही होता है। ध्यान रखें कि गली में लड़ते वक्त आप वास्तव में कभी भी जमीन पर गिरना नहीं चाहिए जहां आपको अपने प्रतिद्वंद्वी द्वारा चेहरे पर लात खानी पड़े। हालाँकि, अगर आप जमीन पर नहीं गिरे तो परिस्थितियों के आधार पर यह (डबल-लेग टेकडाउन) मौत से बचाव का एक अच्छा विकल्प हो सकता है।

मिशन : जमीन पर कभी न गिरें।

क्रियान्वयन : डबल-लेग टेकडाउन एक बहुत बेसिक चाल है जिसमें आप अपने प्रतिद्वंद्वी के दोनों पैरों पर एक साथ जोरदार हमला करके उसे जमीन पर गिरा देते है। टेकडाउन में एक ऐसा दांव शामिल है जिसमें आप अपने प्रतिद्वंद्वी के पैरों के बीच अपना एक पैर रखकर कदम आगे बढ़ायें और ऐसा करते हुए अपनी बाहों को उसके घुटनों के आसपास लपेट लें। जैसे ही आप अपने पिछले पैर के साथ आगे बढ़ें, अपने प्रतिद्वंद्वी को मैट पर गिरा दें। आप डबल-लेग करते समय याद रखें कि आपको अपना सिर ऊपर रखना है और आपका कान आपके विरोधी से सटा हुआ होना चाहिए। वैसे, अगर आपका प्रतिद्वंदी एक बार अपनी पीठ के बल गिर भी जाये तो भी वह लड़ाई से बाहर या अक्षम नहीं होता है इसलिए आपको अभी भी अपनी स्थिति घुड़सवार की तरह उससे ऊपर बनाए रखनी होगी और उसके चेहरे पर वार करना होगा। फिर, अपनी तात्कालिक स्थिति का आकलन करें और आगे की लड़ाई के लिए खुद को तैयार करें। यदि कोई अन्य हमलावर नहीं हैं तो उसे (पहले वाले) को छोड़ें और जितनी जल्दी हो सके उस क्षेत्र से बाहर निकल जायें।

No. 069 : डबल- लेग टेकडाउन

काम और सहयोग : सिंगल-लेग टेकडाउन एक गहन तकनीक है जिसका उपयोग सभी स्किल लेवल के पहलवानों द्वारा किया जाता है। अगर इसे जल्दी से किया जाये तो यह पलभर में अपने प्रतिद्वंद्वी को उनकी पीठ के बल गिरा सकता है। सिंगल-लेग टेकडाउन, एक बुनियादी टेकडाउन है, जिसमें आप अपने प्रतिद्वंदी के दोनों में से केवल एक पैर पर हमला करते हैं और हमले के वक्त आपका सिर उसकी टांग के अंदर की तरफ होगा।

आदेश और नियंत्रण : यदि आवश्यक हो तो अपने डबल-लेग टेकडाउन को सिंगल-लेग टेकडाउन में बदलने के लिए तैयार रहें। एक बार जब आप लड़ाई के लिए किसी के साथ गुत्मगुत्था होते है तो एक सेकंड से भी कम समय में पासा पलट सकता है। उसकी जांघों या घुटने के पीछे आपकी बनाई पकड़ फिसल सकती है और फिर आप भी केवल एक पैर के साथ खड़े रह जाएंगे। वैसे, अगर ऐसा होता है, तो भी कोई बात नहीं। बस सुनिश्चित करें कि डबल-लेग टेकडाउन को सिंगल-लेग टेकडाउन में बदलने में भी आपको सहज रहना हैं। जब आप जानते हैं कि दोनों टेकडाउन कैसे महसूस होते है, तो डबल-लेग से सिंगल-लेग टेकडाउन में जाना इतनी बड़ी बात नहीं होगी। दोनों तकनीकों के साथ सहज होना एक अच्छा विचार है, क्योंकि हो सकता है कि माहौल के बदलाव या आपके प्रतिद्वंद्वी का कौशल स्तर ऐसा निकले कि आपके पास और कोई विकल्प ही नहीं बचे।

070 अपने विरोधी को पीठ के बल गिराना

स्थिति : यदि आप गली में होने वाली लड़ाई में पहले मुक्का मारकर हावी नहीं होते हैं, तो संभावनाएं हैं कि जमीन पर गिरा दिये जाएंगे। कह जाता है कि 70 प्रतिशत गली की लड़ाई जमीन पर गिरकर ही होती हैं। ज्यादातर, दोनों मे से कोई एक एमएमए मूव या रेसलिंग थ्रो शुरू करता है जिसमें दोनों जमीन पर गिरकर लड़ने लगते है। इन घटनाओं से पता चलता है कि जमीनी रणनीति सफल होती है और जमीन पर गिराने वाला लगभग हमेशा जीतता है। इन मामलों की संख्या तब बढ़ जाती है जब 90 प्रतिशत महिलाएं तकरार के साथ जमीन पर गिरकर लड़ती हैं। शायद, ऐसा इसलिए है क्योंकि महिलाएं टकराव के दौरान बालों को अपनी मुट्ठी में भरकर पकड़ती हैं।

मिशन : शीर्ष पर पहुंचें और शीर्ष पर बने रहें।

क्रियान्वयन : लड़ाई जीतने के लिए दुश्मन को कसकर पकड़ते हुए अपने मार्शल आर्ट या हाथापाई की चाल का उपयोग करें। यदि आप जमीन पर भी गिर रहे हैं, तो भी अपने ऊपर स्थिति सुरक्षित बनायें रखें। उसके बाद, अब जब आपने अपने प्रतिद्वंद्वी को हैमर फिस्ट मारकर शांत कर दिया हैं तो :

1. अपनी एक कोहनी से उसका चेहरे पर दबाव बनाए और उसके ऊपर लेट जाएं।
2. एक हाथ उसके सिर के पीछे से रखें और उसे गतिहीन करने के लिए अपने दूसरे हाथ की कलाई को उसके सिर के पीछे वाले अपने हाथ की तरफ धकेलें।
3. विरोधी की कोहनी का उपयोग करके उसे उसी दिशा में मोड़ने में मदद करते हुए अपनी कलाई को उसके सिर के नीचे खींच लें।

No. 070 : अपने विरोधी को पीठ के बल गिराना

4. अपने एक घुटने पर ऊपर उठ जायें और अपना वजन उसके शरीर से हटाकर अपने विरोधी को पलटने के लिए पर्याप्त जगह दें।

काम और सहयोग : अपने विरोधी को जमीन पर गिराने और शीर्ष पर रहने के लिए आवश्यक हाथापाई कौशल सीखें। यदि आप शीर्ष पर नहीं हो सकते तो घायल होने से बचने के लिए और शीर्ष पर पहुंचने के लिए एक सुरक्षित स्थिति विकसित करें।

आदेश और नियंत्रण : जमीनी लड़ाई एक हकीकत है जिसके लिए आपको अवश्य कोई योजना बनानी चाहिए। जहाँ हाथापाई का कौशल आपको एक प्रारंभिक लाभ प्रदान कर सकता है वहीं यही कौशल आपको एक तीसरी पार्टी द्वारा हमले के लिए असुरक्षित भी छोड़ देता हैं, क्योंकि हाथापाई में जैसे-जैसे आप लड़ाई में डूबते जाते हैं, आपको इस बात का ज्ञान सीमित होता जाता है कि आपके आसपास चुपके से कौन बेसबॉल के बल्ले से आपकी पसलियों पर टूट पड़ेगा। यदि लड़ाई से पहले आपका विरोधी अकेला नहीं था तो उसके दोस्त जल्द ही इसमें शामिल हो जायेंगे। एक बार जब आप जमीन पर गिरकर लड़ रहे होते हैं तो उस दुश्मन से अलग होना और नए खतरों या दुश्मनों को जबाव देना मुश्किल होता है।

071 केवल एक हाथ से गला चोक करें

स्थिति : इससे पहले कि हम केवल एक हाथ से गला चोक करें यानी वन-आर्म रिअर नेकेड चोक, सबसे पहले हमें इसे समझने की जरूरत है। यह तकनीक अगर सही तरीके से की जाए तो इससे आप अपने प्रतिद्वंद्वी को बेहोश तक कर सकते है। जब आप कैरोटिड धमनियों पर दबाव डालेंगे तो कुछ पलों के भीतर वे तेजी से बेसुध होकर गिरेंगे। जिउ-जित्सु और कुश्ती समुदाय अलग-अलग सांस और रक्त को रोकने के लिए जीआई (एक मार्शल आर्ट परिधान) या अन्य कपड़ों का उपयोग करते हैं, लेकिन यहाँ शब्द "खली हाथ" आपके विरोधी का दम घुटने के लिए आवश्यक कपड़ों की कमी को दर्शाता है।

मिशन : उन्हें बेहोश कर दें।

क्रियान्वयन : इसमें अपने प्रतिद्वंद्वी को बाहर करने के लिए एक बाजू और गर्दन की जरूरत होती है। गला दबाने वाला हाथ गर्दन को घेरता है जो इस मानक तकनीक से अलग नहीं है। अंतर यह है कि आपका गला दबाने वाला हाथ उसकी गर्दन से लिपटकर वापस आपकी गर्दन के पिछले हिस्से को पकड़ लेगा। यह चाल आपके दूसरे हाथ को कुछ ढूंढने, छुपाने या हथियार पकड़ने के लिए स्वतंत्र होने या अन्य खतरों के खिलाफ अपने हथियार उठाने और उनका उपयोग करने में आपकी मदद करता है।

काम और सहयोग : पारंपरिक तकनीक में, आप अपने प्रतिद्वंद्वी की गर्दन को एक हाथ से घेरते है और आपकी कोहनी को टेढ़ा करके ठीक उनकी ठोड़ी के नीचे टिका देते है। आपका गला चोक करने वाला हाथ, आपके दूसरे हाथ की बाइसेप्स को पकड़ता है, वही आपका दूसरा हाथ आपके विरोधी के सिर के पीछे रखा होता है। दम घोटने वाली भुजा को बाहर की ओर झुकाकर और अपने प्रतिद्वंद्वी के सिर के पीछे दबाव बना करके, आप शारीरिक रूप से कैरोटिड धमनियों को दबा

No. 071 : केवल एक हाथ से गला चोक करें

देते है जो मस्तिष्क को ऑक्सीजन की आपूर्ति करती हैं। परिणाम यह होता है कि आपका विरोधी बेहोश हो जाता है।

आदेश और नियंत्रण : जाहिर है, इस चोक को अंजाम देने के लिए आपको अपने विरोधी के पीछे रहना होगा। आप खड़े हैं या नही लड़ाई के बीच में उसकी पीठ के लिए आपको मौका मिलता है, लेकिन लड़ाई समाप्त करने के लिए यह एक उत्कृष्ट दांव है। एक बार जब आप विरोधी का गला चोक करने में सफल हो जायें, तो चाहे कुछ भी हो, उस पर अपनी पकड़ बनाये रखें, जब तक वह बेहोश नहीं हो जाते। ध्यान रखें कि यदि आप गला चोक करके बहुत देर तक दबाए रखते है, तो आप किसी को मार भी सकते हैं। आपका लक्ष्य किसी को नुकसान पहुंचाना या मारना कभी नहीं है, लेकिन इससे आप खतरे को लंबे समय तक असफल करके खुद को सुरक्षित स्थान पर पहुँचाने और अधिकारियों से संपर्क करने में मददगार होता है।

072 खतरे से बचने के लिए समर्पण का दिखावा

स्थिति : पास में बंदूक तानना सुनने में खतरनाक लग सकता है, लेकिन यह उससे बेहतर है कि आप पर दुर से बंदूक तान दी जाए। यह विचार प्रक्रिया सरल है कि : हथियार मेरे जितना करीब होगा, इसे नियंत्रित करने की मेरी संभावनाएँ उतनी ही अधिक होंगी। कई अन्य योगदानकर्ताओं और विशेषज्ञों की तरह, जॉन आपके विरोधी के विरुद्ध इस सिद्धि का उपयोग करने में विश्वास करता है। दूसरे शब्दों में, आप अपने विरोधी की इच्छा के सामने धोखे के रूप में समर्पण करते दिखाई देते हैं, जबकि वास्तव में आप अपने आप को सफलता के लिए तैयार कर रहे हैं।

मिशन : अपने दुश्मन को धोखा देने के लिए कभी भी आत्मसमर्पण न करें।

क्रियान्वयन : पिस्तौल पर नियंत्रण प्राप्त करना और उसके उद्देश्य को असफल करना इस तकनीक का आवश्यक पहलू है। बंदूक की बैरल आकाश की ओर करके चलाना भी आपके जीवन को बचा सकता है और आपको दुश्मन पर नियंत्रण बनाए रखने में भी मदद करता है। दुश्मन का अपनी पिस्तौल पर पकड़ बनाए रखना एक अच्छी बात मानी जा सकती है, क्योंकि इससे कम से कम उसके दो में से एक हाथ पर तो किसी चीज ने कब्जा कर रखा है। आप विरोधी के हाथ और बांह के बारे में सचेत रहें और उसके शरीर पर बल प्रयोग करते हुए एक हाथ से अपनी छिपी हुई पिस्तौल को बाहर निकाल लें। आपकी पिस्टल की पोजिशन विरोधी के छाती की ओर तानी होनी चाहिए। उसकी छाती में गोली मारने से गोली किसी बड़ी हड्डी से टकरा कर घूम सकती है और महत्वपूर्ण धमनियों और नसों को चीर सकती है। यह अपने विरोधी को जहां वह खड़ा है, वही गिराने का एक शानदार तरीका है।

No. 072 : खतरे से बचने के लिए समर्पण का दिखावा

काम और सहयोग : माना जाता है कि इस प्रकार की स्थितियों में बहुत अधिक सोच-विचार नहीं किए जाते। आप केवल वही नियंत्रित कर सकते हैं, जो आप देख सकते हैं, आप तनाव में अपने हथियार को कैसे निकालते हैं या आप अपने विरोधी के साथ नज़दीकी मुकाबले में कैसे शामिल होते हैं। हाथापाई में बंदूक की नाल का सही दिशा में बनाए रखना आवश्यक है। क्लोज-क्वार्टर कॉम्बैट स्थितियों में, आप कभी नहीं चाहेंगे कि संघर्ष के दौरान अनजाने में खुद की जांघ या पैर में गोली मार ले।

आदेश और नियंत्रण : जॉन चिल्लाने वाले वाक्यांशों का उपयोग करना पसंद करता है, जिनसे क्षण भर के लिए खतरे को भ्रमित करने की संभावना हो। जैसे "एक ही तरफ, एक ही तरफ! हम एक ही तरफ हैं! दूसरी बार, एक वाक्यांश को पूरी तरह से एक धोखे के रूप में इस्तेमाल किया जा सकता है जैसे ही विरोधी को पीछे देखे कहे- "भगवान का शुक्र है कि पुलिस यहाँ हैं।" खैर, आप कहने के लिए जो भी चुनते हैं, लक्ष्य हमेशा यही होता है कि एक सेकंड के लिए दुश्मन को विचलित कर दें ताकि आप बढ़त हासिल कर सकें।

073 घात लगाकर किए गए हमले से जीवित बचें

स्थिति : दुश्मन का संख्या में अधिक होना कभी भी अच्छा नहीं होता है। अगर आप खुद को ऐसी स्थिति में पाते है तो आपको चाहिए कि ऐसे में आप जितना जल्दी हो सके खुद को वहाँ से हटा लें। दुर्भाग्य से, ये ऐसी स्थितियाँ हैं जिनमें आप शांति से बाहर नहीं निकल सकते। चलिए, इसका सामना करते हैं। बुरे लोग सिर्फ बुरा बनना चाहते हैं और आपको मारना उनकी योजना का सिर्फ एक हिस्सा हो सकता है। आपको यथार्थवादी होने के साथ-साथ रचनात्मक होना होगा और असंभव प्रतीत होने वाली स्थितियों के लिए बाहर निकलने की रणनीति पर जल्दी से चिंतन करना होगा। बहुत कम स्थितियाँ ऐसी होती हैं जहाँ छिपे हुए हथियार का खुलासा करना या उसे दिखाकर सामने वाले को धमकाना ठीक रहेगा। अगर आप बिना किसी तैयारी या अंदाजे के तीन लोगों से घिर जाएं, जिनके पास बंदूके हैं तो आप पहले से ही मुसीबत में घिर चुके हैं और ऐसे में अपने छिपे हुए हथियार को बाहर निकालना बहुत छोटी सी और व्यर्थ कोशिश होगी। आप शुरू से ही संख्या में कम हैं तो ऐसे में अपनी बंदूक को शामिल करना कोई व्यवहार्य विकल्प नहीं है। परिस्थिति को स्वीकारने का ढोंग करने और तनाव को कम करने का प्रयास करने में आपके बचने की संभावना बहुत अधिक हैं। हालाँकि, अपने मानस में कहीं, आपको इसके लिए तैयार रहना होगा कि यदि आपके पास कोई अन्य व्यवहार्य विकल्प नहीं है तो जल्दी और निर्णायक रूप से कार्य करें।

मिशन : सबसे पहले तो इस स्थिति में फंसे ही नहीं।

क्रियान्वयन : अपनी बंदूक निकालना और पहले राउंड फायर करने से कानूनी जटिलता में फंसने की संभावना है लेकिन, चूँकि आप एक साथ कई हथियारों सहित खतरों का सामना कर रहे थे, तो संभावना है कि आप अदालत से ठीक-ठाक बाहर आ जाएंगे, यदि आप इस मुठभेड़ से बचने में भाग्यशाली रहे। दुर्भाग्य से,

No. 073 : घात लगाकर किए गए हमलें से जीवित बचें

इन दिनों में, किसी भी ऐसी कार्रवाई में शामिल होंने से पहले आपको हमेशा अपने कानूनी दायरे के बारे में सोचना होगा। फिर भी, एक बार जब आप फायर कर दें और किसी चीज की आड़ लेने की ओर बढ़ें तो सुनिश्चित करें कि आप जितना संभव हो खतरों पर अपनी नजर बनाए रखें। अपना सिर नीचे करें और लगातार अपने वातावरण का पुनर्मूल्यांकन करते हुए एक मानसिक जांच सूची से गुजरें। सुनिश्चित करें कि :

1. आपने जिसकी आड़ ली है, वह इतना पर्याप्त हो कि आपकी ओर आने वाली गोलियों को रोक दे और आगे पीछे कोई अन्य नागरिक नहीं हो।
2. आपके पीछे कोई चुपके से नहीं आ रहा हो।
3. आप तत्काल सभी खतरों से निपटने के लिए तैयार होने चाहिए।
4. आप अपने भागने के मार्ग की तलाश करते रहे।

याद रखें कि आपका लक्ष्य उस क्षेत्र के आस-पास रहना और गोलीबारी में संलिप्त रहना नहीं है। आपका लक्ष्य एक बार में पर्याप्त गोलियाँ दागना है ताकि इसका लाभ उठाकर आप इस जगह को छोड़कर वहाँ से गायब हो सकें।

काम और सहयोग : आड़ या कवर ऐसी किसी भी वस्तु को माना जा सकता है जो गोलियाँ रोक सके।छिपने के लिए आवरण किसी भी उस वस्तु को माना जाता है जो आपको छुपाता तो है, लेकिन जरूरी नहीं कि गोलियां भी रोक पाये। गोलाबारी में प्रयुक्त हथियारों के प्रकारों से हमेशा अवगत रहें जो आप उनके खिलाफ प्रयोग कर सकते हैं और आपके खिलाफ हो सकने वाली गोलियों की प्रभावी शक्ति को समझने का एक सामान्य अंदाज़ा भी आपको होना चाहिए। उदाहरण के लिए, एक सड़कछाप बदमाश के एक छोटे-कैलिबर पिस्तौल से आपको बचाने के लिए आवश्यक कवर का प्रकार, एके-47 से लैस मैक्सिकन ड्रग कार्टेल के सदस्यों का सामना करते समय आवश्यक आड़ या कवर के प्रकार से भिन्न होता है। जैसे, मान लीजिए कि आप एक खोखली सिंडरब्लॉक दीवार की आड़ लेते है तो वह आपको कम-वेग वाली हैंडगन से बचा सकती है, लेकिन अगर इसी दीवार पर किसी एके-47 के राउंड फायर किये जाए तो यह स्विस चीज़ की तरह (छिद्रयुक्त) दिखेगी। इसी तरह, कार का दरवाजा भी आड़ लेने के लिए सुरक्षित जगह नहीं है।

अधिकांश स्टैंडर्ड पिस्टल के राउंड कार के दरवाजे में प्रवेश करके किसी भी अंदर बैठे को मार सकते है। राइफ़ल का शॉट तो संभवतः ऑटोमोबाइल के दोनों तरफ से होकर गुजर जाएगा। टेलीविजन और फिल्मों में आपने जो देखा है उसे भूल जाइए- जब तक आप छलनी की तरह नहीं दिखना चाहते तब तक कार के किसी भी हिस्से का उपयोग करने से बचें।

आदेश और नियंत्रण : स्थिति को बराबर करने का मतलब हो सकता है कि आपको दिखाना होगा कि आप भी सशस्त्र हैं और अपने हथियार का उपयोग करने के इच्छुक हैं। यह उतना ही आसान हो सकता है जितना किसी चीज की आड़ लेने के लिए मुड़ने पर बंदूक दिखाना, आपके हमलावर असंतुलित कर सकता है। अगर उन्हें लगता है कि आप फायरिंग शुरू कर सकते हैं तो संभवत : वे अपने स्वयं को छिपाने के लिए किसी कवर (आड़) तलाश करना शुरू कर देंगे। दरअसल, हर कोई हीरो बनना चाहता है, लेकिन खून बहाना कोई नहीं चाहता। यहां तक कि दुश्मन की थोड़ी सी अनिर्णय की स्थिति भी आपके बचने के लिए पर्याप्त बदलाव ला सकती है।

बदमाश

रासो, डोम

कोड नाम : स्पार्टन
प्राइमरी स्किलसेट : रिड्यूस सिग्रेचर
लड़ाकू और रणनीति प्रशिक्षण
सेकेंडरी स्किलसेट : गुप्त परिधान
और उपकरण डिजाइन और विकास

पृष्ठभूमि : डोम रासो बारह सालों से सक्रिय सेवाओं के मुकाबला अनुभवो सहित एक प्रमुख विशेष ऑपरेटर (सील) है। उन्हें अपने असाधारण करियर में सैकड़ों मिशनों को अंजाम देने का सौभाग्य प्राप्त हुआ था। सेना से बाहर निकलने के बाद उन्होंने एक कंपनी डायनामिस एलायंस स्थापना की, यह कंपनी टियर वन उपकरण, परिधान और प्रशिक्षण प्रणाली के विकास और आधुनिक समय के योद्धा का नेतृत्व करने के लिए समर्पित है। डायनामिस एक ग्रीक शब्द है जिसका अर्थ है "लड़ने की इच्छा।" यह एक मानसिकता थी जो डोम के अपने सैन्य कैरियर के अनुभवों से पहले, दौरान, और बाद में बनी, जिसे वह दुनिया के साथ साझा करना चाहता है। दरअसल, हर चुनौती, बाधा, प्रतिकूलता और विजय के लिए "लड़ने की इच्छा" और "सब कुछ ध्वस्त करने" वाले रवैये की आवश्यकता होती है।

डोम एक धर्म योद्धा, प्यार करने वाला पति और चार बच्चों का पिता है। उनका जुनून दूसरों कों प्रेरणा, दृढ़ मानसिकता, शारीरिक प्रशिक्षण और जितने हो सके, सबसे अच्छे उपकरण और परिधान प्रदान करके उनको स्वयं का सर्वश्रेष्ठ अवतार बनने में मदद करना है। डोम की ट्रेनिंग आत्म-सुधार और अपनी क्षमताओं का विस्तार चाहने वाले सभी लोगों के लिए उपलब्ध है। डोम ने व्यापक दर्शकों, पेशेवर खेल टीमों और एथलीट्स (न्यू इंग्लैंड पैट्रिओट्स सहित) व्यावसायिक अधिकारियों, प्रथम उत्तरदाताओं और घर पर रहने वाली माताओं के साथ काम करने का आनंद लिया है। जैसा कि वह अक्सर कहते हैं, "आप केवल आपके पिछले कदम जितने अच्छे है।"

दुश्मन

बशर अल असद

पृष्ठभूमि : असद ने नागरिकों को यातना देने और असाधारण हत्याओं के लिए रासायनिक हथियारों (क्लोरीन गैस) का इस्तेमाल किया है। असद ने "अंधाधुंध और अनुपातहीन हवाई बमबारी और गोलाबारी," का भी इस्तेमाल किया है जिसके कारण "बड़े पैमाने पर नागरिक हताहत हुए और आतंक फैला गया।"

074 डोम का रोज़ाना साथ रखने वाला सामान

शांतिपूर्ण और आधुनिक समाजों में रहने वाले अधिकांश नागरिक अपनी दैनिक दिनचर्या के द्वारा निष्क्रियता की धुंध में यह सोचते हुए आगे बढ़ते रहते है कि अगर उनके साथ कुछ बुरा घटित होता है तो समय पर न पहुंचना, पार्किंग टिकट न मिलना और प्रियजनों के साथ विवाद यही सबसे बुरा हो सकता है। उन्हे लगता है कि उनके पैरों के नीचे की जमीन स्थिर है। उन्हे शनिवार रात की फिल्म में नए सुपरहीरो का निराश करने या बॉल गेम में अपनी पसंदीदा टीम का हार जाना ही एकमात्र जोखिम लगता है, लेकिन जैसा कि हमने सीखा है, शहरी जीवन में लड़ाई झगड़े के जोखिम या कुछ सनकी लोगों, जिनकी भयावह योजनाएँ उनके करीबी दोस्तों और परिवार की नज़रों से बच सकती हैं, तो ऐसे लोगों के कारण होने वाले अप्रत्याशित खतरों के लिए के प्रति हम सुरक्षित नहीं हैं। निस्संदेह, डोम का रोजाना साथ रखने वाला सामान गलत सोच रखने वालो के हिंसात्मक कार्यों को नाकाम करने के लिए तैयार है।

1. डायनेमिस एलायंस ग्लॉक 19 होलस्टर
2. ग्लॉक 19 (पिस्टल)
3. डायनेमिस रेजरबैक ब्लेड (चाकू)
4. गेटोर्ज़ धूप का चश्मा
5. डायनामिस कॉम्बेट फ्लैटहैड (स्क्रू ड्राइवर)
6. डायनेमिस गौंटलेट दस्ताने
7. डायनेमिस लोप्रो बेल्ट
8. डायनेमिस, अतिरिक्त मैग्ज़ीन के लिए

No. 074 : डोम का रोजाना साथ रखने वाला सामान

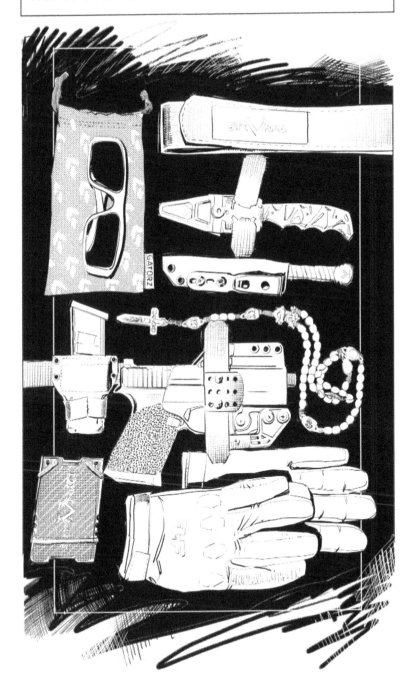

075 ठोड़ी पर जैब मारना

स्थिति : संभावित हिंसक स्थितियों को कम करने का तरीका समझने के लिए सबसे महत्वपूर्ण कदम यह है कि झगड़े या तनातनी के बढने की संभावनाओं को समझे। संक्षेप में कहें तो टकराव की तीव्रता ही उसकी वृद्धि को ज़्यादा या कम की तरफ लेकर जा सकती है और यह तीव्रता आंतरिक क्रियाओं और प्रतिक्रियाओं, बाहरी शक्तियों और शामिल लोगों के कम या ज्यादा होने पर बदल सकती है ये (नीचे लिखित) संकेतक भी हमारी तनाव कम करने की तकनीक की ओर जाते हैं, जिसमें शामिल हैं :

1. शांत रहना, तटस्थ मुद्रा बनाए रखना (मौखिक रूप से और बॉडी लैंग्वेज, दोनों में)।
2. अपने आप को अहिंसक रूप में प्रस्तुत करना।
3. खुद को स्थिति से दूर करने की कोशिश करना।
4. जब सब कुछ विफल हो जाए, तो ठोड़ी पर मुक्का (जैब) जड़ देना।

मिशन : हिंसा की जरूरत होने तक तनाव कम करने यानि (डी-एस्केलेट) करें।

कार्यान्वयन :

1. अहिंसक मुद्रा अपनाएं और उसे बनाए रखें।
2. सुनिश्चित करें कि आपका भार दोनों पैरों पर सामान रूप से हो ताकि आप किसी भी दिशा में जाने के लिए तैयार रहें।
3. यदि आपका विरोधी आपकी तरफ या आपके पास आने लगे या उसकी तीव्रता बढ़ जाये तो झगड़े को जितनी जल्दी हो सके समाप्त कर दें।

No. 075 : ठोड़ी पर जैब मारना

ठुड्डी पर मुक्का मारते वक्त साथ-साथ उसकी ट्राइसेप्स मसल को जकड़ना और उसके बाजू को खींचना नाटकीय रूप से वार के प्रभाव को बढ़ाता है। बांह को जकड़ने से आप अपने विरोधी के बाजू को लड़ाई से ही हटा देते है और उसे नियंत्रित कर सकते हैं।

काम और सहयोग : कई कॉम्बिनेशन की तरह, इसके प्रत्येक मूवमेंट को अलग से प्रशिक्षित करना बेहतर है। इस बात को समझें कि कोई भी कॉम्बिनेशन के क्रम में किसी भी क्षण परिवर्तन किया जा सकता है। अपनी ग्रोस मोटर स्किल को प्रशिक्षित करें और कॉम्बिनेशसं को सहज बनने के लिए विकसित होने दें, फिर आप चाहे उन्हें किसी भी क्रम में करते रहें। प्रशिक्षण और गियर के लिए डायनामिस एलायंस देखें।

आदेश और नियंत्रण : ऊडा लूप(OODA loop) का निरीक्षण करें, इस तरफ उन्मुख हों, निर्णय लें और इस पर अमल करें। वायु सेना फाइटर पायलट, जॉन बॉयड द्वारा विकसित ऊडा लूप को इस तरह डिजाइन किया गया है कि आप अपने विरोधी के दिमाग में घुस जाते है, उससे आगे निकल जाते है और अंत में उससे जीत जाते है। जब पहला सामना हो, तो तुरंत माहौल का निरीक्षण करें, स्थिति के अनुसार खुद को उन्मुख करने के लिए जानकारी में बदलाव करें, निर्णय लें और उन्हें जल्द से जल्द कार्यान्वित करें।

076 चाकू निकालना और फ्लैंक करना

स्थिति : लगभग सभी जानवरों की प्रजातियां एक दूसरे को न मारने के लिए बनी है। वे निश्चित रूप से या तो किसी मादा या अपने क्षेत्र के लिए एक दूसरे पर हमला करेंगे, अन्यथा बहुत कम ही एक दूसरे को मारते दिखाई देंगे। प्रजातियां स्वयं को जीवित रखती है यह उनका स्वाभाविक और आदिम गुण है इसलिए मनुष्य भी इससे अलग नहीं हैं। हमारे पास एक अग्रमस्तिष्क और मध्य मस्तिष्क है। अग्रमस्तिष्क या फ्रंटल ब्रेन वह है जो हमें मानव बनाता है और मध्यमस्तिष्क वह है जो हमें आदिम बनाता है। जब स्थितियां ऐसी हो की आपका जीवन ही खतरे पड़ जाए तो मध्यमस्तिष्क उस समय जागृत हो सकता है और एक दूसरे को मारने की हमारी क्षमता बढने के साथ आसान हो जाती है। जीवन या मृत्यु की स्थितियों में आपके या आपके परिवार को जीवित रहने के लिए तात्कालिक, हिंसक प्रतिक्रियाओं की आवश्यकता हो सकती है।

मिशन : मारो या मरो।

क्रियान्वयन : दांव या चालों के कॉम्बिनेशन और तकनीकों के लिए अभ्यास की आवश्यकता होती है। कॉम्बिनेशन में शामिल प्रत्येक चाल अपने आप में एक अलग स्किल है। अहिंसक मुद्रा भी एक स्किल है। अपने कपड़ों के माध्यम से तैरना एक स्किल है। गारटर ग्रिप पाना एक स्किल है। ड्रा स्ट्रोक एक स्किल है। अपने विरोधी की आंख के सॉकेट पर वार करना एक स्किल है। विरोधी के एक तरफ शरीर (फ्लैंक) पर वार करना और अन्य विरोधियों को ढेर करना भी एक स्किल है। ये हर एक स्किल बुनियादी है, लेकिन जब एक साथ जुड़ जाते है तो इनकी संयुक्त गतिविधियाँ बेहद हिंसक हो जाती हैं।

No. 076 : चाकू निकालना और फ्लैंक करना

काम और सहयोग : चालों के किसी भी अन्य कॉम्बिनेशन की तरह, इसे अलग-अलग चरणों में बांट दें और प्रत्येक भाग का चरण-दर-चरण अभ्यास करें। एक बार आप मूल बातों में महारत हासिल कर लें तो इन सबको इकट्ठा करें। इस पर ध्यान दें कि आप अपना चाकू कैसे ले जाते हैं, यह आपकी कमर में कैसे खोंसा हुआ है और यदि यह अपने कपड़ों के नीचे छुपाया हुआ है तो ऐसा तो नहीं कि यह दिख रहा हो। आजकल बाजार में कई चाकू और म्यान उपलब्ध है, लेकिन मैं डोम की श्रृंखला के चाकू और अभ्यास चाकुओं की अत्यधिक अनुशंसा करता हूं। उन्हें आज़माएं मुझे उम्मीद है आप निराश नहीं होंगे। यदि आप सीखने और प्रशिक्षण के बारे में गंभीर हैं तो डोम के निर्देशों का पाठ्यक्रम देखें।

आदेश और नियंत्रण : एक साथ कई-खतरे या दुश्मनों के क्षेत्र में, आपकी एक जगह केंद्रित दृष्टि आपको मरवा डालेगी। एक दुश्मन को खत्म करने से अंत नहीं होता है, तो आपको उन्हे लेकर प्राथमिकताएं तय करनी होगी और हमेशा अपने आप को अगली लड़ाई के लिए तैयार रखना होगा। यदि आपके साथ आपका परिवार है तो आपको यह सुनिश्चित करना होगा कि आपकी पॉजिशन उन्हें भी सुरक्षित रखे। आपका हर कदम उग्र, तेज और आपकी तथा आपके प्रियजनों का बचाव सुनिश्चित करने के लिए विचारशील होना चाहिए।

077   छुपाकर पिस्टल निकालें

स्थिति : ज्यादा-खतरे जो करीब और निजी है जिन पर घातक प्रतिक्रिया करना आवश्यक है तो इसके लिए पूर्वविचार की आवश्यकता होती है। आपको खुद के लिए उन खतरों की पहचान करनी होगी जो आपके दुश्मन पैदा कर सकते हैं और जिन्हे कानूनी रूप से घातक प्रतिक्रिया ठहराना उचित होगा। याद रखें, कानून की निगाह में घातक साबित करने के लिए हमलावर आपका तत्काल शारीरिक नुकसान या मौत का कारण बनने में सक्षम होने चाहिए और उनका आपको मारने का इरादा दिखना चाहिए। ये सभी कारक अदालती कार्यवाही में आपको बचा सकते हैं, लेकिन ट्रिगर दबाने से पहले आपके पास इन सबके बारे में सोचने का समय है। क्या धमकी के लिए एक घातक प्रतिक्रिया सही है? क्या पीछे हटना एक व्यवहारिक विकल्प है? इस प्रकार के परिदृश्यों को अपने दिमाग में चलाना, जब कभी आप का हिंसक स्थिति से सामना हो तो ऐसी परिस्थितियों पर आपकी जागरूकता बढ़ाने में मददगार होगा।

मिशन : विचारों से सचेत और कार्रवाई में उग्र रहें।

क्रियान्वयन : आपका काम अपनी और अपने प्रियजनों की रक्षा करना है और जितनी जल्दी हो सके, घटनास्थल को छोड़कर निकल जाना है। घटनास्थल को उस जगह के रूप में परिभाषित किया गया है जिस जगह आपके विरोधियों ने आपको अचानक हैरान करते हुए, चुपके से और रफ़्तार के आप पर हमला करना चुना है। आपको ऐसी जगहों की पहचान करनी होगी और नियमित रूप से उनसे बचना होगा। जब गंभीर शारीरिक क्षति या मृत्यु का सामना हो तो धराशायी होने से बचने के लिए तुरंत अपने केंद्रीय तंत्रिका तंत्र की रक्षा करें। साथ ही आगे बढ़ें और अपने विरोधी की छाती में अपनी कोहनी की हड्डी से वार करते हुए अपनी पिस्तौल निकालें और शॉट दाग दें। जागरूकता बनाए रखें और यदि आवश्यक

No. 077 : छुपाकर पिस्टल निकालें

हो तो अन्य लक्ष्य भी साथ जोड़ें। अपने चारों ओर का निरिक्षण करें और जितनी जल्दी हो सके, घटनास्थल को छोड़ दें।

काम और सहयोग : मजबूत कोर यानि मध्यभाग मानव शरीर की नींव है। आड़ा तिरछा होने में सक्षम उदरभाग, तनी हुई रीढ और आपके पीठ के निचले भाग की मास्पेशियाँ पूरे शरीर के लिए दृढ़ता के रूप में काम करते हैं और आपको प्रभावशाली वार करने, प्रहार रोकने और आपके विरोधी के साथ हाथापाई करने में सक्षम बनाते है। इसलिए अगर आप किसी भी झगड़े का तुरंत समाधान चाहते है तो आवश्यक शक्ति, मजबूती और धीरज को बढ़ाने के लिए आपको नियमित रूप से व्यायाम करना होगा।

आदेश और नियंत्रण : डोम संघर्ष को तीन अलग-अलग चरणों में बांटता है : लड़ाई से पहले, लड़ाई में और लड़ाई के बाद। कुछ मिलिट्री ऑपरेशसं में, इसे पूर्व-संकट, संकट और संकट के बाद की योजना के रूप में संदर्भित किया जाता है। पूर्व-संकट में अंतिम-मिनट तक की खुफिया जानकारी एकत्र करना, माहौल की वर्तमान स्थिति का आकलन करना और रसद और उपकरण की तैयारी सुनिश्चित करना शामिल है। संकट से मतलब वह झगड़ा या शारीरिक क्रिया और प्रतिक्रिया है जिससे संकट बनता है। संकट के बाद, लड़ाई में नुकसान का आकलन और उस क्षेत्र से निकलना शामिल है।आपका अंतिम लक्ष्य पूर्व-संकट से, संकट के बाद की तरफ जितनी जल्दी हो सके, उतनी जल्दी मूव करना है और संकट के दौर में अपना समय सीमित करना यानि संकट कम से कम समय के लिए रहने देना है।

बदमाश

थॉम्पसन, ग्रेग

कोड नाम : गारोट
प्राइमरी स्किलसेट : जिउ-जित्सु
सेकेंडरी स्किलसेट : मिश्रित मार्शल आर्ट

पृष्ठभूमि : ग्रेग थॉम्पसन 1998 से विशेष संचालन इकाइयाँ को प्रशिक्षण दे रहे है। 2004 में, यूएफसी लेजेंड रॉयस ग्रेसी ने ग्रेग के मिश्रित मार्शल आर्ट स्कूल की टीम आरओसी के लिए ग्रेग और चार अन्य छात्रों को अपना पहला ब्लैक बेल्ट दिया। ग्रेग नब्बे के दशक की शुरुआत से रॉयस के साथ प्रशिक्षण ले रहे थे और टीम आरओसी, अनियंत्रित या नियम वर्जित फाइटिंग के लिए पूर्वी तट के कुछ शीर्ष लड़ाकों को प्रशिक्षित करने के लिए जानी जाती है। टीम आरओसी ने कई उच्च-स्तरीय प्रतियोगिताओं में भाग लिया है, जिसमें अल्टीमेट फाइटिंग चैंपियनशिप सहित द अल्टीमेट फाइटर, के-1, रंबल ऑन द रॉक और किंग ऑफ द केज शामिल है और टैपआउट पत्रिका ने उन्हें उत्तरी कैरोलिना में नंबर एक एमएमए स्कूल के रूप में स्थान दिया है। ग्रेग मुए थाई में सर्टिफाइड प्रशिक्षक हैं और उनके पास कई अन्य प्रणालियों में ब्लैक बेल्ट है। ग्रेग 2003 में नागा वर्ल्ड चैंपियन एडवांस्ड डिवीजन विजेता, ट्रायंगल कुश्ती और ग्युरेरोस गौंटलेट सुपरफाई फाइट चैंपियन, 2000 में पैन-एम रजत पदक विजेता और ग्रेसी नेशनल 200 से 210 पाउंड चैंपियन भी थे। ग्रेग एच2एच कॉम्बैट के लेखक हैं, जिसमें वार करने, जकड़ने, रक्षात्मक और आक्रामक हथियार, हथियार बदलने आदि का उल्लेख किया गया है। जुलाई 2019 में, मार्शल आर्ट्स वर्ल्ड रिपोर्ट के एक आर्टिकल में ग्रेग का जिक्र करते हुए कहा गया था कि "नवाचारी (इनोवेटर्स) : पाँच लोग जो मार्शल आर्ट्स का चेहरा बदल रहे हैं।"

दुश्मन

सोमाली समुद्री लुटेरे

पृष्ठभूमि : सोमाली समुद्री लूटेरों ने अरब सागर और हिंद महासागर क्षेत्र में सैकड़ों जहाजों पर हमला किया है, हालांकि ज़्यादातर हमलों के परिणाम में अपहरण में सफल नहीं हो सके। 2008 में 111 हमले हुए, जिनगें 42 सफल अपहरण शामिल थे। हालाँकि, उनके द्वारा लक्षित जहाज, प्रतिवर्ष उस क्षेत्र से होकर गुजरने वाले तीस हजार व्यापारिक जहाजों का केवल एक अंश हैं। जनवरी और फरवरी 2009 के दौरान हुए हमलों की दर 2008 में इसी अवधि में हुए हमलों की तुलना में लगभग दस गुना अधिक थी और मार्च में "लगभग दैनिक हमले" हुए, अप्रैल के मध्य तक 79 हमलों में से 21 सफल रहे । इनमें से अधिकतर हमले अदन की खाड़ी में हुए, लेकिन बाद में समुद्री डाकुओं ने अपनी सीमा में वृद्धि की और हिंद महासागर में सुदूर दक्षिण जैसे केन्या के तट तक जहाजों पर हमला करना शुरू कर दिया।

078 ग्रेग का रोजाना साथ रखने वाला सामान

औसत नागरिक की नज़र में आपातकालीन तैयारी का मतलब जिंदा रहने के परिप्रेक्ष्य में भोजन और पानी की आपूर्ति को प्राथमिकता देना है (घर में एक गहरे तहखाने में संग्रहीत करके) वह हथियारों और भागने के उपकरणों को इस आपातकालीन तैयारी से बाहर रखता है। हालाँकि, हमारे आधुनिक विश्व की हिंसा को स्वीकार करना और उसका सामना करने को सच्ची तैयारी मानना चाहिए। चाहे ऐसी बदतर स्थिति आती है या नहीं, लेकिन ईडीसी सभी प्रकार के अप्रत्याशित खतरों जैसे - पर्यावरणीय आपदाओं से लेकर आतंकवादी हमलों और किसी सनकी के हमले तक के खिलाफ बढ़त हासिल करने में आपकी मदद करती है। यदि जीवन का एक अच्छा दिन खराब हो जाए तो ग्रेग का रोज़ाना कैरी यानि साथ रखने वाला सामान उस दिन को सफलता के लिए तैयार करता है।

1. SOCP बचाव उपकरण
2. केवलर डोरी
3. OC/मेस स्प्रे
4. सिरेमिक बॉक्स-कटर ब्लेड
5. छोटा पेचकश
6. लेथरमैन मल्टीटूल
7. अतिरिक्त मैग्ज़ीन
8. बंदाना (स्कार्फ)
9. सिग सॉयर 365 XL (पिस्टल)
10. डोरी

No. 078 : ग्रेग का रोजाना साथ रखने वाला सामान

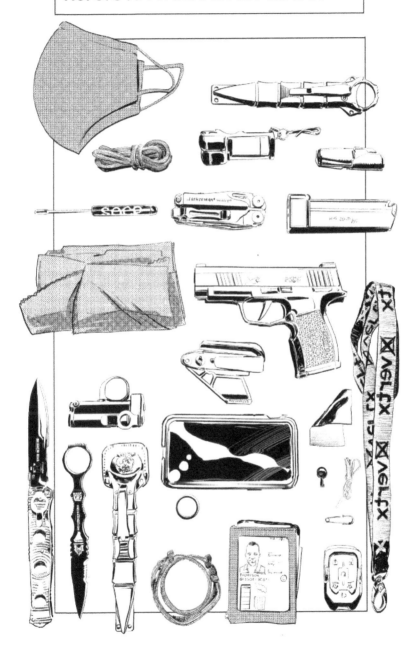

11. SOCP फोल्डर
12. SOCP खंजर
13. SOCP फ्लैश लाइट
14. कस्टम कॉर्ड ब्रेसलेट
15. बटुआ
16. गेटअवे व्हीकल चाबी की फोब

079 राइनो ब्लॉक

स्थिति : मानव शरीर पर कोहनी से वार सबसे कठोर और तीव्र बिंदु है। अगर गति और सुनियोजित कोण के साथ जोड़कर कोहनी से हमला किया जाये तो कोहनी से वार के परिणामस्वरूप व्यक्ति धराशायी या नॉकआउट हो सकता है, यह त्वचा को फाड़ सकता है और इससे गंभीर चोट पहुँचायी जा सकती है। चलो, अब इसके बारे में बात करते है। यह सबसे कठोर और तीव्र बिंदु अपने सिर की रक्षा के लिए ढाल के रूप में इस्तेमाल तो किया जा ही सकता है, इससे वार करना भी उतना ही विनाशकारी हो सकता है। चाहे वह हेमेकर हो, किक, जैब या शक्तिशाली क्रॉस हो, कोहनी नॉकआउट को रोक सकती है और आपके विरोधी को घायल कर सकती है।

मिशन : इसी तकनीक से ब्लॉक करें और जवाब भी दें।

क्रियान्वयन : राइनो ब्लॉक में सिर की रक्षा और सामने वाले को जबाव देने के लिए दोनों भुजाओं का उपयोग किया जाता है:

1. अपने अंगुलियों को अपने बालों में फिराएं और अपनी कोहनी जब सीधे आपके सामने आँख के स्तर आ जाए तो उसके बाद रुक जाएं।
2. अपने कंधे को अपने जबड़े की रेखा से सटाकर रखें और अपनी ठुड्डी आपके बाइसेप के अंदर घुसा लें।
3. अपना दूसरा हाथ ऊपर उठाएं ताकि आपकी हथेली का पिछला हिस्सा आपके जबड़े की रेखा के ऊपर आपके गाल की हड्डी, कनपटी या मध्य माथे को सहारा देता हो।
4. अधिकतम सुरक्षा प्रदान करने और अधिकतम प्रतिक्रिया के लिए दो मूवमेंट्स को एक साथ मिलाएं।

No. 079 : राइनो ब्लॉक

काम और सहयोग : राइनो ब्लॉक को अपने दैनिक शैडो-बॉक्सिंग रूटीन का हिस्सा बनाएं। दोनों भुजाओं का उपयोग करके इसे दिन में कम से कम सौ बार करें और अपने जबावी हमले में इसे शामिल करें।

आदेश और नियंत्रण : राइनो ब्लॉक सबसे मुख्य ("बोनिएस्ट") यानि तीखा मानव हथियार आपके सामने है जिससे टकराकर कोई भी वार करने वाले का पैर या हाथ टूट सकता है। यह आपके विरोधियों के लिए स्वयं को सूली पर चढ़ने के लिए काँटे का काम करता है।

080 गिलोटिन और गारमेंट चोक के लिए राइनो ब्लॉक का उपयोग

स्थिति : सबसे खराब स्थिति के लिए प्रशिक्षण आपको वास्तविक दुनिया की घटनाओं के लिए अच्छी तरह तैयार करेगा। सिर्फ एक बुरे आदमी से निपटने में आपके लड़ाई के तमाम साधन छिन सकते है। विशेष रूप से जब थाई क्लिंच को एक पारंपरिक चुनौती में बदल कर उपयोग किया जाता हैं। दोनों चालों के लिए दोनों बाहों की आवश्यकता होती है, लेकिन हमें यह जरूर स्वीकार करना चाहिए कि दुर्भाग्य से, जहां एक बुरा इंसान या दुश्मन हो, वहाँ वैसे ही बहुत से होने की भी संभावना है। आपको खुद को जीवित रखने के लिए अपने संसाधनों को अनुकूलित और स्वतंत्र करना होगा। जैसे-जैसे खतरों की संख्या बढ़ जाती है, आपके हाथ-पैर अत्यधिक मूल्यवान हो जाते हैं। जब दुश्मन की संख्या दो से तीन में बदल जाये तो अपने कपड़ों को हथियार कैसे बनाना है, इस बात को समझना आपको जरूरी मदद का हाथ प्रदान करता है।

मिशन : अपने कपड़ों को हथियार बनाएं।

क्रियान्वयन : राइनो ब्लॉक का उपयोग स्वाभाविक रूप से स्थिति पर आपका नियंत्रण रखता है और थाई क्लिंच के लिए एक आसान बदलाव में मदद करता है। डबल कॉलर टाई सबसे ज्यादा आम थाई क्लिंच है। अपने प्रतिद्वंद्वी का सिर नीचे खींचने के लिए अपने हाथों का प्रयोग करें और उसके सिर और कंधों को जकड़ने के लिए अपनी कोहनी का उपयोग करें। ऐसा करके आप उसे नियंत्रित कर पाएंगे। डबल कॉलर टाई को करते हुए अपनी दोनों कोहनियों को एक साथ दबाकर अपने प्रतिद्वंद्वी को भागने से रोक पाना सुनिश्चित करें। अपने प्रतिद्वंद्वी को बाँई या दाईं ओर मरोड़ते हुए उसका संतुलन बिगाड़ना आपके दांव को अचानक गिलोटिन चोक (सिर पकड़ने)में बदलने में मदद करेगा। इस मूवमेंट को फ्रंट नेकेड चोक के रूप में भी जाना जाता है, लेकिन इस मामले में, यह नेकेड (नग्न) नहीं होगा

No. 080 : गिलोटिन और गारमेंट चोक के लिए राइनो ब्लॉक का उपयोग

क्योंकि आप इस चोक को पूरा करने के लिए अपने कपड़ों का लाभ उठा रहे होंगे। लड़ाई में दूसरे दुश्मन शामिल होने पर यह तकनीक आपको हथियार निकालने में भी मदद देती है।

काम और सहयोग : अपने राइनो ब्लॉक का लाभ उठाना, थाई क्लिंच में परिवर्तन करना और नेकेड फ्रंट चोक या गारमेंट (कपड़ों-सहित) फ्रंट चोक में परिवर्तन करना, जैसी चालों की इस श्रृंखला को फ्लो ड्रिल की तरह मानें। ऐसी प्रत्येक तकनीक को 'अकेले खुद को साबित करने वाली' तकनीक के रूप में प्रशिक्षित किया जा सकता है या एक दूसरे के साथ कॉम्बिनेशन में आजमाया जा सकता है। पहले उनमें से प्रत्येक का अभ्यास करें और फिर उन सबको एक साथ जोड़ें। समय के साथ, आपमें एक समझ पैदा होगी और आप उनके गुण दोष की विवेचना कर पायेंगे कि लड़ाई में किस तकनीक का कहाँ काम होता है।

आदेश और नियंत्रण : अपने विरोधी के सिर को काबू करने से आप उसकी रीढ़ को नियंत्रित कर सकते है जो बाद में आपको उसके शरीर को नियंत्रित करने में मदद करेगा। प्रत्येक परिवर्तन को उग्र और तेज बनाएं—जिससे आपके शत्रु का मनोबल गिरेगा और लड़ाई समाप्त होने से पहले ही यह उसकी लड़ने की इच्छा खत्म हो जाएगी।

081 राइनो ब्लॉक से गारमेंट चोक करें

स्थिति : आपने यह पहले भी सुना है और आप इसे एक बार फिर से सुनेंगे कि आप कभी नहीं चाहेंगे कि गली में होने वाली लड़ाई आप अपने दुश्मन के साथ जमीन पर गिर कर लड़ें। जमीन पर गिरना आपको कमजोर स्थिति में लाकर अन्य खतरों या दुश्मनों से हमले के लिए असुरक्षित बना सकता है, लेकिन कुछ अच्छी जमीनी लड़ाई की तकनीकें हैं, जिनका उपयोग कर आप सीधे खड़े हो सकते हैं। जैसे पारंपरिक ईजेकील चोक में आप अपनी आस्तीन का लाभ उठा सकते है, लेकिन यह आपके प्रतिद्वंद्वी की गर्दन की स्थिति के आधार पर निर्भर करता है। आपकी हथेली के अग्रभाग से श्वासनली या कैरोटिड धमनियों पर दबाव बना सकते हैं। अगर आपकी कमीज स्लीवलेस है तो उसी तरह का चोक करने के लिए अपने प्रतिद्वंद्वी के कपड़ों का उपयोग करना और भी अधिक प्रभावी है। उसके विरुद्ध उसकी ही कमीज का प्रयोग करने से आपका एक हाथ अन्य खतरों से निपटने के लिए मुक्त हो जायेगा।

मिशन : अपनी आस्तीन का प्रयोग करके अपना जीवन बचाएं।

क्रियान्वयन : अपने विरोधी के वार को राइनो ब्लॉक के साथ रोकें। अपने राइनो ब्लॉक वाले हाथ में आगे की ओर दबाव लाएं और अपने विरोधी के वार करने वाले हाथ की ट्राइसेप्स को उसमें फँसा लें। अब अपने दूसरा हाथ से उसकी शर्ट के कॉलर को मुट्ठी से पकड़ लें। थोड़ी तेजी से, कॉलर को शरीर से दूर करते हुए अपने विरोधी की गर्दन के पार ले जायें और आप घुमकर उसकी फंसी हुई भुजा के नीचे से कदम रखें और अपने प्रतिद्वन्दी की पीठ को पकड़ें। कॉलर वाले हाथ को बदल कर दूसरे हाथ से पकड़ लें और आपके प्रतिद्वंद्वी की सांस को नियंत्रित कर लें। चोक से निकलने से रोकने के लिए उसे पलट दें, उसकी फंसी हुई भुजा के नीचे कदम रखें रहे। जब वह बेहोश हो जाये तो आप अपने दूसरे खाली हाथ से हथियार निकाल सकते है और अन्य खतरों से निपट सकते है।

No. 081 : राइनो ब्लॉक से गारमेंट चोक करें

काम और सहयोग : प्रत्येक चाल का व्यक्तिगत रूप से अभ्यास किया जाना चाहिए। राइनो ब्लॉक, दुश्मन के वार करने वाले हाथ को फँसाना, किसी भी कपड़े के कॉलर को पकड़ना, कॉलर चोक और इसी तरह कि- ये प्रत्येक चाल बहुत बुनियादी है। इन बुनियादी बातों पर महारत हासिल करने से आप बहुत एडवांस हो जाएंगे।

आदेश और नियंत्रण : या तो आप शरीर में खून का बहाव रोक सकते है या सांस। यह इस बात पर निर्भर करता है कि दबाव कहाँ लगाया जाता है। दोनों ही चोक आपके विरोधी को बेहोश कर देंगे। खून, कम संघर्ष के साथ और तेजी से चोक होता है और सांस या एयर चोक इसके विपरीत हैं- खासकर उस समय जब आपका विरोधी जानता है कि उसका दम घुट रहा है पर कुछ बुरे लोग ऐसा ही बढ़िया और धीमे एयर चोक के पात्र हैं।

082 एक साथ कई बाहरी हमलावरों का सामना करें

स्थिति : अगर आप अपने सामने एक भी खतरा या दुश्मन देखते हैं तो उसी पर नजर केंद्रित न करें। हमेशा अपनी पृष्ठभूमि, आसपास व अपने पीछे मौजूद अन्य खतरों यानि दुश्मनों पर भी नजर रखें। यदि आप बच सकते हैं और मौके से बाहर निकल सकते हैं, तो आपको ऐसा करने का हर संभव प्रयास करना चाहिए। एक आखिरी चीज जो आप चाहते हैं वह यह है कि उसके हाथ-पांव बांधकर कार में पीछे डाल लें। एक बार अगर आपने सभी खतरों या दुश्मनों की पहचान कर ली है तो आपको पूरे माहौल की नजरों से तलाशी लेनी होगी और समझना होगा कि आप उस हर एक खतरे से कैसे निपटने वाले हैं, जो आपके सामने मौजूद है। लड़ाई शुरू होने से पहले ही मानसिक रूप से दुश्मनों को ढेर करना शुरू कर दें। जब पहला व्यक्ति अपना दांव चले तो बाकी दुश्मनों के साथ आप अपना अलाइनमेंट बनाए रखें। आदर्श रूप से, आपको अपने सबसे करीबी हमलावर को अपने और अगले-निकटतम हमलावर के बीच रखना चाहिए।

मिशन : दुश्मन के गले पर वार करें और उसे तड़पायें।

क्रियान्वयन : जब आपका एक हाथ व्यस्त हो और दूसरा दुश्मन आदमी केवल कुछ फीट दूर हो तो पहले दुश्मन को खत्म करने के लिए आपको तेजी से आगे बढ़ना होगा ताकि आप दूसरे से निपट सकें। अपने अंगूठे को इन्गुआइनल कैनल से अपनी टी-शर्ट (जो पैंट के अंदर नहीं खोंसी हुई) के किनारे तक सरकाएं और अपना खंजर खींच निकालें। इसी समय पर, अपना एक कदम, हाथ पकड़े विरोधी के पीछे की ओर रखें। जब आप उसके गले में छुरा घोंपते हैं तो यह कदम उसे वहीं रोके रखने में मदद करता है। गर्दन में चाकू मार दें और उसके टॉन्सिल को कुरेदने की कोशिश करें और उसे तड़पाना शुरू कर दें। पहले दुश्मन को आपके और आने वाले हमलावर के बीच में रखें और दूसरे के खिलाफ ढाल के रूप में उपयोग

No. 082 : एक साथ कई हमलावरों का सामना करें

करें। उसके पीछे, उसकी ओट लेते रहते हुए, अपना पिस्तौल निकालें और प्रभावी कार्यवाही के लिए फायर करें।

काम और सहयोग : दोनों हाथों में दो हथियार उपलब्ध होना एक अच्छा विचार है। लड़ाइयों की इस दुनिया में, दोनों हाथों से काम का अभ्यस्त होना ही चाहिए और आपको इस तरह का प्रशिक्षण लेना शुरू कर देना चाहिए।

आदेश और नियंत्रण : लड़ाई के बीच में अपने दुश्मनों को ढेर करना आपकी प्राथमिकता होनी चाहिए। ऐसा करने के लिए अभ्यास और पूर्ण जागरूकता चाहिए, लेकिन ऐसा करने से, वहाँ ज्यादा हमलावर होते हुए भी आप खुद को लड़ाई में आमने-सामने बनाए रखते हैं।

083 डोरी से चोक करें

स्थिति : यदि दुश्मन आपको एक सूमो पहलवान की तरह पूरे जोर से भींच ले तो आपको स्थिति का लाभ उठाना चाहिए और अपने अगले कदम का निर्णय लेना चाहिए। सबसे पहला और सबसे महत्वपूर्ण काम, अपने प्रतिद्वंद्वी की कमर पर एक सरसरी नजर मारना है जो आपको एक बेशकीमती जानकारी प्रदान कर सकता है, जैसे कि- उसके पास बंदूक या चाकू तो नहीं है। यदि आप निर्धारित करते हैं कि उसके पास हथियार हैं तो आप उसकी बाहों को यूँ ही बांध कर रख सकते हैं या आप उसे दूर धकेल सकते हैं और खुद भाग सकते हैं। स्थिति, माहौल और अन्य संभावित दुश्मन आपको निर्णय लेने में मदद करेंगे। अगर उसे गले लगाये रखने में ज़्यादा भलाई नजर आ रही हो तो उसे बाहों में जकड़ कर उसकी बाहों को व्यस्त रखें और लड़ाई को चुपचाप और जल्दी से समाप्त करें। पैराशूट कॉर्ड की गांठ बनाकर रखना या एक पहचान पत्र आदि की डोरी रखना भी पूरी तरह से कानूनी है और आश्चर्यजनक रूप से, एक उत्कृष्ट हथियार के रूप में कार्य करती है।

मिशन : उसका धीरे से गला घोंटें।

क्रियान्वयन : जब दोनों ने बराबर-बराबर एक दूसरे को जकड़ रखा हो तो जल्दी से अपने प्रतिद्वंद्वी की कमर को थपथपाने और उसकी तलाशी लेने का अवसर खोज लें। बराबर-बराबर की स्थिति बरकरार रखते हुए अपने प्रतिद्वंदी की भुजाओं को काबू रखें और सुनिश्चित करें कि वे कभी भी हथियार की तरफ नहीं जा पाये। अपने कान से उसके कान सटाकर रखना और अपने सिर को उसके सिर से रगड़ते रहने से आपका प्रतिद्वंद्वी आपको अपने पहचान पात्र की डोरी तक पहुंचते हुए नहीं देख सकेगा। डोरी निकाल कर अपने प्रतिद्वंद्वी की पीठ के पीछे से उसके एक छोर को अपनी कलाई के चारों ओर लपेटें और अपने दूसरे हाथ से उसकी विपरीत साइड को पकड़ें। डोरी को उसके गले के चारों ओर ले जायें। इसी समय अपने प्रतिद्वंदी की पीठ का सहारा लेकर अपने दूसरे हाथ के अग्रभाग से पकड़ लें। विरोधी के गले

No. 083 : डोरी से चोक करें

पर एक तरफ आपके हाथ के अग्रभाग का दबाव होगा और दूसरी तरफ उसके गले पर डोरी से दबाव होना चाहिए। डोरी और आपके हाथ के अग्रभाग के बीच कैंची जैसी धार और दबाव बनेगा और अपने प्रतिद्वंद्वी के मस्तिष्क की तरफ होने वाला खून का बहाव रुक जायेगा।

काम और सहयोग : डोरी बनाने के लिए सबसे टिकाऊ रस्सियों का उपयोग किया जा सकता है। पैराशूट कॉर्ड इसके लिए आदर्श है, जिसे 550 पैरासॉर्ड भी कहा जाता है। केवलर कॉर्ड भी एक बेहतरीन विकल्प है। आप जो भी सामग्री चुनें, सुनिश्चित करें कि इसमें वार की तकनीक के लिए पर्याप्त शक्ति हो लेकिन बहुत तीखी न हो अन्यथा यह आपको काट देगी। न खिसकने वाली गांठ का उपयोग करना सुनिश्चित करें।

आदेश और नियंत्रण : इस तरह खतरनाक नजदीकी हाथापाई में अपने प्रतिद्वंद्वी की भुजाओं को नियंत्रित करना आपकी प्राथमिकता होनी चाहिए। एक बार हथियार बाहर निकल जाने पर स्थिति बहुत विकट हो जाती है और नियंत्रित करना मुश्किल हो जाता हैं। बाद में दबाने की तुलना में पहले ही रोकना आसान है। लड़ाई उचित नहीं है और यदि आपको दुश्मन के हथियार निकाल कर उसी के खिलाफ उनका उपयोग करने का अवसर मिले तो तनाव की स्थिति को कम करने या झगड़े को समाप्त करने के लिए ऐसा ही करें। चोक यानि बाधा दो तरह से किया जा सकता है, जो ब्लड चोक हो सकता है या एयर चोक, यह इस आधार पर निर्भर करता है कि दबाव कहां लगाया जाता है । दोनों ही चोक आपके विरोधी को बेहोश करने का काम करेंगे। ब्लड चोक जल्दी और कम संघर्ष के साथ होता हैं और श्वास चोक इसके विपरीत हैं – जो मुख्यतः इसलिए क्योंकि आपका विरोधी जानता है कि उसका गला घोंटा जा रहा है, इसलिए इसमें ज़्यादा संघर्ष की जरूरत होती है। कुछ दुश्मन धीमे एयर चोक के पास होते हैं।

084 खंजर निकालना और छिपाना

स्थिति : कभी भी तीसरे पक्ष को अपने बारे में बेवजह जानकारी न लेने दें। इन दिनों, आपको मान लेना चाहिए कि कोई आप पर बारीकी से गौर करके आपको जाँच-परख रहा है कि आप क्या पहनते हैं, कैसे चलते हैं, आप किससे क्या बात करते हैं और आपको पता चले बिना वह आपके बारे में निर्णय ले रहा हैं। तो इस वजह से, आपको यह सुनिश्चित करने की ज़रूरत है कि आपका हथियार सिस्टम वास्तव में सार्वजनिक रूप से छिपा हुआ हो। छिपाव और समय पर उन्हे निकालने के बीच संतुलन बनाना चुनौतीपूर्ण हो सकता हैं। आपकी बंदूकों और चाकुओं को छुपाया जाना चाहिए, लेकिन वे समय पर व जल्दी से निकाल पाने की स्थिति में भी होने चाहिए। आपकी हथियारों की पसंद, होलस्टर्स और म्यान, जो कपड़े आप पहनते हैं और जिस वातावरण में आप रहते हैं, ये सभी एक महत्वपूर्ण भूमिका निभाते है—और कभी-कभी इनके मामले में आपको रचनात्मक होना पड़ता है।

मिशन : इन्हे नजरों से दूर रखें, लेकिन दिमाग से नहीं।

क्रियान्वयन : एसओसीपी खंजर की म्यान, कम-दिखने वाली क्लिप के साथ आती है, जो इसे कमरबंद के अंदर छुपाने में मददगार है। क्लिप प्रोफाइल इतना छोटा है कि इसे बेल्ट के पीछे या कमरबंद के अंदर छुपाया जा सकता है। यदि आपको गहराई में छुपाने वाले विकल्प की आवश्यकता है, तो अपने असली कमरबंद के अंदर एक और कमरबंद बनाने के लिए पैराकॉर्ड (हल्की नायलोन रस्सी) का उपयोग करें।

काम और सहयोग : आजकल कई फिक्स्ड-ब्लेड वाले चाकू आते हैं, जिनमें से आप कोई भी चुन सकते है। इस पुस्तक में भी कई विशेषज्ञों के अपने पसंदीदा खंजर हैं या वे अपने चाकू आदि बनाते भी है। उन सभी के अपने-अपने फायदे

No. 084 : खंजर निकालना और छिपाना

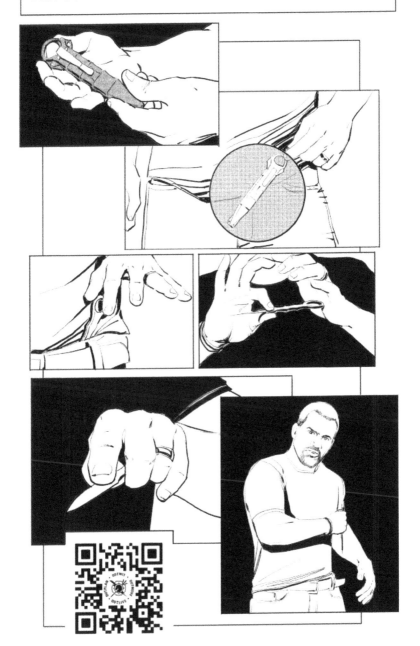

हैं जो आपकी खरीदारी के फैसले को मुश्किल बनाते हैं। बेंचमार्क नाइफ कंपनी का उत्पाद एसओसीपी खंजर हर रोज कैरी करने के लिए एक बेहतरीन चाकू है।

आदेश और नियंत्रण : आपके कपड़ों का चयन और आप उन्हे कैसे पहनते हैं, यह आपके हथियारों को छुपाने और उन तक जल्दी पहुंचने में महत्वपूर्ण भूमिका निभाता है। अपनी पसंद के हथियारों को छिपाने हेतु आरामदायक गैप बनाने के लिए आपको एक इंच ज़्यादा लंबी इनसीम (सीवन) वाली पैंट खरीदनी पड़ सकती है। अपनी कमीज को पैंट के अंदर डालना अपने छुपाने के विकल्प सीमित करता है। वही, आपकी कमीज़ को अंदर न डालने से आपके छिपाने के विकल्पों में वृद्धि तो होती ही है, साथ ही, इससे हैंडगन और चाकू को तुरंत निकालने में भी मदद मिलती है।

बदमाश

रेपियर, बिल

कोड नाम : वाइल्ड बिल

प्राइमरी स्किलसेट : एकीकृत लड़ाई विशेषज्ञ

सेकेंडरी स्किलसेट : जिउ-जित्सु, सायोक काली, थाई मुक्केबाजी

पृष्ठभूमि : बिल नौसेना में बीस साल रहने के बाद सेवानिवृत्त हुए और सील टीम 3 में कई वर्षों तक असाइनमेंट पर काम किया। चौदह से अधिक वर्षों के लिए नौसेना के विशेष युद्ध विकास समूह में रहे। बिल और भी कई पदों पर रहे है जिनमें हमलावर, ब्रीचर, स्नाइपर, टीम लीडर, ट्रूप चीफ और सेना में प्रयुक्त कुत्तों के विभाग के सूचीबद्ध वरिष्ठ सलाहकार रहना शामिल है। वह हमेशा एक उत्साही निशानेबाज और कई भीषण लड़ाइयों का हिस्सा रहे हैं। कॉम्बैट तकनीकों में बिल को दुनिया के शीर्ष प्रशिक्षकों में से एक के रूप में भी जाना जाता है, एक ऐसी पोजीशन जिसे उन्होंने वर्षों के गहन प्रशिक्षण के बाद हासिल किया। वह ब्राजीलियाई जिउ-जित्सु में ब्लैक बेल्ट हैं और गुस्तावो मचाडो (वर्जीनिया बीच) के अधीन प्रशिक्षण लिया है। वह 2006 से सायोक काली में ट्रेनिंग कर चुके है और पश्चिमी तथा थाई मुक्केबाजी में भी प्रशिक्षित है। उनकी इस पृष्ठभूमि के कारण, यह कोई आश्चर्य की बात नहीं होनी चाहिए कि वह जिन पाठ्यक्रमों में निर्देश देते है उनमें से कई में आग्नेयास्त्रों में प्रवीणता की तुलना में एटॉमिक शूटिंग पर कहीं अधिक झुकाव है। रैपियर अपने छात्रों को सिखाते है कि उनकी लड़ाई में बंदूक ही एकमात्र उपलब्ध उपकरण नहीं हो सकता है।

दुश्मन

ओसामा बिन लादेन

पृष्ठभूमि : बिन लादेन 11 सितंबर, 2001 के हमलों की साजिश रचने में अपनी भूमिका के लिए सबसे प्रसिद्ध है, जिससे लगभग तीन हजार लोगों की मौत हो गई थी। उसी ने संयुक्त राज्य अमेरिका को आतंक पर युद्ध शुरू करने के लिए उकसाया। बाद में वह एक दशक के लंबे समय तक अंतरराष्ट्रीय खोज का विषय बना रहा। 2 मई, 2011 को अमेरिकन नेवी सील ने एबटाबाद, पाकिस्तान में एक निजी आवासीय परिसर के अंदर बिन लादेन की गोली मारकर हत्या कर दी थी, जहाँ वह वजीरिस्तान के एक स्थानीय परिवार के साथ रहता था।

085 प्रतिक्रियात्मक अन्तराल को समझें

स्थिति : रिएक्शनरी गैप या प्रतिक्रियात्मक अंतराल आपके और आपके विरोधी के बीच की वह दूरी है, जिसमें की गई पहली कार्रवाई हमेशा जीती जाती है, कार्रवाई की गति क्या थी, यह कोई मायने नहीं रखता। प्रतिक्रियावादी अंतराल के अंदर कहीं भी डेंजर जोन हो सकता है। एक बार गैप के अंदर जाने के बाद, आपके विरोधी के हमले पर आपकी सफलतापूर्वक प्रतिक्रिया करने की संभावना तेजी से घटकर लगभग शून्य हो जाती है। निर्णायक रेखा यह है कि : जब आप प्रतिक्रियात्मक अंतराल के अंदर जो भी पहली चाल चलता है, वही जीतता है।

मिशन : अन्तराल के अंदर पहले वार करें।

क्रियान्वयन : एक बार जब आप समझ जाते हैं कि प्रतिक्रियात्मक अंतर क्रिया और प्रतिक्रिया पर आधारित है तो आप तुरंत जान जाते हैं कि अंतराल बनाए रखना बिल्कुल समय की तरह ही मूल्यवान है। अपने और अपने दुश्मन के बीच दूरियां बढ़ाने से आपके विरोधी की चाल और बचाव चाल पर आपकी प्रतिक्रिया करने की संभावना बढ़ जाती है।

काम और सहयोग : प्रतिक्रियात्मक अंतराल के अंदर जब अपनी क्रियाओं और प्रतिक्रियाओं के लिए मूवमेंट्स का प्रशिक्षण लें तो यथार्थवादी बनें और किसी पैटर्न का पीछा करने से दूर रहें। बार-बार एक ही तरीके से वार करने का मतलब यह है की आप पहले ही अपने विरोधी को जता देते है की आपका अगला वार कौन सा होगा। अपनी अहिंसक मुद्रा का लाभ उठाएं और यह निर्धारित करने के लिए कि आपके लिए कौनसा दांव सबसे अच्छी तरह काम करता है, अपने दांव को निर्णायक और तेज बनाए। प्रशिक्षण के दौरान - समय व स्थान के लिए सम्मान और अपनी समग्र समझ को बेहतर बनाने के लिए दोनों भूमिकाएँ एक साथ निभाएँ ।

No. 085 : प्रतिक्रियात्मक अन्तराल को समझें

आदेश और नियंत्रण : एक ठोस अहिंसक मुद्रा बनाए रखना कवर प्रदान करने के साथ ही प्रतिक्रियात्मक अंतराल में रहते हुए अप्रत्याशित वार से सुरक्षा भी प्रदान करता है। ध्यान रखें कि आपको एक बार अचानक खतरा महसूस हो या कोई हथियार, तना हुआ मुक्का, खून के लिए आतुर हाथ या किसी अन्य इशारे की पहचान करें जिससे लग सकता है कि वह आपकी बात विफल हो जाएगी तो बेझिझक पहले वार कर डालें, जबरदस्त वार करें और जब तक विरोधी अक्षम न हो जाए, तब तक दया न करें।

086 कोहनी से क्रॉस वार करें

स्थिति : टेलीग्राफिंग का मतलब अनजाने में किसी विरोधी को किसी की तात्कालिक स्थिति या इरादे के प्रति सचेत करना है। यह आमतौर पर शारीरिक रूप से "बताने" के संदर्भ में है जो होने वाली कार्रवाई को पहले से दर्शा देता है। उदाहरण के लिए, एक बॉक्सर का हुक मारने के लिए घूमना, टेलीग्राफिंग होगा। एक खेल प्रतियोगिता में तो यह केवल एक "बताना" है, इसके विपरीत, खतरनाक स्थिति या हिंसक टकराव में यह एक बड़ा जोखिम हो सकता है। आप नहीं चाहेंगे कि आपका विरोधी यह जाने कि आप क्या करने की योजना बना रहे हैं। इसके बजाय, आप उसे हैरान करने के लिए वार करना चाहते हैं, लेकिन कुछ अपवाद ही होते हैं जहाँ क्रिया का पलड़ा प्रतिक्रिया पर भारी पड़ता है। कोहनी से क्रॉस वार के लिए कुछ हद तक तैयारी की आवश्यकता होती है, लेकिन एक बार इसे मारने देने के बाद, इस वार की घातक प्रकृति के कारण इससे कोई फर्क नहीं पड़ता कि आपके विरोधी को इस वार का पहले पता चल पाता है या नहीं।

मिशन : जो काम करता है, उसे रोकें नहीं।

क्रियान्वयन : आपके फोरआर्म (बाँह का अग्रभाग) की हड्डियाँ मांसपेशियों से घिरी होती हैं। जब आप मुक्का बनाते है तो मस्पेशियाँ हड्डियों को घेर लेती है और जब आप अपनी अँगुलिगों को फैलाकर अपने हाथ को खुला छोड़ दें तो इससे फोरआर्म की हड्डी उजागर हो जाती है और यह स्थिति किसी भी कोहनी से वार करने के लिए आदर्श है। वार करते हुए आपकी खुली हथेली का पिछला भाग आपकी गाल की हड्डी से सटा हुआ हो और अपनी कोहनी पीछे खींची हुई हो, अब अपने कोर को सिकोड लें ताकि वार करते वक्त आपके पूरे शरीर का इस्तेमाल किया जा सके और जिससे आपके प्रतिद्वंदी को नोकआउट किया जा सके ।

No. 086 : कोहनी से क्रॉस वार करें

काम और सहयोग : यदि आपके पास अपने विरोधी की गर्दन को जकड़ने या उसकी बाँह को फँसा लेने की क्षमता है तो ऐसा करने से उसका सिर या शरीर का ऊपरी भाग स्थिर रहेगा और आपके कोहनी से वार के प्रभाव में वृद्धि होगी। यह ऐसा वार है जो आप अपने विरोधी पर बार-बार कर सकते हैं, जब तक कि वह लड़ाई से हटने को तैयार या निढाल न हो जाए।

आदेश और नियंत्रण : हमेशा वहाँ हमला करने के अवसरों की तलाश करें जिसे नॉकआउट त्रिकोण कहते हैं। इस त्रिकोण का शीर्ष आपके कानों के नीचे जहां आपके जबड़े का जोड़ आपकी खोपड़ी से मिलता है, वहाँ से लेकर दूसरे कान के पार और ठोड़ी के नीचे तक फैला हुआ होता है। आपको किसी भी विवाद के दौरान हमेशा अपने स्वयं के नॉकआउट त्रिकोण की रक्षा करने का प्रयास करना चाहिए। अंत में आप विरोधी को बेहोश करना चाहते है।

087 कोहनी से अपरकट मारना व ढाल बनाना

स्थिति : यह समझना आवश्यक है कि कोहनी का वार सिर्फ एक जोरदार हमलें से कहीं ज़्यादा हैं। अगर या वार ठीक से किया जाए तो यह वार ढाल की तरह काम भी करता हैं, साथ ही यह एक तलवार के रूप में भी काम करता हैं। इससे आप अपने विरोधी के चेहरे को काट और तोड़ तो सकते ही हैं, साथ ही, वैसी ही चोटों से अपने चेहरे को बचा भी सकते है वो भी—सब कुछ एक ही बार में। जिस बिंदु पर आपकी बांह की कलाई वाला भाग और ऊपरी भुजा मिलती है वह कोहनी के वार का केवल एक बिंदु है। आपके कंधे से जुड़ी ऊपरी बांह और फोरआर्म को जब आगे की तरफ गति के साथ जोड़ा जाता है तो आक्रामक और रक्षात्मक दोनों उपकरणों के रूप में एक साथ सेवा प्रदान करती है।

मिशन : सिर्फ कोहनी ही नहीं बल्कि पूरे हाथ का इस्तेमाल करें।

क्रियान्वयन : जब आपका हाथ आपके कान के पास से गुजरता है तो आपकी कोहनी स्वाभाविक रूप से ऊपर की ओर जाएगी। इसी ऊपर की दिशा में यानि ऊपर की तरफ कोहनी करके ही आप अपने प्रतिद्वंद्वी को अपरकट मारा सकते है। जिस गति में आपने अपरकट मारा है, उसी गति में आप अपने नॉकआउट त्रिकोण को (अपने कानों से ठोड़ी तक का हिस्सा) आने वाले हमलों से बचा भी रहे हैं। कोहनी को ऊपर की तरफ ले जाकर और अपने फुटवर्क को आगे लाते हुए, दोनों को एक साथ, एक ही समय वार करने से आप अपने विरोधी को चौंकाते हुए चित्त कर सकते है और इसका फायदा लड़ाई को खत्म करने के लिए उठा सकते है।

काम और सहयोग : आपको अपने दूसरे हाथ से आपके विरोधी की दूसरी बाँह को मजबूती से नियंत्रण में लेना या उसके वार को पकड़ लें या इसके स्थान पर चाकू या बंदूक निकाल सकते है। अगर आप एक कदम आगे बढ़ाकर और जोरदार लंग

No. 087 : कोहनी से अपरकट मारना व ढाल बनाना

पोजीशन के साथ यानि एक घुटना आगे टिकाकर कोहनी से अपरकट मारते है तो इसका प्रभाव बढ़ जायेगा।

आदेश और नियंत्रण : अपने प्रतिद्वंद्वी का सिर उसकी अनुकूल दिशा से हटाने का कोई अवसर मिले तो ऐसा ही करें। इससे स्थिति के ऊपर से उसका आदेश और नियंत्रण समाप्त हो जाता है। उसका मुंह यदि अपनी अनुकूल दिशा से हट जाए तो वह आपको देख नहीं सकेगा। उनके सिर को दाएँ, बाएँ या सीधा पीछे की ओर घुमा देना, आपको समय और विकल्प प्रदान करता है।

088 सिर से टक्कर कैसे मारें

स्थिति : परंपरागत रूप से, हेडबट का अर्थ सिर को पीछे की ओर करके ठोड़ी ऊपर उठाना और तेजी के साथ आगे लाकर टकराना माना जाता है, जिसमें आपके माथे से टक्कर, आपके प्रतिद्वंद्वी के चेहरे को तोड़ देती है। इस उपरोक्त कथन का केवल एक हिस्सा सटीक या सच है और वह आखिर की स्थिति जिसमें आप 'प्रतिद्वंद्वी के चेहरे को तोड़' देते है। इस कथन की बाकी बातें जरूरी नहीं है कि गलत हो लेकिन निश्चित रूप से सबसे प्रभावी तकनीक नहीं है और हो सकता है कि यह आपके लिए ही अधिक खतरनाक हो। जैसे ही आप अपने सिर को नीचे और ठोड़ी को ऊपर करके पीछे ले जाते हैं तो आप अपने प्रतिद्वंद्वी को आगाह कर देते है कि आप क्या करने वाले हैं और इससे भी बदतर, आप अपनी ठोड़ी और गर्दन के निचले हिस्से को दुश्मन के सामने खुला छोड देते हैं। जब आप अपना सिर बिना घुमाव के सीधे आगे लाकर टकराते है और अपने माथे से वार करते है तो आप वास्तव में अपने आप को अचेत करने के अवसर बढ़ाते हैं।

मिशन : उनके चेहरे पर हेडबट मारें; अपने चेहरे को उनके सिर से न टकराये।

क्रियान्वयन : सबसे पहले और सबसे महत्वपूर्ण बात यह है कि आपकी हेयरलाइन से शुरू होकर, आपकी खोपड़ी के पीछे तक का ऊपरी हिस्सा, आपके सिर का सबसे कठोर हिस्सा है। आपका लक्ष्य, आपके सिर के ऊपरी हिस्से से अपने प्रतिद्वंद्वी के चेहरे को तोड़ना है। ऐसा करने के लिए, अपनी सभी कशेरुकाओं को एक सीध में और सीधा रखें। आपके सिर का ऊपरी हिस्सा आपके टेलबोन के अनुरूप होना चाहिए। शक्ति आपको अपने पैरों से लेनी है। पहले खुद को आधा नीचे बैठने यानि हाफ स्क्वैट की पॉजिशन में लाना और अचानक ऊपर की ओर उठकर तेजी से टकराना, आपके विरोधी को सिर हेडबट देने का सबसे प्रभावी तरीका है।

No. 088 : सिर से टक्कर कैसे मारें

काम और सहयोग : आप कुछ और बुनियादी बारबेल (लोहे के दंड से) अभ्यास करके अपने हेडबट की टक्कर की शक्ति बढ़ाएँ। स्कैट, ड्रेडलिफ्ट और बॉक्स जंप कुछ ऐसी जबरदस्त एक्सरसाइज हैं जिससे आपके हेडबट की शक्ति बढ़कर विनाशकारी बन जायेगी।

आदेश और नियंत्रण : अपने विरोधी की गर्दन को जकड़ लेने से वह आपके नियंत्रण में आ जाता है और यह तकनीक अधिक प्रभावशाली हेडबट के लिए एक सेटअप है। यह आपको अपने प्रतिद्वंद्वी के अगले कदम को महसूस करने और लगभग भविष्यवाणी कर सकने में आपकी मदद करता है। हमेशा याद रखें, सिर या गर्दन का नियंत्रण भी शरीर को नियंत्रित करने में मददगार साबित होता है। एक बार जब आप ऐसा कर लेते हैं, तो आप प्रतिद्वंद्वी को अस्थिर कर सकते हैं, उसे असंतुलित करके लड़ाई को समाप्त कर सकते है।

089 अपना चाकू कैसे निकालें

स्थिति : अपनी सारी रक्षात्मक क्षमता को बढ़ाने के लिए सबसे जरुरी है की अपने जो कपड़े पहने हुए आप उन्हें हटाने में सक्षम होकर एक हाथ से चाकू निकाल पाए। आपको चाकू निकालते समय हमलावर के शरीर के कुछ हिस्सों को पकड़ने, धक्का देने, खींचने, मुक्का मारने का प्रयास करना चाहिए। जब तक कि आप एक वर्दीधारी पुलिस अधिकारी या सक्रिय-ड्यूटी सैन्य सेवा में न हो, आपको अपनी कमर की छिपी हुई सभी जगहों से ब्लेड और बंदूक निकालने का काम एक हाथ से करना चाहिए।

मिशन : एक हाथ से चाकू निकालने में महारत हासिल करें।

क्रियान्वयन : यदि कोई एक स्किल लागू करनी है तो पुरानी कहावत है कि "धीमा होना सरल है और जो सरल है वही तेज है।" यह स्किल- एक हाथ से चाकू निकालना ही है। आपके ब्लेड का स्थान ही इस बात को निर्धारित करता है कि ड्रॉ स्ट्रोक कहाँ से शुरू होता है। कपड़ों को हटाना आपकी पहली प्राथमिकता होनी चाहिए। मास्टर ग्रिप हासिल करने के लिए आपको अपने कपड़ों को रास्ते से हटाना होगा। अपने चाकू निकालने वाले हाथ के अँगूठे की टिप को अपने कमर के भाग से सटाकर ऊपर की ओर लायें और पैंट से बाहर निकली हुई शर्ट के निचले हिस्से में फंसा लें। आपका अंगूठा आगे और चारों अंगुलियाँ पीछे होनी चाहिए। इस तरह ऊपर कपड़ा उठाना चाकू को निकालने का रास्ता खाली कर देगा और चारों अँगुलियों से ग्रिप बनाना चाकू खींच कर निकालने में मददगार साबित होगा।

काम और सहयोग : चाकू निकलने का प्रशिक्षण लेते समय सुनिश्चित करें कि आप सुरक्षा और चोट को रोकने के लिए प्रशिक्षण चाकू (ब्लेड) का उपयोग कर रहे हैं। एमटैक ब्लेड के साथ भी प्रशिक्षण ब्लेड आते हैं जो दिए गए म्यान के साथ

No. 089 : अपना चाकू कैसे निकालें

एक दूसरे की जगह काम करता है। अतिरिक्त प्रशिक्षण ब्लेड चाकू रणनीति के यथार्थवादी प्रशिक्षण में मदद देता है।

आदेश और नियंत्रण : अपना ब्लेड निकालते समय उसमें जादू की तरह कुछ धोखा भी शामिल होना चाहिए, अपने विरोधी को ड्रॉ स्ट्रोक यानि चाकू निकालते हुए देखने से रोकने के लिए अपने शरीर को इधर उधर हिलाएं। इससे आप अपने विरोधी को हैरत में डालने के साथ अपनी कार्रवाई में भी उग्र रहते है। यह सब कुछ एक ही मूवमेंट में हो जाता है। साथ ही धक्का देना, जकड़ना, या क्रॉस-बॉडी चेकिंग गुपचुप तरीके से चाकू के इस्तेमाल को लेकर दुश्मन को विचलित कर सकती है।

०९० चाकू छोड़कर पिस्टल निकालना

स्थिति : लड़ाई झगड़े के बीच किसी भी पल घातक विकल्प का सहारा लेना पड़ सकता है। आमतौर पर, आपके पास ऐसा होने की कोई पहले से ही सूचना नहीं होती है और जिस स्थिति के बारे में आपने सोचा था कि तनाव कम होने वाला है, वह सेकंड से भी कम समय में गलत साबित हो जाती है। सबसे खराब स्थिति में, आप खुद को मारने के इरादे से आये कई विरोधियों का एक साथ सामना कर सकते हैं। एक साथ कई खतरों का सामना करते समय, आपको जितनी जल्दी हो सके एक दुश्मन से दूसरे दुश्मन की ओर बढ़ना होगा, इससे पहले की कोई आपको जोर से मारे, बंदूक छीन ले, एक झटके से आप बेहोश हो जाएं या कोई आपके सिर या सीने में गोली मार दे। अपनी जान बचाने की लड़ाई लड़ने के लिए आपको हथियार बरतने से जुड़ी प्रभावी सारी कार्रवाईयों की आवश्यकता होगी।

मिशन : एक हथियार से दूसरा हथियार बदलना, जब तक आप जीत नहीं जाते।

क्रियान्वयन : जितनी जल्दी हो सके अपने विरोधियों को ढेर करते जायें। अपने और दुसरे दुश्मनों के बीच में एक आदमी या दुश्मन होना चाहिए, इससे सभी दुश्मन एक-एक करके आमने-सामने की लड़ाई के लिए मजबूर हो जाते है। ऐसा तब तक करें, जब तक सभी खतरे कम नहीं हो जाते। समझें कि एक-एक से आमने-सामने की लड़ाई में तेज और उग्र बनना पड़ता है। अपने हथियार का यथासंभव कुशलता से उपयोग करें और एक बार में सभी का एक साथ सामना करने से बचने के लिए दुश्मन से दुश्मन की ओर बढ़ें। ऐसा करते हुए आपको कोहनी से वार छोड़कर चाकू निकालने और फिर चाकू को पिस्टल निकालने में तब्दील करने की आवश्यकता हो सकती है, वह भी, किसी विशेष क्रम में और सेकंड के भीतर ही।

No. 090 : चाकू छोड़कर पिस्टल निकलना

काम और सहयोग : अपने हथियारों में बदलाव का प्रशिक्षण चरणबद्ध तरीके से किया जाना चाहिए। एक बार जब आप प्रत्येक चरण में महारत हासिल कर लेते हैं, तो एक बहुत एडवांस कॉम्बिनेशन बनाने के लिए उन सभी को एक दूसरे से जोड़ सकते हैं। इसके लिए विभिन्न कलाओं के लगातार प्रशिक्षण और नियमित अभ्यास की आवश्यकता है।

आदेश और नियंत्रण : अपने विरोधियों को ढेर करना और उन्हें पंक्तिबद्ध रखने के लिए लगातार उनकी एक साइड पर वार करके उन्हे असंतुलित करते रहने से आपके जीवित रहने के अवसर बढेंगे। एक विस्तृत खाली दायरा बनाए रखने की कोशिश करें और हमेशा अपने पीछे देखते रहें क्योंकि जिसके लिए आपने सोचा था कि नीचे गिर गया, हो सकता है कि वह भी वापस उठ रहा हो।

091 हथियार दोबारा लेना

स्थिति : चाहे आपका चाकू हो या हैंडगन, हथियार रखने की शुरुआत व्यक्तिगत जागरूकता से होती है। अपने हथियारों की जांच करते रहना और यह पक्का करना कि आप उन्हे हर समय छिपाकर रखें, यह एक ऐसी आदत है जो आपके जीवन को बचा सकती है। कुछ ऐसे चैक पॉइंट बनाए जिनसे आपको देख परख कर जांच किए बिना ही तत्काल स्थिति का पता चल सके। चैक पॉइंट का एक उदाहरण आपके कपड़े का निचला किनारा है। यदि आप अपने कपड़े के किनारे को अपनी कमर पर सीधा, बिना किसी व्यवधान के पड़े या लटकते हुए महसूस कर सकते हैं तो आप मान सकते हैं कि आपके हथियार सुरक्षित रूप से गुप्त है। किसी दर्पण या स्टोर विंडो में दिख रहे प्रतिबिंबों का उपयोग भी यह निर्धारित करने में कर सकते हैं कि कहीं आपके हथियार अनजाने में नज़र तो नहीं आ रहे हैं। अंततः, आप गलती से भी अपनी क्षमता किसी तीसरी पार्टी को तो नहीं दिखा रहें हैं।

मिशन : अपने हथियार अपने पास रखें।

क्रियान्वयन : चाहे भीड़ भरे माहौल में या किसी सुनसान लंबे रास्ते पर विरोधी के साथ झगड़ा हो, आपको हमेशा हथियार छोड़ कर चलने से बचना चाहिए। अगर होल्स्टर और म्यान में रखे आपके हथियारों को भी आपका विरोधी जानबूझकर या दुर्घटनावश हड़पने का प्रयास करता है, तो उसे अपने हथियारों पर पूरा कब्जा करने से रोकें। इसके लिए आपको विरोधी के हाथ को फंसाने के लिए अपनी बांह की हड्डियों का उपयोगकरना पड़ेगा।

काम और सहयोग : इस तकनीक को अपनी कमर के साथ शरीर की अलग-अलग जगहों से भी प्रशिक्षित करें। आपको यह जानना जरूरी है कि चाहे आपके पास थ्री-ओ क्लॉक कैरियर वाला या फाइव-ओ क्लॉक कैरियर वाला पिस्टल हो, आपकी कमर पर लटका हुआ पिस्टल और लड़ाई के बीच में हथियार बदलना

No. 091 : हथियार दोबारा लेना

कैसा लगता है। दबाव पड़ने पर अपने हाथ बंधे या व्यस्त होने और अपने हथियारों को असुरक्षित होने से बचने के लिए अपने हाथ और शरीर के बीच की दूरी पर ध्यान दें।

आदेश और नियंत्रण : व्यक्तिगत जागरूकता प्रबंधन से संबंधित है। आपको अपने अनुमान या मानसिक कल्पनाओं और आचरण को मैनेज करना है। आपका हर दिन घर से बाहर निकलने से पहले आईने में देखना इसमें शामिल है। सुनिश्चित करें कि आपने ऐसा कुछ भी नहीं पहना हो जो ध्यान आकर्षित करे। सुनिश्चित करें कि आपकी शर्ट अपने छिपे हुए हथियारों के निशान प्रकट किए बिना आपकी कमर को ठीक से कवर करती हो। अपने पूर्वनिर्धारित चैक पॉइंट को यह सुनिश्चित करने के लिए दोबारा जांचें कि आपको किस स्थिति में क्या महसूस करते हुए कौनसा हथियार निकालना है।

092 एक ही समय पर कोहनी से वार और हैंडगन निकालना

स्थिति : प्रतिक्रियात्मक अंतराल के अंदर का समय निर्धारण आपके और आपके विरोधी दोनों के लिए या तो फायदेमंद होगा या फिर नुकसानदेह हो सकता है। विजेता होने की संभावना इस बात से निर्धारित होती है कि पहले चाल कौन चलता है। यदि आपका विरोधी पहला वार करता है और आप महसूस करते हैं कि उसका वार एक छुरे से था न कि मुक्के से, तो आप हारे हुए हैं। यदि आपका विरोधी बंदूक या चाकू निकालता है तो आपको उग्र और जोरदार जवाब देना चाहिए, इसी से आप जबरदस्त फ़ायदा हासिल कर सकते है और जीवित रहने के लिए पर्याप्त समय और स्थान बना सकते है।

मिशन : कोहनी के वार की बौछार करें और बंदूक निकाल लें।

क्रियान्वयन : प्रतिक्रियात्मक गैप के अंदर से:

1. अपरकट कोहनी से वार और क्रॉस कोहनी से वार कर सकते हैं।
2. अब इन्हे क्रॉस-बॉडी चेक में तब्दील कर दें।
3. अपना हथियार निकालें।

विरोधी की छाती में गोली न मारकर उसके पेट या कमर में गोली मारें।

काम और सहयोग : स्थान और अपनी पिस्तौल दोनों पर अपनी पकड़ बनाते हुए पैरों की गति पर भी ध्यान दें क्योंकि यह आपके विरोधी को धराशायी करने में महत्वपूर्ण भूमिका निभाती है। सुनिश्चित करें कि आप खाली और सुरक्षित हैंडगन के साथ प्रशिक्षण लें या इससे भी बेहतर यह है कि प्रशिक्षण का सुरक्षित माहौल बनाए रखने के लिए रबर ट्रेनिंग गन का उपयोग करें। हमेशा अपने हथियार की दोबारा जांच करें और पुष्टि करें कि आप बैरल के नीचे से और मैग्ज़ीन के माध्यम

No. 092 : एक ही समय पर कोहनी से वार और हैंडगन निकालना

से दिन के उजाले को अच्छी तरह देख सकते हैं। आप कभी भी हथियारों की बहुत अधिक जांच नहीं कर सकते, क्योंकि यह सुरक्षा से संबंधित है।

आदेश और नियंत्रण : अगर विरोधी धक्का देते हुए अधिक आक्रामक रूप से आगे बढ़ता है तो किसी भी बिंदु पर क्रॉस-बॉडी चेक को आसानी से चोक करने में तब्दील किया जा सकता है। क्रॉस-बॉडी चेक करते हुए अपनी बांह के आगे वाले भाग को छाती के ऊपर तब तक खिसकाएं जब तक वह गला से मिल न जाए और इस प्रकार उसकी गति उनका दम घोंट देगी।

093 राइफल तैयार रखने के लिए जागरूकता का उपयोग करें

स्थिति : हर समय अपने हथियार की स्थिति जानें। आप अपनी गन या अपने किसी भी फायरआर्म से आखिरी आवाज 'क्लिक' की आवाज सुनना चाहते हैं, ना कि धमाके की। इसे "डेड मैन्स गन" के रूप में भी जाना जाता है। हर समय अपनी राइफल की स्थिति से अवगत रहकर इस असफलता को दूर किया जा सकता है। हथियार (फायरआर्म) की स्थिति का स्तर जानना मुख्य रूप से इस बात को साफ करने का एक तरीका है कि हथियार तैयार है या नहीं। उदाहरण के लिए, स्थिति शून्य का अर्थ है कि क्या मैग्ज़ीन डाली गई है, चैम्बर में राउंड चल रहा है और फायर करने के लिए सेफ्टी मोड बंद है या चालू है? स्थिति एक का अर्थ है कि मैग्ज़ीन डली हुई होती है, चैम्बर में राउंड चल रहा होता है और फायर के लिए सेफ्टी चालू होती है। जैसे-जैसे जांच के लिए नम्बर बढ़ते जाते है, तैयारी का स्तर घटता जाता है। इन स्थितियों का स्तर जानना जरुरी है, लेकिन यह बहुत सामान्य से काम हैं। एक कॉम्बैट राइफल की लड़ाई के लिए तैयारी सुनिश्चित करना है तो जांच के लिए अधिक गहन जांच प्रणाली की आवश्यकता होती है।

मिशन : जागरूकता के चक्र का उपयोग करके अपनी राइफल को लड़ाई के लिए तैयार रखें।

कार्यान्वयन :

1. अपनी मैग्ज़ीन को ठीक से डालें, फिट करें, झटका दें और यह सुनिश्चित कर लें कि यह अपनी जगह लॉक हो गई हो।
2. इसके साथ ही राइफल को रोल करें और मैग्ज़ीन ग्रिप से ऊपर अपने अंगूठे से खिसका कर बोल्ट रिलीज को धकेलें।

No. 093 : राइफल तैयार रखने के लिए जागरूकता का उपयोग करें

3. बोल्ट को थोड़ा सा वापस खींचकर चेंबर में राउंड को देखें।
4. अपने फ़ॉरवर्ड असिस्ट को तीन बार ठोक कर देखें।
5. अपना डस्ट कवर बंद करें।
6. मैग्ज़ीन को एक और बार झटका दें।
7. राइफल को अपने सामने रखें और ऑप्टिक्स के अनुसार ही एडजेस्ट करें।
8. सुनिश्चित करें कि आपका लेजर और रोशनी ठीक से काम कर रहे हैं।

काम और सहयोग : इन चरणों के माध्यम से सुचारु रूप से कार्य करने के लिए अभ्यास करना होगा, लेकिन समय के साथ यह सहज हो जाएगा और आप अपनी तैयारी भी सुनिश्चित करें लेंगे। अपने आप को समय से आगे रखने पर खास ध्यान दें और हर समय जागरूकता का चक्र बनाकर अपने समय को मात देने की कोशिश करें।

आदेश और नियंत्रण : अपनी राइफल को अपने कार्यक्षेत्र के अनुकूल बनाएं। आपका कार्यक्षेत्र ठीक आँख के स्तर पर आपके सामने है जो आपको संभावित खतरों की पहचान करने के लिए हर समय पृष्ठभूमि को देखने में मददगार साबित होता है।

094 राइफल की पकड़ और नियंत्रण

स्थिति : एक सक्षम निशानेबाज बनने के लिए आप अपनी राइफल को कैसे रखते हैं, इसका सीधा संबंध सटीकता से, धक्के या झटके के प्रबंधन, हथियार रखने और अन्य महत्वपूर्ण कारकों से होता है। राइफल शूटिंग के लिए चार मुख्य स्तिथियाँ हैं: खड़े होना, घुटने टेकना, बैठना और उल्टा होना। खड़ा होना एक उच्च स्थिति है जो सबसे अधिक गतिशीलता प्रदान करती है। घुटने टेकना और बैठना मध्यवर्ती स्थितियां है जो आपकी रुपरेखा को कम दर्शाती है और छिपने का लाभ लेने के लिए उपयोग की जाती हैं। उल्टा होने की स्थिति सबसे निचली और सबसे स्थिर होती है। मुख्य बात यह है कि आप अपने हथियार को कैसे पकड़ते हैं औरइन चारों स्थितियों में प्रभावी रूप से काम कैसे करते है। किसी भी समय आप अधिक स्थिर प्लेटफॉर्म पर निशानेबाजी का लाभ उठा सकते हैं इसके साथ हीआपको चाहिए कि अपनी बाहों को आराम भी दें।

मिशन : आप अपनी राइफल को मैनेज करें; इसको अपने ऊपर हावी न होने दें।

क्रियान्वयन : आदर्श रूप से, आपके ट्रिगर दबाने वाले हाथ की ग्रिप, राइफल या पिस्टल की ग्रिप और अपनी कलाई को बैरल के साथ एक सीध में पकड़ें। आपको जिस हाथ की अंगुली से ट्रिगर दबाना है वह हाथ ढीला रहना चाहिए- ढीले हाथ की अंगुली तेज गति से ट्रिगर दबाने में मददगार होती है। वैसे, यह स्थिति और उस दौरान की मूवमेंट पर निर्भर करती है, लेकिन इससे आपकी पिस्तौल की ग्रिप बढ़ जाएगी। अपने सिर को अपनी राइफल की साइट पर झुकाने की बजाय, आपका ट्रिगर-फिंगर वाला हाथ राइफल को थोड़ा अंदर की ओर झुकाएगा तो साइट और ऑप्टिक्स को आपके सिर के साथ सीधी स्थिति में लाने में मददगार होगा। आपका दूसरा सहायक हाथ फोरग्रिप को ऐसे स्थान से जकड़ना चाहिए जहां आपकी कोहनी थोड़ी मुड़ी हो, इसके अलावा आपका यही हाथ राइफल को भी आपके उठे हुए कंधे की तरफ खींचेगा।

No. 094 : राइफल की पकड़ और नियंत्रण

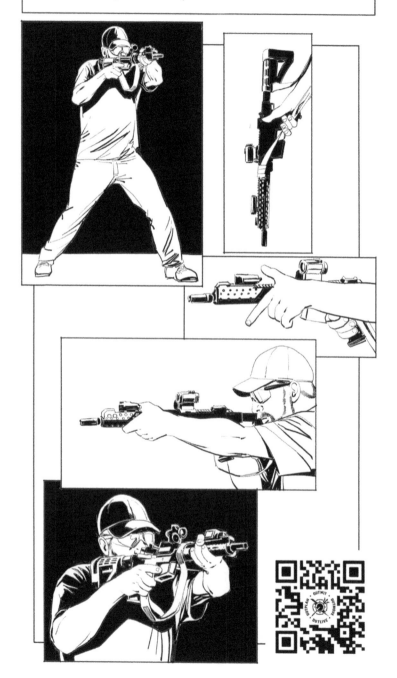

काम और सहयोग : अपनी ग्रिप और मुद्रा को एक साथ प्रशिक्षित करें। अभ्यास आपके घर में या बाहर शूटिंग रेंज में किया जा सकता है। अगर प्रशिक्षण घर पर कर रहे हैं तो एक सुरक्षित जगह का उपयोग करें जो गोली-बारूद से मुक्त हो। मैगज़ीन और चेंबर से कोई भी राउंड नहीं होना चाहिए, बोल्ट को पीछे से लॉक करें और सुनिश्चित करें कि आप इजेक्शन पोर्ट (राइफ़ल का एक भाग) के माध्यम से दिन के उजाले में मैग्ज़ीन को अच्छी तरह से देख पा रहे हो। आवश्यकतानुसार दो बार और तीन बार जांच करें। चारों शारीरिक स्थितियों से ग्रिप और राइफल के नियंत्रण पर काम करें।

आदेश और नियंत्रण : आपको हमेशा अपने राइफल के स्तर या स्थिति के बारे में पता होना चाहिए। हमेशा जानें कि आपके राउंड मैग्जीन में सही तरीके से फिट बैठे हैं या नहीं, हो न हो, चैम्बर में एक राउंड होता है, चाहे बोल्ट आगे या पीछे की ओर लॉक हो, या चाहे आप सुरक्षित मोड में हैं या फायर मोड में। आपको हमेशा खुद से ये सवाल पूछते रहना चाहिए और यह सुनिश्चित करना चाहिए कि क्या आपके हथियार की स्थिति आपकी तैयारी के स्तर से मेल खाती है।

095 राइफल समेत लड़ाई की सही मुद्रा

स्थिति : आपकी लड़ने की मुद्रा तो लड़ने की मुद्रा ही है। चाहे वह खाली हाथ हो, चाकू पकड़े हो, बंदूक निकाल कर हो या फिर राइफल से फ़ायरिंग करते हुए हो, आपकी मुद्रा वही रहनी चाहिए। आपको सभी दिशाओं से इसके प्रभाव का सामना करना पड़ेगा और काफी चुस्त भी रहना पड़ेगा ताकि आप हमलों को चकमा दे सकें। आपको धुरी पर संतुलित रहने,एक तरफ कदम बढ़ाने और अन्य चालों में प्रतिक्रिया का समय कम करने के लिए अपने वजन को दोनों पैरों पर समान रूप से डालना चाहिए।

मिशन : एक रक्षात्मक स्तिथि बनाएं, लेकिन साथ ही फुर्तीले भी बनें।

क्रियान्वयन : जहाँ आप खड़े हो, बस वही सीधे अपने पैरों पर स्वाभाविक रूप से जमीन पर कूदें। आगे बढते वक्त, अपने कमजोर-पक्ष वाली टांग के साथ थोड़ा सा आगे कदम बढ़ाएं और अपने कूल्हों को लक्ष्य की ओर झुकाएं। अपने पैर की उंगलियों से धरती पर पकड़ बनाएं, थोड़ा अपने कोर यानि मध्यभाग को भी शामिल करें और अपने लिए सुरक्षित स्थान की ओर झुकें।

काम और सहयोग : आपके जूतों का चुनाव सीधे आपके आक्रामक रुख को सपोर्ट कर सकता हैं। आजकल विशेष ऑपरेशन क्म्यूनिटी में घुटने से ऊंचे कॉम्बैट बूट की जगह एडवेंचर रेसिंग शूज़ ने ले ली है। पेशेवर एथलीट्स का रुझान भी हाई-टॉप शूज़ से लो-प्रोफाइल क्रॉस-ट्रेनिंग शूज़ की तरफ हो गया हैं। ऐसे जूते पहनें जो आपको लड़ाई के दौरान दौड़ने और चलने दोनों में मददगार साबित हो सके। हल्के जूते जो जल्दी सूख जाएंगे, वे आपकी क्षमता में वृद्धि करेंगे।

कमांड एंड कंट्रोल : आत्मविश्वास की शुरुआत लड़ाई की एक मजबूत मुद्रा से होती है। कुल मिलाकर, इससे आपके वार, हथियार निकालने, लक्ष्य साधने और शूटिंग सटीकता की प्रभावशीलता बढ़ेगी। आपका एकमात्र लक्ष्य एक ऐसा पत्थर बनना है जो पानी की तरह बहता हो।

No. 095 : राइफल समेत लड़ाई की सही मुद्रा

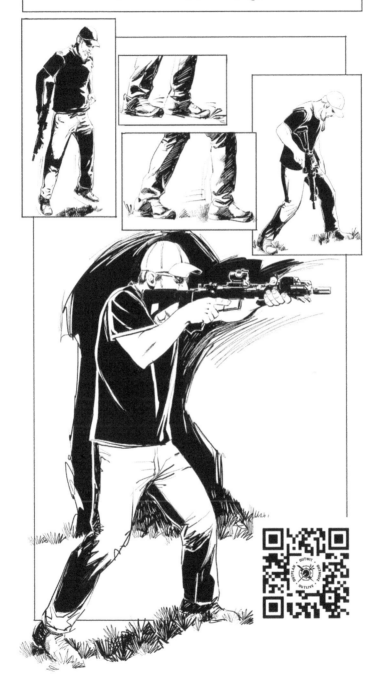

096 राइफल की नाल से वार कैसे करें

स्थिति : राइफल सिर्फ शूटिंग के लिए नहीं है। यह एक हैंडल लगी धातु की पाइप है और अपने विरोधी का मुंह तोड़ने के लिए एकदम सही चीज भी। पुरानी कहावत है कि "कभी अपने हथियार को किसी ऐसी चीज़ या किसी ऐसे व्यक्ति की ओर न ताने जिसे आप मारने को तैयार नहीं हैं।" यह सोच वास्तव में आपके सामने विकल्पों को सीमित करती है। यह नियम निश्चित रूप से किसी शूटिंग रेंज में सुरक्षा विवरण के लिए लागू होता है, लेकिन आपको केवल इसलिए ट्रिगर दबाने की ज़रूरत नहीं है क्योंकि आपने किसी चीज़ या किसी व्यक्ति पर अपनी राइफल तान रखी हैं। दूसरे शब्दों में, आप जान-बूझकर किसी पर अपनी राइफल तान तो सकते हैं पर उसे गोली नहीं मार सकते। ऐसे बहुत से उदाहरण हैं जहाँ उन्हें शूट करने की बजाय उन पर वार करना ज्यादा अर्थपूर्ण लगता है। कम रोशनी की स्थिति या अचानक हुई मुठभेड़ में यह निर्धारित करने का मौका नहीं मिलता है कि सामने वाला दोस्त हैं या दुश्मन। जब तक आपको पूरी जानकारी नहीं मिलती, तब तक राइफल की नाल से वार एक बीच का समाधान है।

मिशन : अपने प्रतिद्वंद्वी के चेहरे पर अपनी राइफल से मारें।

क्रियान्वयन : वार के लिए तैयार स्थिति से लेकर लड़ाई की एक ठोस मुद्रा तक में, आपकी राइफल आपके विरोधी के चेहरे या छाती तक पहुंच जाएगी। वार के लिए तैयार स्थिति में आपकी राइफल का स्टॉक या लकड़ी का बना पिछला हिस्सा आपकी बगल में दबा होना चाहिए। राइफल की नाल के मुख और आंखों के स्तर पर आपकी राइफल की ग्रिप पैंतीस-डिग्री के करीब में बाहर की ओर उठी हुई होनी चाहिए।

No. 096 : राइफल की नाल से वार कैसे करें

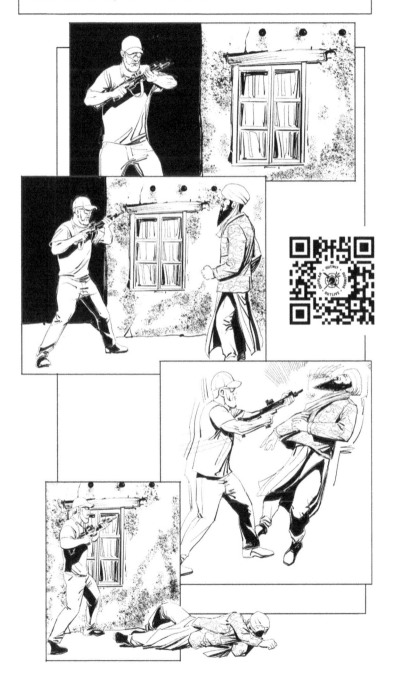

इस पोजीशन से आप अनिवार्य रूप से अपनी राइफल से एक जैब (मुक्के) की तरह वार कर रहे हैं। किसी भी वार की तरह, आप अपने विरोधी पर प्रभाव बढ़ाने के लिए कदम बढ़ाकर उसके पास जायेंगे, लेकिन वार करने के बाद तुरंत पीछे हटकर वार के लिए तैयार स्थिति में आ जायें।

काम और सहयोग : आप घर पर या शूटिंग रेंज में इसका प्रशिक्षण ले सकते हैं। जब घर पर प्रशिक्षण ले रहे हों तो सुनिश्चित करें कि आपके पास एक खाली और सुरक्षित हथियार हो। आप शैडोबॉक्स तकनीक अपना सकते हैं। राइफल की नाल से वार और आगे के कदम, दोनों पर राइफल को साथ लेकर काम करें। किसी साथी या फाइटिंग पैड के साथ, आप अपने राइफल की नाल से वार में सटीकता लाने का अभ्यास कर सकते हैं। हालाँकि, ध्यान रखें कि यदि आप भारी बैग या अन्य पैड प्रयोग करने का निर्णय लेते हैं तो संभावना यह है कि आपके कपड़ों में छेद हो सकता है।

आदेश और नियंत्रण : राइफल की नाल से हमले घातक हो सकते हैं खासकर, अगर आप खोपड़ी को निशाना बनाते हैं। घातकता कम करने के लिए, अज्ञात व्यक्ति की छाती पर वार करें जब तक आप उससे होने वाले खतरे का स्तर तय नहीं कर लेते।

097 असॉल्ट राइफल को कैसे शूट करें

स्थिति : निशानेबाजी की प्रक्रियाओं पर चर्चा करने से पहले, हमें सुरक्षा बिन्दुओं को कवर करना चाहिए। हथियारों को हाथ में लेते समय चार बुनियादी नियम हर समय लागू होते हैं :

1. हर फायरआर्म (बंदूक, पिस्तौल आदि) को हमेशा ऐसे बरतें जैसे वह लोडेड हो। भले ही आपको पता हो कि यह अनलोड है।
2. अपने हथियार को हमेशा सुरक्षित दिशा में रखें। आमतौर पर, इसका मतलब लक्ष्य की तरफ रखने से होता है।
3. एक सचेत निर्णय लेने तक अपनी अंगुली ट्रिगर से हटाकर कर रखें।
4. अपने आगे, लक्ष्य और पीछे की तरफ पूरी जाँच करें। आप नहीं चाहेंगे कि जिसे आपने नहीं देखा, आपके द्वारा उसे गोली मार दी जाये।

मिशन : सुरक्षा, स्पर्श बिंदु, ढीलापन और शॉट।

क्रियान्वयन : वार के लिए तैयार स्थिति में, लक्ष्य पर जितनी जल्दी और जितना हो सके, उतना सटीक पहला राउंड मारने के लिए इन चार चरणों का उपयोग करें:

1. अपनी राइफल को ऊपर उठाते समय, सेफ मोड से फायर मोड पर ले जाने के लिए अपने अंगूठे का प्रयोग करें।
2. एक स्पर्श बिंदु स्थापित करें, जहां आपका गाल, राइफल के स्टॉक से मिलता हो और आपकी साइट्स एक सीध में आ जाती हो।
3. अपने लक्ष्य को साधते समय ट्रिगर बिल्कुल ढीला दबाएं।
4. एक बार जब आपका लक्ष्य आपकी नजर में आ जाए, तो ट्रिगर को पूरा दबा दें।

No. 097 : असॉल्ट राइफल को कैसे शूट करें

इन उपरोक्त कार्रवाइयों का क्रम आपको जितनी जल्दी हो सके और सटीक रूप से पहला सुरक्षित राउंड पार करने में मददगार साबित होगा। इसके बाद तुरंत राइफल को कंधें पर रखें और आवश्यकतानुसार लड़ाई जारी रखें। राइफल को हर वक्त स्पर्श बिंदु पर रखने का इरादा न रखें, क्योंकि यह बिंदु तो पहला शॉट जितना जल्दी हो सके, उतना जल्दी मारने के लिए केवल एक अस्थायी बिंदु है।

काम और सहयोग : इसमें महारत हासिल करने में समय और अभ्यास चाहिए होगा। धीमी शुरुआत करें और हर कदम पर ध्यान लगाएं। धीर-धीरे गति बनने लगेगी। इस स्किल को घर या रेंज में प्रशिक्षित किया जा सकता है। घर पर ट्रेनिंग करते समय सुनिश्चित करें कि हथियार खाली और सुरक्षित हो साथ ही यह भी कि चैम्बर में या राइफ़ल के पास एक भी राउंड नहीं होना चाहिए। ऑप्टिक्स और आयरन साइट्स, दोनों के साथ अभ्यास करना भी एक अच्छा विचार है ताकि आप दोनों के साथ सहज हो जाएं।

आदेश और नियंत्रण : कुछ भी विस्मयकारी घटित होने को केवल प्रशिक्षण से ही पराजित किया जा सकता है। आपको समय पर जवाब देने के लिए खुद को प्रशिक्षित करना होगा। अगर आप ताकत में पीछे हैं और आपके विरोधी की स्थिति मजबूत है तो आपको अपने हथियार और दांव, दोनों का एक साथ प्रयोग करना होगा और उसी समय आगे बढ़ना होगा।

बदमाश

लेक्लेयर, मोंटी

कोड नाम : ओवरवॉच

प्राइमरी स्किलसेट : स्नाइपर, लंबी दूरी का शूटर

सेकेंडरी स्किलसेट : राइफल बिल्डर

पृष्ठभूमि : मोंटी लेक्लेयर विशेष लड़ाके के तौर पर नौसेना में विशेष युद्ध संचालन के बीस से अधिक वर्षों के अनुभव वाला व्यक्ति है। अपनी सेवा के दौरान, उसे सील टीमों 4,5 और 7 के साथ तैनात किया गया। उसने नेवल स्पेशल वारफेयर कमान में युद्ध प्रणाली के विकास और संचालन परीक्षण और मूल्यांकन में काम किया। मोंटी ने सर्टिफाइड प्रोटेक्शन ऑफिसर इंस्ट्रक्टर के रूप में नेवल स्पेशल वारफेयर स्नाइपर कोर्स के लिए साढ़े तीन वर्ष लगाए। बंदूक-उत्साही और बंदूक बनाने वाले यानि गनबिल्डर के तौर पर पच्चीस से अधिक वर्षों तक मोंटी ने एआर-15/एम4 के सभी विन्यासों, एआर-10/एसआर-25, बोल्ट एक्शन स्नाइपर राइफलों और 1911 हैंडगन पर ध्यान केंद्रित किया। सेंचुरियन आर्म्स कंपनी के मुख्य डिजाइनर और प्रोडक्ट डेवलपर के रूप में वह अंतिम उपयोगकर्ता तक को सर्वोत्तम संभव उत्पाद उपलब्ध कराने के लिए अपने वर्षों का विशेष अभियान मुकाबले के अनुभव को अपने काम में उपयोग करता है।

दुश्मन

मुअम्मर गद्दाफी

पृष्ठभूमि : गद्दाफी ने एक बार अपने विदेशी सचिव की हत्या कर दी, फिर लाश को अपने महल में एक फ्रीजर के अंदर रखा ताकि वह नियमित रूप से उसे घूर कर आत्म संतुष्टि का आनंद ले सके। वह पंद्रह और सोलह वर्षीय लड़कियों की कक्षाओं में जाता, जो उसे अच्छी लगती, उनकी पीठ और सिर थपथपाता। उसके द्वारा चुनी हुई लड़कियां गद्दाफी की सुरक्षा टीम द्वारा घसीट कर उस तक लाई जाती। फिर उनकी स्त्री रोग संबंधी जांच की जाती और बलात्कार किये जाने से पहले अश्लील वीडियो दिखवाया जाता (उन्हें गद्दाफी की उम्मीदानुसार शिक्षित करने के लिए) और फिर पागलखाने में डाल दिया जाता था। उसने जानबूझकर अपने घरेलू एयरलाइनरों में से एक को गोली मार दी, कुछ हद तक तो सिर्फ आनंद लेने के लिए और कुछ हद तक यह एक चाल होती थी, पश्चिम को यह दिखाने के लिए कि उनके प्रतिबंध लीबिया को इतनी बुरी तरह से भी नुकसान नहीं पहुंचा पा रहे कि वह अपनी विमान सेवा बनाए रखना भी वहन नहीं कर सकेगा। उसका शासन इतना निर्मम था कि लंदन, इंग्लैंड में लीबिया के दूतावास के बाहर पुलिस ऑफिसर यवोन फ्लेचर की 1984 में हत्या कर दी गई और 1988 में, लॉकरबी (स्कॉटलैंड) के ऊपर पैन एम फ्लाइट 103 को नष्ट कर दिया, जिसमें 270 लोगों की जान जाने का दावा किया गया।

098 राइफल स्कोप में साइट-इन कैसे करें

स्थिति : साइटिंग-इन का उद्देश्य आपके राइफल की साइट और इसके बोर को एक सीध में करना होता है। पहला मुद्दा साइटिंग-इन और सटीकता के बीच अंतर को समझने का है क्योंकि दोनों कभी-कभी भ्रमित करते हैं। सटीकता एक राइफ़ल की बार-बार और लगातार शॉट्स दागने की क्षमता का माप है। कोई राइफ़ल सटीक हो सकती है, लेकिन फिर भी हो सकता है कि लक्ष्य को हिट नहीं कर पा रही हो। कोई राइफल जो स्वाभाविक रूप से सटीक हो, उसे साइटिंग-इन भी होना चाहिए, अन्यथा आपने जो लक्ष्य चुना है, उसे साध नहीं पायेंगे। इसके विपरीत, एक राइफ़ल जो ठीक से साइट-इन की हुई है वह स्वचालित रूप से नजदीकी लोगों को शूट नहीं करेगी। सीधी बात है कि एक ठीक से साइट-इन की गई राइफ़ल वह है जो अंदाजे से अपने शॉट्स को कुछ ज्ञात दूरी (सटीकता) पर रखती है और जिसका शॉट केवल उस इच्छित बिंदु पर ही मार करता है, जैसे चुनिन्दा लक्ष्य का केंद्र। शूटिंग का बाकी समीकरण निशानेबाज की क्षमता पर निर्भर करता है।

मिशन : छोटा निशाना चुनेंगे, तो पूरी तरह खत्म कर पायेंगे ।

क्रियान्वयन : आपकी राइफल चाहे स्कोप हो या आयरन साइट्स हो, साइटिंग-इन करना जटिल नहीं है, लेकिन यह भ्रमित कर सकता है। आपका पहला शॉट पचास गज की दूरी पर बन जाना चाहिए, उससे अधिक नहीं और अगर ऐसा है कि आपकी राइफ़ल और स्कोप पूरी तरह से असाइनमेंट से बाहर हैं तो आदर्श रूप से पच्चीस गज की दूरी पर होना चाहिए। अगर आप लंबी दूरी से शुरू करते हैं तो आपके पहले शॉट्स शायद लक्ष्य तो क्या, कागज़ पर भी न लगें और आप आवश्यक समायोजन (एडजस्टमेंट) भी नहीं कर सकेंगे। इसलिए, बढ़िया शुरुआत करें और यह सुनिश्चित करने के लिए लक्षित करें कि आपकी बुलेट कागज पर लगनी चाहिए, इसलिए लक्ष्य के करीब से शुरु करें। आयरन साईट को एडजस्ट

No. 098 : राइफल स्कोप में साइट-इन कैसे करें

करते समय, रीयर साइट को ऊपर-नीचे और दाएँ-बाँए उसी दिशा में घुमाना याद रखें, जिस दिशा में आप अपने शॉट्स दागना चाहते हैं। स्कोप (साइट) को हर सौ गज के लिए कितना एडजस्ट करना चाहिए- चौथाई इंच, आधा इंच या एक इंच, यह निर्धारित करने के लिए मैनुअल पढ़ें क्योंकि ये एडजस्टमेंट एक सौ गज की दूरी पर आधारित होते हैं। यदि आप केवल पच्चास गज की दूरी पर शूटिंग कर रहे हैं तो आपको क्लिक्स की संख्या को दोगुना करना होगा और औसत - पच्चीस गज की दूरी वाले लक्ष्य पर प्रभाव बिंदु में समान परिवर्तन पाने के लिए आप इस संख्या के चौगुने क्लिक कर देंगे।

काम और सहयोग : जैसे ही आप ट्रिगर खींचते है, वैसे ही भौतिक विज्ञान अपनी भूमिका निभाने लगता हैं। जैसे ही गोली राइफल की नाल को छोड़ती है, गुरुत्वाकर्षण बल गोली को जमीन की ओर गिराने लगता है। अब, यह किस बिंदु पर जमीन से टकराती है, यह इस बात पर निर्भर करेगा कि आप कितना ऊंचा निशाना लगाते हैं और कार्ट्रिज गुरुत्वाकर्षण बल के तहत आगे बढ़ने में कितना सक्षम है। राइफ़ल को साइटिंग-इन करके हम यह निर्धारित करते हैं कि विभिन्न ज्ञात दूरियों पर निशाना साधने के लिए राइफल को कितना ऊंचा लक्षित करना चाहिए।

आदेश और नियंत्रण : यह सुनिश्चित करने के लिए कि आप "राइफल के साथ एक हो जाएं", तो हमेशा एक अच्छी शारीरिक स्थिति को अपनाएं। शॉट जितना लंबा होता है, आपके शरीर की यांत्रिकी और सांस लेना उतना ही महत्वपूर्ण हो जाता है। जब ट्रिगर को दबाने का समय हो तो केवल एक ही चीज चलनी चाहिए, वह है ट्रिगर। ट्रिगर खींचने के अलावा कोई श्वास नहीं होना चाहिए और न कोई शरीर की हलचल होनी चाहिए । ट्रिगर मूवमेंट इतना धीरे-धीरे या आराम से होना चाहिए कि आप लगभग हैरान हो जायें कि राउंड कब चला गया।

099 पीछा करके कैसे मारें

स्थिति : निशानेबाज का मुख्य मिशन अपने चुने हुए दुश्मनों को लंबी दूरी से सटीक निशाना लगाकर खत्म करना है। निशानेबाज अपने मिशन को पूरा करने में कितना अच्छा है, यह ज्ञान, समझ और विभिन्न क्षेत्र तकनीकों के अनुप्रयोग पर निर्भर करता है जो उसे मूव करने, छिपने, ध्यान से देखने और लक्ष्यों का पता लगाने में मदद करता है।

मिशन : आप सब पर नज़र रखें, लेकिन आप को कोई न देख पाए।

क्रियान्वयन : छलावरण, युद्ध के बुनियादी हथियारों में से एक है। प्रभावी छलावरण का मतलब एक सफल या असफल मिशन के बीच का अंतर हो सकता है। निशानेबाज के लिए, इसका मतलब अपने और अपने लक्ष्य के लिए जीवन और मृत्यु के बीच का अंतर भी हो सकता है। पीछा करने की कला में छिपना, परिवेश के साथ खुद को मिक्स कर लेना और अपने दुश्मन को धोखा देना यह सब इसमें शामिल है। छलावरण के समय, निशानेबाज देखने वालों से छिपने के लिए कृत्रिम या प्राकृतिक वनस्पति का सहारा ले सकता है। एक समय में घंटों तक एक स्थिर पोजीशन में रहना कभी-कभी अपने शिकार का पीछा करने के सबसे चुनौतीपूर्ण पहलुओं में से एक हो सकता है। एक स्थिर, शांत माहौल वाली पृष्ठभूमि में हलचल करने से निशानेबाज स्पष्ट रूप से अलग दिखता है। निशानेबाज एक समय में धीरे-धीरे और सावधानी से एक एक इंच आगे चलते हैं और हमेशा अपनी अगली पोजीशन के लिए हमेशा तैयार रहते हैं।

काम और सहयोग : अपने शिकार का पीछा करते समय आवाज और गति यह दोनों विचारणीय तथ्य हैं। याद रखें कि अंधेरे के घंटो के दौरान ध्वनि सबसे उल्लेखनीय है। आवाज निशानेबाज की हरकतों, उपकरण की खड़खड़ाहट या किसी से बात करने के कारण हो सकती है, जहाँ कुछ हल्का-फुल्का शोर

No. 099 : पीछा करके कैसे मारें

वातावरण में अन्य ध्वनियों के साथ मिल सकता है, वहीं बात करने का शोर कभी भी स्वाभाविक नहीं होता और अगर पता चल जाये तो निशानेबाज पहचाना जा सकता है। अपने लक्ष्य की ओर बढ़ते समय किसी भी आवाज पर नियंत्रण रखना सबसे जरुरी है। दिन के उजाले के दौरान मूवमेंट सबसे अधिक ध्यान देने योग्य होती है, उस समय आप पर गौर करने वाले आपको देख सकते हैं। मानव आँख, रंग या रूप की विसंगतियों का पता लगाने से पहले हलचल के प्रति आकर्षित होती है, इसलिए तेज या अचानक हुई हरकतों का धीमी और व्यवस्थित गतिविधियों की तुलना में जल्द ही पता चल जाता है।

आदेश और नियंत्रण : अवलोकन प्रक्रिया के चार तत्वों में जागरूकता, समझ, रिकॉर्डिंग और प्रतिक्रिया शामिल हैं। इन प्रत्येक तत्वों में से हर एक को अलग प्रक्रिया के रूप में या उसी समय पूरा किया जा सकता है।

1. जागरूकता किसी विशेष तथ्य के प्रति सचेत होना है। निशानेबाज को हमेशा आसपास के बारे में जागरूक होना चाहिए और किसी भी बात को हल्के में नहीं लेना चाहिए।
2. किसी को भी बेहतर समझ हमेशा शिक्षा, प्रशिक्षण, अभ्यास और अनुभव से प्राप्त होती है, यह निशानेबाज के ज्ञान को बढाता है कि किस बारे में अवलोकन किया जाना चाहिए और उसकी सभी पहलुओं को देखने और विचार करने की क्षमता को बढ़ाता है।
3. जो देखा गया था उसे सहेजने और याद रखने की क्षमता को रिकॉर्डिंग कहते हैं। आमतौर पर, निशानेबाज यांत्रिक साधनों जैसे लेखन उपकरण, स्नाइपर डेटा पुस्तकें, स्केच किट, कैमरे, और अन्य घटनाओं को रिकॉर्ड करने के लिए इन सहायक चीजों का उपयोग करता है।
4. प्रतिक्रिया का मतलब सूचना की दिशा में निशानेबाज की कार्रवाई और अपना मिशन पूरा करने से है। यह निशानेबाज के लिए डेटा बुक में घटनाएँ रिकॉर्ड करने, कॉल करने या एक अच्छी तरह से लक्षित किये गये शॉट को दागने जितना आसान हो सकता है।

100 शहर में छिपने की जगह कैसे बनाएं

स्थिति : शहरी इलाकों की स्थितियां खेत, मैदान आदि खुले क्षेत्रों की स्थितियों से काफी अलग होती हैं। शहरी वातावरण में, एक निशानेबाज के पास चुनने के लिए आमतौर पर कई जगहें होती हैं। इन जगहों में अंदर की कोठरी से लेकर सड़क-स्तर का बेसमेंट तक शामिल हो सकता हैं। इस प्रकार का भू-भाग निशानेबाज के लिए आदर्श जगह है और एक निशनेबाजों की टीम अपने दुश्मन को कुछ बड़ा करने से रोक सकती है।

मिशन : पहले को मार डालो, आखिरी मर जायेगा।

क्रियान्वयन : एक कमरे में छिपने के लिए, निशानेबाज एक मौजूदा कमरे का उपयोग करता है और खिड़की या किसी गुप्त छिद्र के माध्यम से फायर करता है। उपलब्ध फर्नीचर, डेस्क या टेबल को इस तरह से व्यवस्थित किया जाना चाहिए ताकि हथियारों को सहारा मिले। उपयुक्त स्थान चुनते समय, छाया-आकृति से बचने के लिए निशानेबाज को आगे और पीछे दोनों तरफ खिड़की की स्थिति पर विचार करना चाहिए। पृष्ठभूमि में गहरे रंग के कंबल, कैनवास, कालीन या किसी स्क्रीन का उपयोग करने से बाहर की ओर से आपकी पोजीशन दिखना काफी हद तक कम हो जाएगी । स्क्रीन बहुत जरूरी हैं, क्योंकि जहाँ वे निशानेबाज को लक्ष्य क्षेत्र का अधिकतम स्पष्ट अवलोकन बनाए रखने की क्षमता प्रदान करती हैं, वही दुश्मन को आपकी छिपने की जगह का पता लगने नहीं देती। पर्दे नहीं हटाए जाने चाहिए, लेकिन खिड़कियां खोली जा सकती हैं और खिड़कियों के कुछ चुनिंदा कांच या शीशे हटाए जा सकते है। अपनी छिपने वाली जगह से खिड़की का एक शीशा निकालते समय याद रखें कि आपको पास की खिड़कियों के दूसरे शीशे भी हटाना चाहिए ताकि आपकी स्थिति स्पष्ट न हो।

No. 100 : शहर में छिपने की जगह कैसे बनाएं

काम और सहयोग : शहरी क्षेत्र में छिपने की स्थिति का चुनाव करते समय, निशानेबाज को पूरी संरचना के बाहरी स्वरूप के बारे में पता होना चाहिए। जंगले या बैरिकेड वाली खिड़कियों में छिद्र के माध्यम से निशानेबाजी करना पसंद किया जाता है, लेकिन टीम को यह सुनिश्चित करना चाहिए कि आस-पास की अन्य सभी खिड़कियों पर भी वैसे ही बैरिकेड लगे हों। अन्य खिड़कियों में छेदों या लूपहोल्स का निर्माण करना भी लक्ष्यों को साधने के लिए ज़्यादा पोजीशसं प्रदान कर सकता है। ऐसी खामियों या लूपहोल्स का निर्माण करते समय, टीम को बिल्कुल परफेक्ट चौकोर या गोल छेद बनाने से बचना चाहिए और विभिन्न आकार-प्रकार के छिद्र बनाने चाहिए। शहरी क्षेत्र में निशानेबाज की पोजीशन में, कमरे में छुपना, घर में किसी संकड़ी जगह में छिपना और राफ्टर में छिपना शामिल हो सकता है।

आदेश और नियंत्रण : पूरा इतिहास देख लें, विरोधी बल की ताकत, उपकरणों और स्थान के बारे में सटीक जानकारी रखने के बाद ही लड़ाई जीती जाती रही है और राष्ट्रों पर विजय प्राप्त की जाता रही है। जैसा कि निशानेबाज का दूसरा मिशन खुफिया विभाग के लिए सूचना इकट्ठा करने और उन्हे रिपोर्ट करने का होता है, उन सूचनाओं के आधार पर कमांडर प्रतिक्रिया के बजाय कार्य कर सकता है।

एक टिप्पणी लेखक की ओर से

इस पुस्तक के भीतर दिए गए कौशल को सुरक्षित रूप से जानना, अभ्यास करना और प्रशिक्षित करते रहना चाहिए, लेकिन इससे भी महत्वपूर्ण बात, मुझे आशा है कि आपको इनका उपयोग कभी नहीं करना पड़े। आपको अपने आत्मबल में घातक होना है, लेकिन प्रत्यक्ष तौर पर कार्रवाई के लिए नहीं (जब तक कि आपके खिलाफ कोई घातक कार्रवाई न हो)। दूसरों के अधिकारों और देश के कानूनों का सम्मान करें। आप इस कौशल के जरिए घातक से भी घातक परेशानी से सर्वाधिक मजबूती से बहार निकलने वाले जीवित इंसान बनें।

लेखकों के बारे में

क्लिंट एमर्सन, सेवानिवृत्त नेवी सील, सील टीम 3 से जुड़े रहने के दौरान पूरी दुनिया में विशेष ऑप्स, राष्ट्रीय सुरक्षा एजेंसी (एनएसए) और एक विशेष मिशन इकाई के संचालन में बीस वर्ष बिताए।

एच. कीथ मेल्टन, अमेरिकी नौसेना अकादमी के स्नातक, एक खुफिया इतिहासकार और गुप्त प्रौद्योगिकी, जासूसी के विशेषज्ञ और ट्रेडक्राफ्ट हैं। मेल्टन कई जासूसी किताबों के लेखक हैं

इलस्ट्रेटर (चित्रकार) के बारे में

टॉम मैंड्रेक ने किताबों, कॉमिक्स और ग्राफिक नॉवल्स की सचित्र रचना करते हुए चालीस से अधिक वर्ष हो गये है। उनकी रचनाओं के कुछ शीर्षक इस प्रकार है – *बैटमैन, द स्पेक्ट्र, द मार्टियन मैनहंटर, द पनिशर, द न्यू म्यूटेंट्स, द एक्स-फाइल्स, क्रीप्स, टू हेल यू राइड, और क्रोस : द हैलोव्ड ग्राउंड।*

LIST OF TITLES WITH ISBN NO.

ISBN	TITLE
9788194914129	1984
9789390575220	1984 & Animal Farm (2In1)
9789390575572	1984 & Animal Farm (2In1): The International Best-Selling Classics
9789390575848	35 Sonnets
9789390575329	A Clergyman's Daughter
9789390575923	A Study In Scarlet
9789390896097	A Tale Of Two Cities
9789390896837	Abide in Christ
9789390896202	Abraham Lincoln
9789390896912	Absolute Surrender
9789390896608	African American Classic Collection
9789390575305	Aldous Huxley: The Collected Works
9789390896141	An Autobiography of M. K. Gandhi
9789390575886	Animal Farm
9789390575619	Animal Farm & The Great Gatsby (2In1)
9789390575626	Animal Farm & We
9789390896158	Anna Karenina
9789390575534	Antic Hay
9789390896165	Antony & Cleopatra
9789390896172	As I Lay Dying
9789390896226	As You like it
9789390575671	At Your Command
9789390575350	Awakened Imagination
9789390575114	Be What You Wish
9789390896233	Believe In yourself
9789390896998	Best of Charles Darwin: The Origin of Species & Autobiography
9789390896684	Best Of Horror : Dracula And Frankenstein
9789390575503	Best Of Mark Twain (The Adventures of Tom Sawyer AND The Adventures of Huckleberry Finn)
9789390896769	Black History Collection
9789390575756	Brave New World, Animal Farm & 1984 (3in1)

ISBN	Title
9789390896240	Brother Karamzov
9789390575053	Bulleh Shah Poetry
9789390575725	Burmese Days
9789390896257	Bushido
9789390896066	Can't Hurt Me
9788194914112	Chanakya Neeti: With The Complete Sutras
9789390896042	Crime and Punishment
9789390575527	Crome Yellow
9789390575046	Down and Out in Paris and London
9789390896844	Dracula
9789390575442	Emersons Essays: The Complete First & Second Series (Self-Reliance & Other Essays)
9789390575749	Emma
9789390575817	Essential Tozer Collection - The Pursuit of God & The Purpose of Man
9789390896578	Fascism What It Is and How to Fight It
9789390575688	Feeling is the Secret
9789390575190	Five Lessons
9789390575954	Frankenstein
9789390575237	Franz Kafka: Collected Works
9789390575282	Franz Kafka: Short Stories
9789390575060	George Orwell Collected Works
9789390575077	George Orwell Essays
9789390575213	George Orwell Poems
9788194914150	Greatest Poetry Ever Written Vol 1
9788194914143	Greatest Poetry Ever Written Vol 1
9789390896301	Gulliver's Travel
9789390575961	Gunaho Ka Devta
9789390575893	H. P. Lovecraft Selected Stories Vol 1
9789390575978	H. P. Lovecraft Selected Stories Vol 2
9789390896059	Hamlet
9789390575022	His Last Bow: Some Reminiscences of Sherlock Holmes
9789390896134	History of Western Philosophy
9789390575121	Homage To Catalonia

ISBN	Title
9789390896219	How to develop self-confidence and Improve public Speaking
9789390896295	How to enjoy your life and your Job
9789390575633	How to own your own mind
9789390896318	How to read Human Nature
9789390896325	How to sell your way through the life
9789390896370	How to use the laws of mind
9789390896387	How to use the power of prayer
9789390896028	How to win friends & Influence People
9788194824176	How To Win Friends and Influence People
9789390896103	Humility The Beauty of Holiness
9789390896653	Imperialism the Highest Stage of Capitalism
9789390575084	In Our Time
9789390575169	In Our Time & Three Stories and Ten poems
9789390575145	James Allen: The Collected Works
9789390896189	Jesus Himself
9789390575480	Jo's Boys
9789390896394	Julius Caesar
9789390575404	Keep the Aspidistra Flying
9789390896400	Kidnapped
9789390896424	King Lear
9789390575824	Lady Susan
9789390896455	Law of Success
9789390896264	Lincoln The Unknown
9789390575565	Little Men
9789390575640	Little Women
9788194914174	Lost Horizon
9789390896462	Macbeth
9789390896929	Man Eaters of Kumaon
9789390896523	Man The Dwelling Place of God
9789390896349	Man The Dwelling Place of God
9789390575909	Mansfield Park
9788194914136	Manto Ki 25 Sarvshreshth Kahaniya
9789390896509	Marxism, Anarchism, Communism
9789390575664	Mathematical Principles of Natural Philosophy

ISBN	Title
9788194914198	Meditations
9789390575800	Mein Kampf
9789390575794	Memory How To Develop, Train, And Use It
9789390896486	Mind Power
9789390896585	Money
9789390575039	Mortal Coils
9789390575770	My Life and Work
9789390896035	Narrative of the Life of Frederick Douglass
9789390575152	Neville Goddard: The Collected Works
9789390575985	Northanger Abbey
9789390896530	Notes From Underground
9789390896547	Oliver Twist
9789390575459	On War
9789390575541	One, None and a Hundred Thousand
9789390896554	Othelo
9789390575435	Out Of This World
9789390575015	Persuasion
9789390575510	Prayer The Art Of Believing
9789390575091	Pride and Prejudice
9789390896561	Psychic Perception
9789390575381	Rabindranath Tagore - 5 Best Short Stories Vol 2
9789390575367	Rabindranath Tagore - Short Stories (Masters Collections Including The Childs Return)
9789390575374	Rabindranath Tagore 5 Best Short Stories Vol 1 (Including The Childs Return)
9789390896622	Romeo & Juliet
9789390896127	Sanatana Dharma
9789390575596	Seedtime & Harvest
9789390896639	Selected Stories of Guy De Maupassant
9789390575206	Self-Reliance & Other Essays
9789390575176	Sense and Sensibility
9789390575299	Shyamchi Aai
9789390896738	Socialism Utopian and Scientific
9789390896646	Success Through a Positive Mental Attitude
9789390575428	The Adventures of Huckleberry Finn

ISBN	Title
9789390575183	The Adventures of Sherlock Holmes
9789390575343	The Adventures of Tom Sawyer
9789390896691	The Alchemy Of Happiness
9789390575862	The Art Of Public Speaking
9789390896288	The Autobiography Of Charles Darwin
9788194914181	The Best of Franz Kafka: The Metamorphosis & The Trial
9789390575008	The Call Of Cthulhu and Other Weird Tales
9789390575107	The Case-Book of Sherlock Holmes
9789390896110	The Castle Of Otranto
9789390896745	The Communist Manifesto
9789390575589	The Complete Fiction of H. P. Lovecraft
9789390575497	The Complete Works of Florence Scovel Shinn
9789390896820	The Conquest of Breard
9789390896813	The Diary of a Young Girl
9789390896332	The Diary of a Young Girl The Definitive Edition of the Worlds Most Famous Diary
9789390575701	The Great Gatsby, Animal Farm & 1984 (3In1)
9789390575312	The Greatest Works Of George Orwell (5 Books) Including 1984 & Non-Fiction
9789390575992	The Hound of Baskervilles
9789390896707	The Idiot
9789390896714	The Invisible Man
9789390575657	The Knowledge of the holy
9789390575558	The Law & the Promise
9789390896721	The Law Of Attraction
9789390896776	The Leader in you
9789390896363	The Life of Christ
9789390896196	The Man-Eating Leopard of Rudraprayag
9789390896783	The Master Key to Riches
9789390575268	The Memoirs Of Sherlock Holmes
9789390896479	The Midsummer Night's Dream
9789390575466	The Mill On The Floss
9789390896790	The Miracles of your mind
9789390896660	The Mutual Aid A Factor in Evolution
9789390896448	The Origin of Species

ISBN	Title
9789390896905	The Peter Kropotkin Anthology The Conquest of Bread & Mutual Aid A Factor of Evolution
9789390896806	The Picture of Dorian Gray
9789390896271	The Picture of Dorian Gray
9789390575275	The Power Of Awareness
9789390896356	The Power of Concentration
9788194824169	The Power of Positive Thinking
9789390575411	The Power of the Spoken Word
9788194914105	The Power Of Your Subconscious Mind
9789390896899	The Power of Your Subconscious Mind
9789390896417	The Principles of Communism
9789390575787	The Psychology Of Mans Possible Evolution
9789390896615	The Psychology of Salesmanship
9789390575732	The Pursuit of God
9789390575398	The Pursuit of Happiness
9789390896851	The Quick and Easy Way to effective Speaking
9789390575947	The Return Of Sherlock Holmes
9789390575138	The Road To Wigan Pier
9789390896981	The Root of the Righteous
9789390575855	The Science Of Being Well
9788194914167	The Science Of Getting Rich, The Science Of Being Great & The Science Of Being Well (3In1)
9789390896011	The Screwtape Letters
9789390896073	The Screwtape Letters
9789390575336	The Secret Door to Success
9789390575695	The Secret Of Imagining
9789390896868	The Secret Of Success
9789390896431	The Seven Last Words
9789390575930	The Sign of the Four
9789390896004	The Sonnets
9789390896516	The Souls of Black Folk
9789390896875	The Sound and The Fury
9789390575244	The State and Revolution
9789390896882	The Story of My Life
9789390896936	The Story Of Oriental Philosophy

ISBN	Title
9789390896752	The Strange Case of Dr. Jekyll and Mr. Hyde
9789390896943	The Tempest
9789390575916	The Valley Of Fear
9789390575879	The Wind in the willows
9789390896080	The Wind in the willows
9789390575763	Their eyes were watching gofd
9789390575831	Three Stories
9789390896950	Twelfth Night
9789390896592	Twelve Years a Slave
9789390896677	Up from Slavery
9789390896974	Value Price and Profit
9789390896967	Wake Up and Live
9789390896493	With Christ in the School of Prayer
9789390575602	Your Faith is Your Fortune
9789390575473	Your Infinite Power To Be Rich
9789390575251	Your Word is Your Wand
9789390575718	Youth
9789391316099	A Christmas Carol
9789391316105	A Doll's House
9789391316501	A Passage to India
9789391316709	A Portrait of the Artist as a Young Man
9789391316112	A Tale of Two Cities
9789391316747	A Tear and a Smile
9789391316167	Agnes Gray
9789391316174	Alice's Adventures in Wonderland
9789391316136	Anandamath
9789391316181	Anne Of Green Gables
9789391316754	Anthem
9789391316198	Around The World in 80 Days
9789391316013	As A Man Thinketh
9789391316242	Autobiography of a Yogi
9789391316266	Beyond Good and Evil
9789391316761	Bleak House
9789391316778	Chitra, a Play in One Act
9789391316310	David Copperfield

9789391316075	Demian
9789391316785	Dubliners
9789391316051	Favourite Tales from the Arabian Nights
9789391316235	Gitanjali
9789391316068	Gravity
9789391316150	Great Speeches of Abraham Lincoln
9789391316662	Guerilla Warfare
9789391316839	Kim
9789391316822	Mother
9789391316211	My Childhood
9789391316846	Nationalism
9789391316327	Oliver Twist
9789391316853	Pygmalion
9789391316334	Relativity: The Special and the General Theory
9789391316389	Scientific Healing Affirmation
9789391316341	Sons and Lovers
9789391316587	Tales from India
9789391316372	Tess of The D'Urbervilles
9789391316396	The Awakening and Selected Stories
9789391316402	The Bhagvad Gita
9789391316303	The Book of Enoch
9789391316228	The Canterville Ghost
9789391316907	The Dynamic Laws of Prosperity
9789391316006	The Great Gatsby
9789391316860	The Hungry Stones and Other Stories
9789391316433	The Idiot
9789391316440	The Importance of Being Earnest
9789391316297	The Light of Asia
9789391316914	The Madman His Parables and Poems
9789391316457	The Odyssey
9789391316921	The Picture of Dorian Gray
9789391316464	The Prince
9789391316938	The Prophet
9789391316945	The Republic
9789391316518	The Scarlet Letter

ISBN	Title
9789391316143	The Seven Laws of Teaching
9789391316525	The Story of My Experiments with Truth
9789391316532	The Tales of the Mother Goose
9789391316549	The Thirty Nine Steps
9789391316594	The Time Machine
9789391316600	The Turn of the Screw
9789391316983	The Upanishads
9789391316617	The Yellow Wallpaper
9789391316426	The Yoga Sutras of Patanjali
9789391316990	Ulysses
9789391316624	Utopia
9789391316679	Vanity Fair
9789391316020	What Is To Be Done
9789391316686	Within A Budding Grove
9789391316693	Women in Love

Milton Keynes UK
Ingram Content Group UK Ltd.
UKHW010920271223
434976UK00004B/247

9 788119 373840